Maren Gottschalk

Schluss.
Jetzt werde ich etwas tun

Die Lebensgeschichte
der Sophie Scholl

Sophie Scholl beim Baden an der Iller, um 1938

Maren Gottschalk

Schluss.
Jetzt werde ich
etwas tun

Die Lebensgeschichte der Sophie Scholl

Editorischer Hinweis:
Die Zitate wurden der aktuellen Rechtschreibung angepasst und
Abkürzungen, die man damals üblicherweise in Briefen benutzt hat,
aufgelöst.

Für Claus

Dieses Buch ist auch als E-Book erhältlich
(ISBN 978-3-407-74417-3)

www.beltz.de
© 2012, 2016 Beltz & Gelberg
in der Verlagsgruppe Beltz · Weinheim Basel
Werderstraße 10, 69469 Weinheim
Alle Rechte vorbehalten
Lektorat: Frank Griesheimer
Neue Rechtschreibung
Einbandgestaltung: Suse Kopp
Umschlagfoto: Sophie Scholl, um 1938
Rechtenachweis im Anhang
Gesamtherstellung: Beltz Bad Langensalza GmbH, Bad Langensalza
Printed in Germany
ISBN 978-3-407-74716-7
1 2 3 4 5   20 19 18 17 16

Inhalt

Und wenn ich bisher zu müde war zum Pläne machen,
weil sie ja doch durch den Krieg alle zuschanden
wurden, so schießen sie jetzt empor wie Urwaldblumen
nach einem langen, warmen Regen, so bunt und
ungeheuerlich.

Sophie Scholl, Brief an Fritz Hartnagel
vom 10. Februar 1943

Sophie Scholl – vom Hitlerjugend-Mädel zur Widerstandskämpferin

Prolog

Winter 1935. Die vierzehnjährige Sophie Scholl radelt durch den Schneeregen und beißt die Zähne zusammen. Acht Kilometer sind es von der Ulmer Innenstadt bis nach Ulm-Wieblingen. Trotz der Kälte trägt sie nur Söckchen statt langer Strümpfe unter dem Rock ihrer Jungmädel-Uniform. Dass ihre nackten Beine blau anlaufen, stört sie nicht. Bloß nicht zimperlich sein, ist ihre Devise. Sophie Scholl ist auf dem Weg zum wöchentlichen »Dienst«. Vor einem halben Jahr wurde sie zur Jungmädelschaftführerin ernannt und betreut seitdem eine Gruppe von zehn bis fünfzehn Mädchen, die nur wenige Jahre jünger sind als sie selbst. Inzwischen haben sie schon viel zusammen erlebt, Wanderungen, Fackelmärsche, ein Zeltlager und eine große Sonnwendfeier, bei der alle einen feierlichen Treueschwur auf Adolf Hitler geleistet haben.

Während Sophie durch die nassen Straßen radelt, überlegt sie, was sie heute machen will. Vielleicht lässt sie die Mädels als Erstes eine Weile marschieren und dabei *Unsre Fahne flattert uns voran* singen. Danach kann der Dienst im HJ-Heim weitergehen. Bei der letzten Führerinnen-Besprechung hieß es, die Jungmädels sollten mehr Merksprüche lernen, so wie diesen: »Blut will zu Blut / Trotz Grenze und Wall / Volk will zu Volk / Deutsch überall.« Schade, dass es jetzt zu kalt ist, um auf Fahrt zu gehen. Ihr selbst würde das nichts ausmachen, aber die Eltern ihrer Jungmädels wären sicher dagegen. Die finden sowieso, Sophie mit ihrem kessen Kurzhaarschnitt sähe aus »wie a Buab« und sei zu streng. Aber das ist ihr egal. Sie wird ihre Gruppe weiter so führen, wie sie das für richtig hält. Und damit, so glaubt sie, dient sie ihrem Land und dem Führer am besten.

Sieben Jahre später geht Sophie Scholl mit klopfendem Herzen durch die Münchner Innenstadt. Unter dem Arm trägt sie eine Ledermappe, in der Flugblätter stecken, die zum Widerstand gegen Adolf Hitler aufrufen:

Im Namen der ganzen deutschen Jugend fordern wir von dem Staat Adolf Hitlers die persönliche Freiheit, das kostbarste Gut der Deutschen, zurück, um das er uns in der erbärmlichsten Weise betrogen hat.

Sophie weiß, dass sie sich in tödliche Gefahr begibt, indem sie diese Flugblätter verbreitet. Ihre Knie zittern, als sie vor einer Telefonzelle nahe der Universität stehen bleibt, aber dann öffnet sie entschlossen die Tür, tritt hinein und stellt ihre Mappe auf dem Boden ab. Unauffällig schaut sie sich um, aber es sind nicht viele Leute unterwegs an diesem Januartag und niemand achtet auf sie. Rasch holt sie ein paar Flugblätter aus der Mappe und steckt sie zwischen die Seiten des Telefonbuchs. Vielleicht wird noch heute jemand diese Blätter finden und wissen: Es gibt sie, die Menschen, die gegen Hitler aufbegehren. Es gibt noch Deutsche, die den Mut haben, etwas gegen das grausame Regime zu unternehmen. Und vielleicht werden es immer mehr werden, sie werden sich gegenseitig erkennen und sich zusammenschließen und irgendwann, nein, ganz bald, werden sie Hitler stürzen und Deutschland wird wieder frei sein.

Wann und wodurch wurde aus dem zackigen Hitlerjugend-Mädchen die mutige Widerstandskämpferin Sophie Scholl? Aufgewachsen in der Geborgenheit einer großen, liebevollen Familie, in der viel musiziert und gelesen, Theater gespielt und viel gelacht wurde, hat sie sich von einem klugen, aber eher zurückhaltenden Mädchen in eine selbstbewusste junge Frau verwandelt, die sich nicht mehr einschüchtern lässt. So erzählt es die Schwester Inge Aicher-Scholl in ihrem Buch *Die weiße Rose* und so erzählen es die meisten Filme und Biografien.

Inzwischen allerdings sind neue Quellen aufgetaucht, die das Bild von Sophie Scholl vielschichtiger und widersprüchlicher erscheinen lassen. In den Tagebüchern und Briefen, die erst seit dem Tod der ältesten Schwester Inge öffentlich zugänglich sind, tritt uns eine andere Sophie Scholl entgegen. Eine begeisterte HJ-Führerin auf der Suche nach einer großen Aufgabe, eine junge Frau mit Selbstzweifeln und Ängsten, eine Liebende, die sich dafür schämt, ihrem Freund gegenüber nicht aufrichtig zu sein. Diese Quellen machen deutlich: Sophie Scholl besaß eine viel kompliziertere, spannendere Persönlichkeit als bisher bekannt. Außerdem erfahren wir, dass ihr Engagement in der Hitlerjugend ernsthafter und andauernder war als zuerst angenommen.

Der von Inge Aicher-Scholl wohlgehütete Nachlass der Familie Scholl liegt heute im Münchner Institut für Zeitgeschichte und kann gesichtet werden. Auch der Briefwechsel von Sophie Scholl und ihrem Freund Fritz Hartnagel – früher nur in Auszügen bekannt – wurde erst vor wenigen Jahren gedruckt und zeigt ein differenziertes, manchmal erschütterndes Bild vom Ringen eines Paares um seine Liebe. Und schließlich sind nach dem Ende der DDR in den Stasi-Archiven die Protokolle der Vernehmungen von Sophie Scholl und vielen anderen Beteiligten der Weißen Rose aufgetaucht. Diese Dokumente beweisen, wie groß das Netzwerk der Widerstandsgruppe, die wir unter dem Namen »Die Weiße Rose« kennen, in Wirklichkeit gewesen ist.

Warum sind manche Menschen zum Widerstand fähig und andere nicht? Ist es eine Frage der Erziehung, der Moral, der Intelligenz oder lediglich des Temperaments? Für alle, die nach dem »Dritten Reich« aufgewachsen sind, ist diese Frage extrem wichtig: Warum haben die meisten Deutschen den Unrechtsstaat der Nationalsozialisten hingenommen? Und wer waren die Menschen, die sich dagegen eingesetzt haben, um den Preis ihres eigenen Lebens? Wer hat die Zeichen gesetzt, die bis heute aus der dunkelsten Epoche deutscher Geschichte hervorleuchten? Wer war Sophie Scholl?

Die Brävste bin ich nicht

1921–1932

Forchtenberg, ein kleines Städtchen im Norden Baden-Württembergs, strahlt bis heute etwas Märchenhaftes aus. Eingebettet in die sanften Hügel des Hohenloher Landes, erhebt es sich über dem schmalen Flusstal des Kochers. Von den Toren der Stadtmauer führen steile Gassen hinauf zur Altstadt, in der sich hübsche Fachwerkhäuser aneinanderlehnen. Dies ist der Ort, an dem Sophie Scholl am 9. Mai 1921 geboren wurde. Damals zählte Forchtenberg nur 850 Einwohner, heute sind es durch Eingemeindungen 5000. Auf der Homepage von Forchtenberg prangt es direkt unter dem Logo und dem Wappen der Stadt: »Geburtsort von Sophie Scholl«.

Besucher können dem »Hans-und-Sophie-Scholl-Pfad« folgen, der auf Anregung der Künstlerin Renate Deck eingerichtet wurde, die vor zwanzig Jahren damit begonnen hat, die Erinnerung an die Familie Scholl ins öffentliche Bewusstsein zu holen. Bis heute muss sie damit leben, von manchen Forchtenbergern nicht gegrüßt zu werden, als sei die Verbindung mit der Geschichte der Geschwister Scholl etwas, für das man sich schämen müsste.

Sophies Vater Robert Scholl, 1891 in Geißelhardt bei Schwäbisch Hall geboren, ist groß, trägt einen Oberlippenbart und seine tief liegenden dunklen Augen blicken ernst unter einer hohen Stirn hervor. Er stammt aus einer Bauernfamilie und arbeitet sich nach der Mittleren Reife als Verwaltungsbeamter langsam nach oben. Dann bricht 1914 der Erste Weltkrieg aus, angesichts von 17 Millionen Todesopfern in den Augen vieler Historiker die »Urkatastrophe des 20. Jahrhunderts«. Robert Scholl ist Pazifist und verweigert den Dienst an der Waffe. Er wird in das Reservelazarett der Sanitätskompanie in Ludwigsburg bei Stuttgart abkommandiert und verliebt sich dort in die zehn Jahre ältere Ordensschwester Lina Müller, die aus einer Handwerkerfamilie stammt. Sie legt nach kurzem Zögern die Tracht der Diakonisse ab und heiratet Robert Scholl 1916.

Wie sieht die Welt aus, in die Sophie Scholl und ihre Geschwister hineingeboren werden? Das alte Kaiserreich ist zusammengebrochen, der Erste Weltkrieg verloren und die Siegermächte zwingen die Deutschen im Versailler Vertrag zu Gebietsabtretungen und Reparationszahlungen. Dass Deutschland lediglich 13 Prozent seines Territoriums verloren hat und damit immer noch die größte Macht in der Mitte Europas bleibt, übersehen die Verlierer geflissentlich, wenn sie über die Kränkung ihres deutschen Nationalgefühls klagen. Und das Etikett »Alleinschuld«, das die Siegermächte den Deutschen aufdrücken, weisen sie empört zurück. Statt sich nach dem Krieg des eigenen Fehlverhaltens bewusst zu werden und sich moralisch zu erneuern, schlagen die Deutschen einen anderen Weg ein: Sie geben den Unzufriedenen und Unbelehrbaren Gelegenheit, einen Sumpf aus Lügen, Größenwahn und Hass zu bereiten. Dies wird der Nährboden des Nationalsozialismus sein.

Als Robert Scholl 1917 eine Stelle als Ortsvorsteher in Ingersheim am Neckar bekommt, kann die hochschwangere Lina endlich mit ihm in eine gemeinsame Wohnung ziehen. Inge Scholl wird dort im August 1917 geboren, ihr Bruder Hans ein

Jahr später. Schon bald zieht die Familie weiter, denn 1920 wird Scholl Bürgermeister in Forchtenberg.

Die Familie gehört jetzt zu den »besseren Leuten«, wie es damals heißt. Kaum ist die geräumige Wohnung im Obergeschoss des Rathauses bezogen, da vergrößert sich die Kinderschar um Tochter Elisabeth. 1921 wird als viertes Kind Sophie Scholl geboren. Ihr Taufname lautet eigentlich Sophia Magdalena, sie selbst nennt sich später fast durchgehend Sofie, auch ihre Familie und Freunde machen das so. Trotzdem hat sich im Laufe der Zeit die Schreibweise Sophie eingebürgert, weshalb sie auch in diesem Buch so genannt werden soll.

Ein Jahr nach Sophie kommt Bruder Werner zur Welt und als Letzte folgt 1925 Thilde. Dass Robert Scholl noch ein weiteres Kind hat, wissen nur wenige Forchtenberger. Ernst Gruele, geboren 1915, entstammt einer vorehelichen Beziehung und lebt mit bei den Scholls. Er erscheint allerdings fast nie auf Fotos und wird offiziell als Pflegekind bezeichnet.

Robert Scholl ist durchaus ehrgeizig und will sich als Erneuerer einen Namen machen. Er sorgt für den Bau eines Kanalsystems, den Ausbau von Straßen und die Anbindung Forchtenbergs an das Eisenbahnnetz. Als das erreicht ist, stiftet er als Bürgermeister höchstpersönlich die Bahnhofsuhr. Auch die Errichtung einer Turnhalle und eines Lagerhauses für die Ernte der Bauern setzt er durch, und 1927 sorgt er dafür, dass sich der erste Arzt in der Stadt niederlässt.

Dass ihr Vater ein wichtiger Mann ist, spüren die Kinder sehr deutlich. Scholl wird überall höflich begrüßt, hält Reden und bekommt Applaus und seine Familie nimmt bei jedem Festumzug die besten Plätze ein. Scholl ist ein geachteter, aber kein beliebter Bürgermeister, denn er wahrt immer eine gewisse Distanz zu seinen Wählern. Dass er sich nicht zu ihnen ins Wirtshaus setzt, sehen sie ihm nach, aber dass er die falschen Zeitungen liest und ungewöhnlich liberale Ansichten vertritt, regt die braven Forchtenberger ziemlich auf.

Robert Scholl weiß sehr gut, dass die Weimarer Republik (1918/19–1933) eine »Demokratie ohne Demokraten« ist, nicht nur weil die Deutschen bisher keine Demokratie »erlernt« haben, sondern auch weil die alten Machteliten des Kaiserreichs weiterhin die Schaltstellen des Staates in Bürokratie, Justiz und Militär besetzt halten. Im Reichstag kämpfen bis zu siebzehn Parteien um die Vorherrschaft und die Regierung wechselt praktisch jedes Jahr einmal. Rechtsextreme belasten die junge Republik durch Terrorakte und Morde. Die Linksextremen hingegen unternehmen mehrere Aufruhrversuche.

Durch seine fortschrittliche Politik verliert Robert Scholl mit den Jahren die Gunst seiner Wähler. Als er dies spürt, bewirbt er sich 1926 auf eine Stelle in Künzelsau, ohne Erfolg.

Die selbstbewusste, kluge und hübsche Lina Scholl ist eine energische Hausfrau, die sich ganz dem Wohl ihrer Familie verschrieben hat. Sie beaufsichtigt die Kinder und führt den Haushalt auf sparsame, umsichtige Weise. Meistens geht ihr dabei ein junges Mädchen zur Hand. Die Bauern aus dem Umland sind froh, wenn ihre Töchter gegen Kost und Logis Anstellung in einem Bürgerhaushalt finden. Auch ein Kindermädchen lebt schon seit der Geburt von Inge in der Familie.

Während die Amtszimmer des Bürgermeisters nach vorne zur Straße liegen, gehen die privaten Wohnräume im hinteren Teil des Rathauses zum Garten hinaus. Die Kinder halten sich vor allem in der großen Diele auf, hier wird gegessen und ge-

spielt, vorgelesen und für die Schule gelernt. Nur zum Klavierüben müssen sie in das »bessere Zimmer« nach nebenan, wo es
meistens kalt und ungemütlich ist. An die Diele grenzt auch die
düstere Küche des Hauses, in der das Essen mühsam auf einem
alten Herd zubereitet werden muss, was Lina Scholl oft beklagt.

Neben einem hübschen Blumengarten hinter dem Haus
bewirtschaftet sie einen Obst- und Gemüsegarten am Ufer des
Kochers. Der ist ihr besonderer Stolz und versorgt die Familie
mit verschiedenen Apfelsorten, Zwetschgen, Kirschen und vie-
lerlei Gemüse. Lina Scholl kocht mit viel Freude und Leidenschaft die Ernte ein, dörrt und bäckt. Als Frau des Bürgermeisters fühlt sie sich aber auch für soziale Fragen zuständig und
kümmert sich um Arme und Kranke in Forchtenberg.

Liebe und Vertrauen wollen die Scholls ihren Kindern
schenken und sie zu selbstständigen Menschen erziehen. Während Hans und Inge die evangelische Volksschule in Forchtenberg besuchen, werden Elisabeth, Sophie und später auch
Werner jeden Morgen in die sogenannte Kleinkinderschule in
der Unteren Gasse gebracht. An den Nachmittagen spielen die
Scholls zu Hause oder bei den Kindern des Pfarrers, des Leh-
rers und des Apothekers. Aber auch die Wirts- und Metzgers-
kinder gehören zu ihren Freunden, denn die Kinder in Forchtenberg kennen keine Standesunterschiede.[1] Im Scholl'schen
Garten gibt es eine Schaukel, die als große Attraktion gilt, doch
der weitläufige, etwas verwilderte Pfarrgarten eignet sich besser
zum Klettern und Verstecken.

»Unser Vater hat als Bürgermeister in so einem kleinen Ort
nicht viel verdient, deshalb ist es bei uns sparsam zugegangen.
Wir haben ganz wenig Spielzeug gehabt und das hat uns gutge-
tan. Alles haben wir uns selber ausgedacht, Theater gespielt und

einmal eine Oper im Pfarrgarten aufgeführt, die Inge komponiert hat«[2], erinnert sich Elisabeth Scholl, die heute mit Nachnamen Hartnagel heißt.

An anderen Tagen wird die Schlossruine erkundet. Neugierig steigen die Kinder in den baufälligen Turm oder stöbern in den düsteren Gewölben herum, bis man ihnen diesen gefährlichen Zeitvertreib verbietet.

Nicht nur Familienfeste und Feiertage sind durch Rituale geprägt, auch der samstägliche Badetag hat Tradition. Damals hat nur der Bäcker im Ort eine Badestube, für die man sich anmelden muss. Sophie berichtet als Jugendliche in einem Schulaufsatz, sie habe sich die ganze Woche auf das Baden am Samstagabend gefreut: »Wir vier Kleinen wurden dann, zwei und zwei, in die Badewanne gesteckt und unserem Schicksal überlassen. Denn unsre Mutter hatte uns die überaus wichtige Aufgabe gestellt, uns selbst zu waschen. Dies erfüllte uns mit ernstem Eifer […] Die Rücken bearbeiteten wir uns gegenseitig mit Seife und Bürste so heftig, bis sie krebsrot waren und die Betroffene in Wehgeschrei ausbrach.«[3]

Zuletzt sitzen alle Kinder mit nassen Haaren, eingewickelt in warme Decken, ein Honigbrot in der einen und einen Becher mit heißer Zuckermilch in der anderen Hand, auf ihren Betten und lauschen der Mutter beim Vorlesen. Vor dem Schlafen wird selbstverständlich gebetet, so wie am Sonntagmorgen die ganze Familie in den evangelischen Gottesdienst geht.

Als Thilde Scholl mit neun Monaten an den Masern stirbt, im Hause aufgebahrt und dann auf dem Friedhof von Forchtenberg beerdigt wird, erlebt die fünfjährige Sophie Scholl zum ersten Mal, was Endgültigkeit für ein Menschenleben bedeutet. Dass Tiere sterben müssen, hatte sie bereits gesehen, denn Lina

Scholl stellt im Keller des Rathauses Mäusefallen auf. Noch Jahre später erinnert Sophie sich daran, »dass es mir als Kind ein unlösbares und furchtbar trauriges Problem schien, zu leben, ohne dabei andere zu vernichten«.[4]

Forchtenberg ist nicht nur von Weinbergen umgeben, sondern auch von dichten Wäldern mit Buchen und Tannen. Hier verbringen die Scholl-Kinder lange glückliche Ferientage. Sie suchen Beeren, Pilze und sammeln Hagebutten, um sich mit den kleinen, harten Früchten zu bewerfen oder sich die Samen als Juckpulver gegenseitig in den Kragen zu stecken. Sie bauen Hütten und richten sie mit Möbeln aus Steinen ein, die sie aus den Weinbergen herbeischleppen. Im Sommer baden die Geschwister im glasklaren Wasser des Kochers. Beim Stauwehr bringt Inge Scholl der kleinen Schwester das Schwimmen bei. Sophie wird immer eine leidenschaftliche Schwimmerin sein, vielleicht weil sie eine tiefe Liebe zur Natur spürt und beim Schwimmen regelrecht in sie »hineintauchen« kann. In jeden Bach oder Fluss, an dem sie vorbeikommt, muss sie wenigstens kurz mit den Füßen hineinsteigen, erzählt sie später.

Lina Scholl interessiert sich zwar für alles, was die Kinder betrifft, mischt sich aber nicht in ihre Spiele ein und verlangt, dass sie Probleme untereinander selbst lösen. Ganz bewusst steuern die Eltern aber die Bildung ihrer Kinder. Das tägliche Klavierüben am Nachmittag gehört so selbstverständlich zum Alltag wie die ordentliche Erledigung der Hausaufgaben. »Ansonsten haben sich meine Eltern nicht so sehr um uns gekümmert«, erzählt Elisabeth Scholl, »mein Vater war unentwegt in seiner Ratsstube und meine Mutter war trotz ihrer vielen Kinder auch karitativ tätig. Wir haben uns gegenseitig erzogen.«[5]

Das Lesen nimmt einen zentralen Platz im Leben der Familie Scholl ein. Für Sophie beginnt die Reise in die Welt der Bücher mit dem Bilderbuch *Etwas von den Wurzelkindern* von Sibylle von Olfers, das 1906 erschienen ist und bis heute zu den Klassikern der Kinderliteratur zählt. Es erzählt davon, wie die Wurzelkinder aus dem Winterschlaf erwachen, um bei Frühlingsanfang als Blumen und Gräser ins Sonnenlicht zu ziehen. Etwas von dieser kindlichen Sichtweise, jeder Grashalm und jede Blume seien beseelt, bewahrt sich Sophie Scholl ihr Leben lang. Auch *Der Struwwelpeter* findet sich damals in jedem Kinderzimmer, wenn er heute auch eher als Kuriosität denn als empfehlenswerte Literatur gilt. Daneben kennen die Scholl-Kinder die Bilderbibel, die Märchensammlungen der Brüder Grimm und Wilhelm Hauffs und das damals sehr beliebte *Ludwig-Richter-Hausbuch*, eine illustrierte Sammlung von Liedern, Gedichten, Sinnsprüchen und Geschichten.

Am liebsten aber spielt Sophie mit Puppen. Dies ist für ein kleines Mädchen ihrer Generation völlig normal und wird von den Eltern gefördert, weil sie darin eine gute Vorbereitung auf ihre spätere Bestimmung als Hausfrau und Mutter sehen. Kurz vor Weihnachten, so ist es damals in vielen Familien Brauch, verschwinden die Puppen über Nacht, um am Heiligabend im Glanz eines neuen Kleides wieder aufzutauchen. Sophie wünscht sich einmal ein großes Puppenbett mit Rädern und will später auch ihr erstes Kind dort hineinlegen.

Wann beginnt ein Kind, sich in der Wahrnehmung von Außenstehenden aus der Geschwisterschar zu lösen und als individueller Charakter fassbar zu werden? Heute ist erwiesen, dass jeder Mensch vom Tag seiner Geburt an eine eigene Persönlichkeit besitzt, aber es ist schwierig, den speziellen Eigenschaften von Drei- oder Vierjährigen nachzuspüren, wenn glaubwürdige Überlieferungen fehlen. Spätestens aber mit dem Eintritt in die Schule muss ein Kind lernen, für sich selbst zu sprechen, und in diesem Moment wird es von der Umwelt außerhalb der Familie als eigene Persönlichkeit wahrgenommen. Daher gibt es aus der Schulzeit meistens die ersten wichtigen Hinweise auf Charaktereigenschaften eines Menschen. Auch bei Sophie Scholl ist das der Fall.

Am 1. Mai 1928 wird sie in Forchtenberg eingeschult, eine Woche vor ihrem siebten Geburtstag. In ihrer Volksschule werden immer zwei oder drei Jahrgänge gemeinsam unterrichtet und so sitzt sie mit ihrer älteren Schwester Elisabeth in einer Klasse. Sophie ist eine gute Schülerin, wie alle Scholl-Kinder, und sie hat daher einen »guten« Sitzplatz. Damals wurden Kinder nach Leistungen und Betragen in der Klasse platziert: Die Musterschüler sitzen ganz vorne, die schlechten, faulen oder frechen Schüler bekommen die Plätze hinten im Klassenraum. Sobald ein Schüler eine schlechte Note bekommt oder den Lehrer ärgert, wird er zur Strafe an einen hinteren Platz geschickt, von dem er sich erst wieder hocharbeiten muss.

Als Elisabeth Scholl wegen eines Tintenkleckses eines Tages aufstehen und zu einem hinteren Platz wechseln soll, protestiert Sophie. Mutig geht sie zum Lehrer nach vorn und sagt:»Meine Schwester Elisabeth hat heute Geburtstag, die setze ich wieder hinauf.«[6] Wenn man bedenkt, dass Sophie noch in der ersten Klasse ist, spricht das für ein ordentliches Selbstbewusstsein, aber auch für einen starken Gerechtigkeitssinn und für Mut.

Sophie Scholls beste Freundin Lisa Remppis lebt in Backnang nahe Ludwigsburg, etwa 70 Kilometer von Forchtenberg entfernt. Lisa wohnt im selben Haus wie Sophies Tante und so kennen sich Sophie und Lisa von klein auf. Obwohl Lisa zwei

Jahre jünger ist, sind die beiden unzertrennlich, sobald sie sich besuchen, und ihre Freundschaft hält ein ganzes Leben.

Inge Scholl wechselt als Älteste zuerst auf die Oberrealschule im nahen Künzelsau und wohnt von Montag bis Freitag bei ihrer Großmutter. Als Hans und Elisabeth älter sind, fahren sie zu dritt jeden Morgen um fünf Uhr mit dem Zug nach Künzelsau, Sophie und Werner gehen da noch zur Grundschule. Scholls vorehelicher Sohn Ernst Gruele ist zu diesem Zeitpunkt schon fast fünfzehn Jahre alt und hat eine Schlosserlehre begonnen.

Um sein Bürgermeisteramt behalten zu können, muss Robert Scholl im Jahr 1929 von den Forchtenbergern wiedergewählt werden. Nun zeigt sich, wie wenig er die Bevölkerung für sich hat einnehmen können. »Ich spürte als Kind genau – und vielleicht ist es Sophie ähnlich ergangen«, berichtet Inge Scholl, »dass bestimmte Gruppen gegen meinen Vater waren, dass sie ihn in seiner aufgeschlossenen Welt nicht verstanden.«[7] Viele Bürger sind die ständigen Neuerungsvorschläge und Modernisierungsprojekte Scholls leid, anderen sind seine Zeitungsabonnements suspekt und die restlichen Sympathien verscherzt er sich mit einer ungeschickten Wahlkampfrede. Er habe eine besonders schwere, sorgenvolle Zeit in Forchtenberg durchgemacht, wenig Anerkennung und Freude gefunden, beklagt er sich vor den Zuhörern. Mit solchen Vorwürfen gewinnt man keine Wahl und Scholl muss dann auch eine bittere Niederlage einstecken. Als er in der Zeitung einen kritischen Artikel über sich liest, reicht er Beleidigungsklage ein. Den Prozess kann er zwar gewinnen, doch seine Gegner kramen im Gegenzug alles hervor, was sie gegen ihn ins Feld führen können, auch seine »sittlichen Verfehlungen«, also die Tatsache, dass er einen unehelichen Sohn hat.

Damit wendet sich das Blatt. Robert Scholl muss plötzlich fürchten, nach dem Bürgermeisteramt auch das Ruhegehalt zu verlieren, das er dringend braucht, um seine Familie zu versorgen, bis er eine neue Anstellung gefunden hat.

Was haben Sophie und ihre Geschwister von diesen Querelen mitbekommen? Es ist ja in diesen Jahren – vornehmlich in bürgerlichen Kreisen – nicht üblich, Kinder in die Probleme der Erwachsenen einzuweihen. Auch die Wahrheit über Ernst Gruele kennen sie wohl noch nicht. Doch Kinder besitzen feine Antennen für unausgesprochene Gefühle. Sophie ist jetzt acht Jahre alt und muss gemerkt haben, dass ihr Vater in den Augen der Forchtenberger vom Podest gestürzt ist, dass sein Name nicht mehr mit Ehrfurcht genannt und dass hinter ihrem Rücken getuschelt wird. Elisabeth Scholl erinnert sich sogar an »Anfeindungen«.

Nach der Wahlschlappe dauert es noch ein halbes Jahr, bis die Scholls aus Forchtenberg wegziehen, eine endlos lange Zeit aus Sicht der Kinder. Zuletzt droht man Robert Scholl sogar mit einer Räumungsklage, sollte er die Wohnung im Rathaus nicht schnellstens verlassen. Ein trauriges und peinliches Ende der Forchtenberger Zeit.

Im Sommer 1930 findet die Familie in Ludwigsburg eine Heimat für die nächsten zwei Jahre. Robert Scholl mietet eine teure Wohnung mit sieben Zimmern, die er sich auch als Geschäftsführer des Malerbundes im nahen Stuttgart eigentlich nicht leisten kann. Ob er damit seine eigene beengte Kindheit vergessen und mit dem alteingesessenen Bürgertum mithalten will? Eine Haushaltshilfe für seine Frau einzustellen, fällt ihm jedenfalls nicht ein und für Lina Scholl beginnt eine mühevolle Zeit. Allein die Wäsche von sieben Familienmitgliedern zu bewältigen, ist ein Kraftakt, denn der »Mangler« kommt nur, um die großen Stücke zu bügeln. Von den Kindern ist auch nicht viel Unterstützung zu erwarten, weil sie für die neue Schule einiges nachholen müssen. Um Geld zu sparen, vermieten die Scholls schließlich eines der Zimmer an eine Lehrerin.

Nicht nur Lina Scholl hat es schwer damit, sich einzugewöhnen. Sophie vermisst vor allem den Garten und die Wälder von Forchtenberg. In Ludwigsburg, das 30 000 Einwohner zählt, darf man nicht vor dem Haus spielen, denn hier kann es am helllichten Tag zu Schlägereien zwischen Kommunisten und Nationalsozialisten kommen.

Weil die Menschen in Deutschland immer weniger Vertrauen in die Politiker haben, tragen sie ihre Meinungsverschiedenheiten zunehmend auf der Straße aus. Die Nationalsozialisten verschaffen sich dabei auf besonders laute und pöbelhafte Weise Gehör. Ihren rasanten Aufstieg verdankt die Partei Adolf Hitler. Er wurde am 20. April 1889 im österreichischen Braunau geboren. Als Kind ein Außenseiter, schaffte er keinen Schulabschluss, bewarb sich erfolglos an der Akademie für Bildende Künste in Wien und zog 1913 nach München, um dem österreichischen Militärdienst zu entgehen. Von der Polizei aufgespürt und zwangsweise gemustert, diente er im Ersten Weltkrieg als Meldegänger, brachte es aber ausgerechnet wegen »mangelnder Führungseigenschaften« niemals weiter als bis zum Gefreiten. Die kleine »Deutsche Arbeiterpartei« wählte ihn 1920 zum Vorsitzenden, drei Jahre später zählte sie – inzwischen in »Nationalsozialistische Arbeiterpartei« umbenannt – bereits 200 000 Mitglieder.

Auch wenn die Geschwister Scholl als Kinder nicht viel von der großen Politik mitbekommen haben, werden die dramatischen Umsturzversuche Adolf Hitlers auch für ihr Leben

Bedeutung gewinnen und sollen deshalb kurz skizziert werden: Am 8. November 1923 rief Adolf Hitler die »nationale Revolution« aus und erklärte die Bayerische Landesregierung für abgesetzt. Er und die Mitstreiter des sogenannten Hitlerputsches wurden zwar verhaftet und verurteilt, gleichzeitig aber als »vaterländisch gesinnte Helden« im Deutschen Reich populär. Während der acht Monate währenden Haft verfasste Hitler Schriften, die er später unter dem Titel *Mein Kampf* veröffentlicht, ein Buch, das massenhaft verkauft, aber kaum gelesen und bedauerlicherweise von den Gegnern Hitlers wegen seiner verquasten Sprache und seiner chaotischen Gedankenführung nicht ernst genommen wurde.

Denn Hitlers *Mein Kampf* enthält bereits alle ungeheuerlichen Ideen, die er später in die Tat umsetzen wird. Seine von Rassismus durchtränkte Weltanschauung lässt sich in ein paar Sätzen zusammenfassen: Die deutsche, wie er sagt, »arische« Rasse sei allen anderen überlegen und müsse dafür sorgen, die schwachen, »minderwertigen« Individuen auszumerzen. Mittel dazu seien Vertreibung und Ermordung. Damit sich die »starke« Rasse selbst aber ungehindert vermehren könne, müsse sie sich durch Krieg neuen Lebensraum erobern.

Für Sophie Scholl ist das Paradies der Kindheit mit dem Umzug nach Ludwigsburg unwiederbringlich verloren. Sie besucht nun die 3. Klasse der evangelischen Mädchenvolksschule und ist dort bald die Beste. Leider ist ihre Freundin Lisa gerade von Backnang in die Nähe von Forchtenberg nach Langenburg an der Jagst gezogen und die Entfernung zwischen den Mädchen ist damit wieder genauso groß wie früher.

Hans geht auf das Ludwigsburger Gymnasium, Inge und Elisabeth besuchen die Realschule, was nicht selbstverständlich

Robert Scholl mit seinen Kindern Inge, Hans, Elisabeth, Sophie und Werner vor dem Schloss Ludwigsburg, um 1930/31

ist. In vielen Familien bleiben die Mädchen nach der Volksschule zu Hause, damit sie ihren Müttern im Haushalt helfen können, oder sie erlernen einen Beruf. Aber Lina und Robert Scholl haben sich dafür entschieden, den Töchtern eine umfassendere Schulbildung mitzugeben, obwohl sie dafür teure Privatstunden bezahlen müssen, denn die Mädchen müssen einiges aufholen.

Im März 1932 zieht die Familie Scholl nach Ulm und mietet eine Wohnung im Norden der Stadt, Kernerstr. 29. Robert Scholl ist jetzt Teilhaber eines Steuerberatungsbüros, das er später allein übernehmen wird. Die ersten Jahre sind für ihn hart, er arbeitet viel und hat doch immer finanzielle Sorgen. Inge Scholl, mit fünfzehn Jahren empfänglich für die Nöte anderer und selbst sehr sensibel, beginnt in dieser Zeit mit dem Tagebuchschreiben und ermöglicht damit einen genaueren Blick in die Familiengeschichte. Der Vater habe es schwer, schreibt sie, das rechtfertige allerdings nicht seine große Strenge. Sie selbst habe gar keine Freude mehr am Leben, auch in die Schule würde sie nur noch ungern gehen.

Ist dies nur eine pubertäre Phase oder steckt mehr dahinter? Auch mit der Mutter kommt es nun häufig zu Auseinandersetzungen. Und obwohl Inge die Eifersucht zu unterdrücken sucht, erkennt sie das Glück ihrer Schwester Sophie, die mit ihren elf Jahren von solchen Problemen noch nichts weiß: »Sofie sagt: ›Wenn ich an Weihnachten denke, dann kitzelt's mich so, dass ich lachen muss.‹ Sie ist überhaupt ein sonniges Ding, Mutters Sonnenschein.«[8]

Sophie Scholl besucht nun zusammen mit Inge und Elisabeth die Mädchenoberrealschule, die einzige Schule in Ulm, an der Mädchen Abitur machen können. Zwar ist Sophie nicht mehr die Beste der Klasse, aber sie hält sich auf den vorde ren Plätzen. Nach einer Familienanekdote beschreibt Sophie Scholl sich so: »Die Brävste bin ich nicht, die Schönste will ich gar nicht sein, aber die Gescheiteste bin ich immer noch.«

Von solcher Leichtigkeit ist Inge Scholl weit entfernt. Sie fühlt große Erwartungen an sich gestellt. Die Eltern haben ihrer Ältesten ein anspruchsvolles Motto ins Tagebuch geschrieben:

Wisset, ein erhabner Sinn
Legt das Große in das Leben
Und er sucht es nicht darin.

Lina und Robert Scholl glauben, dass ihre Kinder im Leben viel erreichen können, aber sie fordern keine steile Karriere oder das Erringen von Macht und Geld. Vielmehr geht es ihnen um die Haltung, sich niemals mit etwas Halbem zufriedenzugeben und alles mit voller Kraft zu tun. Dazu gehört auch, die eigene Kultur zu kennen, sich für Religion, Philosophie, Literatur und Kunst zu interessieren und sich eine möglichst umfassende Allgemeinbildung anzueignen.

Die Geschwister Scholl fügen sich dem elterlichen Anspruch bereitwillig und wollen gerne beweisen, was in ihnen steckt. Sie brennen geradezu darauf, zu zeigen, dass sie aufnahmefähig, verlässlich und ausdauernd sind. Genau das ist die Falle, in die sie hineintappen, als die Nationalsozialisten sich anschicken, Jugendliche aus Bürgerhäusern für ihre Ziele zu gewinnen. Denn das, was die Nazis fordern, klingt in den Ohren der Geschwister Scholl verlockend: Sie sollen Vorbild sein, stark und zäh, gerade und unbeugsam, andere ermutigen und für eine große Sache kämpfen. Was sollte daran falsch sein?

Ein Riss geht durch die Familie

1933

Zum ersten Mal trat die Politik in unser Leben«, schreibt Inge Scholl über den 30. Januar 1933, als Adolf Hitler zum Reichskanzler ernannt wird, »wir hörten viel vom Vaterland reden, von Kameradschaft, Volksgemeinschaft und Heimatliebe. Das imponierte uns, und wir horchten begeistert auf, wenn wir in der Schule oder auf der Straße davon sprechen hörten. Denn unsere Heimat liebten wir sehr, die Wälder, den Fluss und die alten, grauen Steinriegel, die sich zwischen den Obstwiesen und Weinbergen an den steilen Hängen emporzogen. Wir hatten den Geruch von Moos und feuchter Erde und duftenden Äpfeln im Sinn.«[1]

Heimat, dieser für viele Deutsche heute so schwierige, durch Missbrauch bis zur Sinnentleerung abgenutzte Begriff, bedeutet auch für Sophie Scholl zunächst einmal nichts anderes als der Ort ihrer Kindheit. Nicht die Wohnungen oder Häuser sieht sie vor sich, sondern die vielen herrlichen Spielplätze im Hohenloher Land. Erst im weiteren Sinn gilt das Wort Heimat auch für die eigene Stadt, die Region und das Vaterland. »Wir liebten es und konnten kaum sagen, warum. Man hatte bisher ja auch nie viele Worte darüber gemacht. Aber jetzt, jetzt wurde es groß und leuchtend an den Himmel geschrieben.«[2]

Es ist nicht einfach nur »die Politik«, die in das Leben der Geschwister Scholl eindringt, es ist der Nationalsozialismus. Wer sind diese Menschen, die Deutschland in den tiefsten Abgrund seiner Geschichte führen werden? 1933 zählt die NSDAP fast 850 000 Mitglieder, überwiegend Männer und die Hälfte unter dreißig Jahre alt. Die Partei verfügt über ein dichtes Netz an Ortsgruppen, dazu eine paramilitärische »Sturmabteilung« (SA), die nicht nur Parteiversammlungen bewacht, sondern sich in Form von brutalen Schlägertrupps auf der Straße breitmacht. »Braunhemden«, wie man die SA-Mitglieder nennt, marschieren zu Hunderten – später zu Tausenden – in exakten Formationen auf, schwingen rote Hakenkreuzfahnen und heben die Hand zum »Hitlergruß«. Ihre Uniformen bestehen aus braunen Hemden und »Breeches«, Hosen, die bis zu den Knien eng und oben weit sind, wie militärische Reithosen. Dazu gehören Stiefel, Schirmmütze, Schlips, Schulterriemen, verschiedene Abzeichen und das sogenannte Koppel mit Schloss, ein Gürtel mit Schnalle. Der SA unterstellt ist die »Schutzstaffel« (SS), zuständig für Adolf Hitlers persönliche Sicherheit.

Der Siegeszug der NSDAP erfolgt nach der Weltwirtschaftskrise. Am 24. Oktober 1929, dem »Schwarzen Freitag«, fallen die Aktienkurse nach dem New Yorker Börsenkrach ins Bodenlose. In Deutschland ist bald jeder Dritte arbeitslos, und die Löhne derjenigen, die noch Arbeit haben, sind nicht mehr viel wert. Je dramatischer die Krise sich entwickelt, desto lauter wird der Ruf nach einem »starken Mann«, zumal der Viel-Parteien-Staat Weimarer Republik sich seit dem Zusammenbruch der Großen Koalition 1930 als unfähig erweist, eine mehrheitsfähige Regierung zu bilden.

Die Rechnung der Nazis, die mit Terror auf der einen und großspurigen Versprechungen auf der anderen Seite arbeiten, geht auf: Am 30. Januar 1933 wird Adolf Hitler deutscher Reichskanzler. Dafür hat sich seit Langem der Begriff »Machtergreifung« eingebürgert. Historiker weisen jedoch zu Recht darauf hin, dass Reichspräsident Paul von Hindenburg nicht unter Zwang handelte, als er die Ernennung Hitlers vornahm. Daher trifft der Begriff »Machtübertragung« die Sache besser, weil er die Verantwortung derjenigen deutlich macht, die Hitler an die Macht kommen ließen. Viele einflussreiche Bürger und Politiker halten das nämlich für eine gute Lösung. Sie finden Gefallen an verschiedenen Ideen der Nazis und glauben, ein bisschen frischer Wind könne ihrem Land nicht schaden. Auch glauben sie, der ungehobelte Ton Hitlers werde sich durch die Regierungsverantwortung abschleifen und seine Partei bald gezähmt werden.

Die Nationalsozialisten verleiben sich nun Stück für Stück des deutschen Staates ein. Der Terror, den sie dabei ausüben, ist für uns heute, die wir in einem Rechtsstaat leben, kaum vorstellbar. Kommunisten und Sozialdemokraten werden auf offener Straße zusammengeschlagen oder verhaftet, Versammlungen gestürmt, Juden bedroht. Hermann Göring, eine der Schlüsselfiguren für den Aufstieg der NSDAP und von Hitler gerade zum kommissarischen Innenminister Preußens ernannt, erklärt die SA und SS zur Hilfspolizei und gibt einen »Schießerlass« aus, in dem er die Polizei zum rücksichtslosen Gebrauch ihrer Waffen auffordert.

Der Anschlag auf den Reichstag am 27. Februar 1933 liefert den Nazis schließlich einen willkommenen Anlass, ihre Gangart zu verschärfen. Schon einen Tag später werden alle wichtigen Grundrechte außer Kraft gesetzt: Vorbei ist es mit freier Presse, Vereins- und Versammlungsfreiheit, Brief- , Post- und Fernmeldegeheimnis, auch mit dem Schutz der Wohnung und der Freiheit der Person. Eine Verhaftungswelle setzt ein, der vor allem Kommunisten zum Opfer fallen. Die neu eingeführte »Schutzhaft«, wie sie reichlich zynisch genannt wird, erlaubt der Regierung, Menschen ohne Gerichtsbeschluss oder Prozess endlos festzuhalten. Schon reicht der Platz in den Gefängnissen nicht mehr aus und die ersten Konzentrationslager (KZ) werden eingerichtet.

Dass die NSDAP bei den nächsten Reichstagswahlen am 5. März 1933 nur 43,9 Prozent erreicht, hindert sie nicht daran, eine Diktatur aufzubauen, die mit Terror, Einschüchterung und äußerster Brutalität gegen die Bürger vorgeht. Das Ermächtigungsgesetz vom 23. März 1933 öffnet der Nazi-Willkür Tür und Tor. Fortan kann Hitler ohne Zustimmung des Parlaments völlig frei regieren. Dann beginnt die »Gleichschaltung«: Das gesamte öffentliche Leben wird den Zielen der NSDAP unterworfen und Protest jedweder Form verboten oder streng bestraft. Alle nicht-nationalsozialistischen Organisationen, Vereine oder Verbände, darunter auch die Gewerkschaften, werden aufgelöst oder unter NS-Aufsicht gestellt. Sechs Monate nach dem 30. Januar gibt es kaum noch Nischen im Land, die nicht von Hitlers Partei kontrolliert werden.

Diesen Vorgang in eine »Rettung« Deutschlands vor Kommunismus und Sozialismus umzumünzen, ist die Aufgabe von Propagandaminister Joseph Goebbels, dessen Ideenreichtum in Sachen Volksverhetzung unerschöpflich ist.

Durch die Familie Scholl in Ulm geht nun ein Riss. Die Eltern stehen dem NS-Regime ablehnend gegenüber, aber Hans und Inge sind von der neuen Bewegung begeistert und wollen sofort mitmachen. Sophie Scholl steht genauso wie Elisabeth und Werner zunächst ratlos daneben. Eine so tiefe Kluft, wie sie nun zwischen den Eltern und den Geschwistern entstanden ist, hat sie noch nie erlebt.

»Hitler, so hörten wir überall«, erinnert sich Inge Scholl viele Jahre später, »Hitler wolle diesem Vaterland zu Größe, Glück und Wohlstand verhelfen. Er wolle sorgen, dass jeder Arbeit und Brot habe; nicht ruhen und rasten wolle er, bis jeder einzelne Deutsche ein unabhängiger, freier und glücklicher Mensch in seinem Vaterland sei. Wir fanden das gut, und was immer wir dazu beitragen konnten, wollten wir tun.«[3]

Schon am Abend des 30. Januar 1933 marschieren auch in Ulm Anhänger der NSDAP durch die Straßen. Gleich der erste harmlose Spaziergänger, der seinen Hut vor den Braunhemden nicht zückt, wird zusammengeschlagen. Aber noch nehmen viele die Gefahr nicht ernst. So kommentiert die sozialdemokratische Zeitung *Donau-Wacht* die Beförderung des gelernten Werkzeugschlossers und Ulmer NSDAP-Fraktionsvorsitzenden Wilhelm Dreher zum Polizeidirektor der Stadt amüsiert mit der Bemerkung: »Der passt zur Polizei, der kennt die Ausnüchterungszelle.«[4]

Die Nazis in Ulm brüsten sich damit, sie seien mit dem Aufbau nationalsozialistischer Strukturen besonders schnell und gründlich. Schon am 11. März rufen sie zum Boykott jüdischer Geschäfte auf – drei Wochen vor dem ersten reichsweiten Boykott-Aufruf: »Volksgenossen, es darf in Deutschland keinen anständigen Deutschen mehr geben, der ab heute noch bei einem Juden einkauft.«[5]

Der Antisemitismus ist schon seit Mitte des 19. Jahrhunderts in Deutschland stark verbreitet und die aus heutiger Sicht absurden Rassismustheorien werden zu jener Zeit sogar von Wissenschaftlern diskutiert. Der wahnhafte Glaube, Juden verkörperten das Böse schlechthin und hätten sich dazu verschworen, alle anderen Völker zu vernichten, wird jedoch vor allem von den Nationalsozialisten gebetsmühlenartig wiederholt. Dabei setzen sie mit »Juden« alle Menschen gleich, die sie ablehnen:

Pazifisten, Kommunisten, Marxisten, Bolschewisten, Freimaurer, Liberale, kurz: alle, die nicht auf nationalsozialistischer Linie liegen.

Ende März werden bereits die ersten Straßen in Ulm umbenannt: Die Promenade in der Innenstadt heißt jetzt Adolf-Hitler-Ring und die nach dem großen Physiker benannte Albert-Einstein-Straße wird – da der berühmteste Sohn der Stadt Jude ist – in Johann-Gottlieb-Fichte-Straße umgetauft. Zum selben Zeitpunkt werden jüdische Händler von städtischen Aufträgen ausgeschlossen. Am 20. April 1933, Hitlers vierundvierzigstem Geburtstag, treffen sich Tausende von Ulmer Bürgern auf dem Münsterplatz, um dem neuen Reichskanzler – der natürlich in Berlin ist – zu huldigen.

Werden diese Vorgänge am Frühstückstisch der Scholls besprochen? Die Familie ist in diesem Jahr in ein schönes, repräsentatives Mietshaus in der Olgastraße 81 gezogen, eine Straße, die als Teil der Innenstadt-Promenade ebenfalls in Adolf-Hitler-Ring umbenannt wird. Das Haus gehört dem jüdischen Kaufmann Jakob Guggenheimer. Was empfinden die Scholls, wenn die Juden offen an den Rand der Gesellschaft gedrängt werden? Erklären sie ihrer Tochter Sophie, worum es geht? Verteidigen Inge und Hans das Vorgehen der Nazis? Davon erfährt man nichts. Aber der Tonfall des neuen Regimes ist von Beginn an so hasserfüllt, dass es unmöglich scheint, sich auf einen Kompromiss einigen zu können. Niemand kann den Nazis gegenüber neutral sein, man ist für sie oder gegen sie.

Zwei Monate nach der Machtübertragung schreibt Inge Scholl in ihr Tagebuch:»Hitler wird jetzt die einzelnen Jugendverbände auflösen. Die Hitlerjugend erstürmt ein Heim nach dem andern. Das ist gut. Da wird Deutschland immer einiger.«[6]

Wieso schreibt eine Fünfzehnjährige in ihrem Tagebuch etwas über die Auflösung von Jugendverbänden? Was interessiert sie daran?

Die Erziehung der Jugend ist ein ganz besonderes Anliegen der NSDAP. Schon 1922 richtet sie eine Jugendorganisation ein, die 1925/26 unter dem Namen »Hitlerjugend« neu gegründet wird. Jungen im Alter von zehn bis vierzehn Jahren zählen zum »Jungvolk« und wechseln dann in die »Hitlerjugend« im engeren Sinn. Mädchen im Alter von zehn bis vierzehn Jahren treten bei den »Jungmädeln« ein und kommen anschließend in den »Bund Deutscher Mädel« (BDM). Diese vier Gruppen zusammen werden − etwas missverständlich − auch als »Hitlerjugend« (HJ) im weiteren Sinn bezeichnet.

Pubertät bedeutet Abgrenzung von den Eltern, von ihren Werten und Traditionen, das ist bei den Scholls nicht anders als in fast allen Familien. Jugendliche haben sich schon immer bewusst anders als ihre Eltern verhalten und ihre Kleidung wie auch ihre Sprache folgt einem eigenen Code. Zu Beginn des 20. Jahrhunderts entsteht daraus die Bewegung der »Wandervögel«: Jugendliche und junge Erwachsene wandern in kleinen Gruppen aus der Stadt hinaus in die »freie Natur«, um dort − unbeobachtet von den Eltern − nach Lust und Laune das zu tun, wonach ihnen der Sinn steht: Wandern, Singen, am Lagerfeuer sitzen, unter freiem Himmel übernachten und sich selbst einfache Mahlzeiten kochen. Nach dem Ersten Weltkrieg findet die Jugendbewegung neuen Zulauf: Pfadfinder, Deutsche Freischar, Arbeiterjugend, Katholische und Evangelische Jugend und Sportjugend schließen sich zu Bünden zusammen und geben sich Regeln für die Aufnahme, das Beisammensein oder den Ausschluss aus der Gruppe.

Alle diese Jugendverbände werden im Dritten Reich auf-

gelöst oder verboten. Nur die katholischen und evangelischen Jugendorganisationen bleiben noch eine Zeit lang bestehen, bis sie – manche zwangsweise, andere freiwillig – in die Hitlerjugend übernommen werden.

Hans Scholl will mit vierzehn Jahren unbedingt zum Jungvolk, aber Robert Scholl ist dagegen. Es kommt zu einem Machtkampf, der unter anderem über ein Porträt von Adolf Hitler ausgetragen wird. Wenn Robert Scholl von der Arbeit kommt, nimmt er die Radierung von der Wand und legt sie in eine Schublade. Bevor Hans am nächsten Morgen zur Schule geht, hängt er sie wieder auf. Das geht so lange, bis Robert Scholl schließlich nachgibt. Hans darf Ende Mai 1933 in die HJ eintreten. Inge wird einen Monat später Mitglied im Bund Deutscher Mädel. »Jedes deutsche Mädchen, das Nazi sein will, ist Hitler schuld, dass es sich äußerlich und innerlich rein hält. Das sind wir alle Hitler schuldig«[7], schreibt sie zu Beginn ihrer BDM-Zeit ins Tagebuch. Sie ist voller Inbrunst dabei. »Mit Leib und Seele gehöre ich Hitler. Natürlich nach Gott.«

Wie erlebt die zwölfjährige Sophie die Begeisterung der großen Schwester? Beneidet sie Inge um die Uniform, um den

Stolz, den ihr die Mitgliedschaft im BDM offensichtlich beschert? Wartet sie ungeduldig darauf, bald selbst dazuzugehören? Das ist sehr wahrscheinlich.

Was Sophie in dieser Zeit innerlich bewegt, ist heute schwer nachzuvollziehen, denn noch führt sie kein Tagebuch und Briefe aus diesen Jahren sind nicht bekannt. Wir müssen uns weiterhin auf Inge Scholls Berichte stützen, um etwas über Sophie Scholl zu erfahren.

Die ältere Schwester listet detailliert auf, welche Geschenke Sophie am 9. Mai 1933, ihrem zwölften Geburtstag auspacken darf: eine Mundharmonika, Schokolade, Seife, einen Waschlappen und einen Kuchen. In einem Schulaufsatz beschreibt Sophie ein paar Jahre später, wie es sich anfühlt, Geburtstagskind im Hause Scholl zu sein: »Wenn dann der Tag anbricht, so fühle ich mich von frühester Stunde an als Mittelpunkt. [...] Und wird man nun von der gesamten Familie an den Geburtstagstisch geleitet, oh wie peinlich! Man wirft gerührt ein Auge auf die roten, brennenden Kerzlein und betrachtet dann die Geschenke eingehend. Man ist aus tiefstem Herzen dankbar und tut dies der Familie kund, die es stumm und verlegen duldet. Die Feierlichkeit ist damit vorüber. Reihum gehen die Pralinen, auf die jeder geduldig wartet«[8].

Einen Tag nach Sophies zwölftem Geburtstag werden auf dem Berliner Opernplatz Zehntausende von Büchern verbrannt: Werke von Erich Kästner, Heinrich Mann, Lion Feuchtwanger, Erich Maria Remarque, Stefan Zweig, Heinrich Heine, Kurt Tucholsky, Bertolt Brecht, Alfred Döblin und viele andere gehen unter begeistertem Gejohle in Flammen auf. Auch Bücher von Sigmund Freud, Albert Einstein und Karl Marx fliegen ins Feuer. Ob es um Pazifisten, Linke, Ausländer oder Juden geht – die Nazis machen Ernst mit ihrer Drohung, Deutschland vom »nicht-völkischen« Gedankengut zu »säubern«. Die Aktion wird übrigens nicht vom Propagandaministerium gesteuert, wie man annehmen könnte, sondern gemeinsam von der Nationalsozialistischen Studentenschaft und der Hitlerjugend durchgeführt. Von Berlin aus springt der Funke auf den Rest des Landes über.

Wird die Bücherverbrennung in der Olgastraße 81 thematisiert? Immerhin sind die Scholls eine Familie, die der Literatur einen hohen Stellenwert beimisst. Spätestens als im Sommer auch in Ulm öffentlich Bücher verbrannt werden, muss das Thema auf den Tisch gekommen sein. Da Ulm keine Universitätsstadt ist, übernimmt es der Kunstverein, die Bevölkerung aufzurufen, den »Kitsch« aus den Regalen zu reißen und zu vernichten. Darunter verstehen die Nazis Werke »berühmter Schriftsteller jüdischer oder marxistischer Prägung ... sie sind für uns gerade deshalb Kitsch, wenn sich der einzelne Verfasser auch noch so bemüht, durch einen gewissen Stil den Anschein des Künstlerischen zu erwecken«[9].

Die Hitlerjugend in Ulm organisiert die Bücherverbrennung als öffentliches Spektakel und verbindet sie mit der Aufnahme neuer Mitglieder. Inge und Hans Scholl sind auf jeden Fall dabei. In ihrem Tagebuch notiert Inge am 15. Juli 1933: »Eben komme ich vom Münsterplatz. Dort war eine Feier. Alle Schund- und nicht deutsche Schriften und Fahnen wurden auf einen Haufen gebracht und verbrannt. Wie lustig das Feuer prasselte.«[10] Dieser Satz – aus heutiger Sicht erschreckend – macht deutlich, wie leicht auch die gebildeten, mit humanistischen Werten aufgewachsenen Jugendlichen der Verführung des Nationalsozialismus erliegen.

»Mein Vater war zutiefst verletzt durch das, was er täglich

von seinem Fenster aus beobachten musste: die ewigen Aufmärsche, das aufgeblasene Gehabe der hiesigen Nazis, die ge-
hässigen Artikel in den Zeitungen«[11], erinnert sich Inge Scholl.
Eindringlich warnt er seine Kinder vor dem »Rattenfänger«
Adolf Hitler, der mit seinen Handlangern das deutsche Volk
auf schreckliche Weise missbrauchen würde. Seine Worte sind
jedoch »in den Wind gesprochen, und sein Versuch, uns zurückzuhalten, scheiterte an unserer Begeisterung«.[12]

Wie mag daher die Stimmung in der Scholl'schen Wohnung
am 25. Juni 1933 sein, dem sogenannten Tag der deutschen
Jugend? 4300 Jugendliche, darunter Inge und Hans Scholl, marschieren in Ulm unter Hakenkreuzfahnen auf und ziehen in
Richtung Stadion. Sophie darf dabei zuschauen, die Eltern wissen, dass es keinen Sinn hat, es ihr zu verbieten. Es ist Sonntag,
also hat sie schulfrei. Steht sie oben am Fenster? Hört sie den
Jubel und die Lieder? Was nimmt Sophie von diesem Tag mit,
der für Hans und Inge so wichtig ist, denn heute schwören sie:
»Ein Gott! Ein Führer! Ein Volk!« Am Abend versammelt sich
die halbe Stadt vor einem riesigen Feuer im Stadion. Neben
der Hitlerjugend und dem Bund Deutscher Mädel stehen SA
und Wehrmacht, alle in Uniformen, alle hinter stolzen Banner-
trägern in Reih und Glied aufgereiht, Fackeln in der erhobe-
nen Hand. Lieder werden geschmettert, Trommeln geschlagen.

»Aber noch etwas anderes kam dazu, was uns mit geheim-
nisvoller Macht anzog und mitriss«, gesteht sich Inge Scholl
Jahre später ein, »es waren die kompakten Kolonnen der Jugend
mit ihren wehenden Fahnen, den vorwärtsgerichteten Augen
und dem Trommelschlag und Gesang. War das nicht etwas
Überwältigendes, diese Gemeinschaft?«[13]

Fackelmärsche, Lieder, Treueschwüre – auch damit haben die
Nazis Jugendliche geködert. Die Faszination dieser Aufmärsche

ist heute nicht mehr ohne weiteres zu verstehen. Menschen, die sich alle derselben Idee verschrieben haben, die pathetische Schwüre deklamieren und im Fackelschein von Treue, Ehre und Vaterland singen, sind nur noch als Masse wahrnehmbar, ihre individuellen Gesichter und Lebensgeschichten gehen unter, doch genau dieses Gefühl ist gewollt. »Du bist nichts, Dein Volk ist alles«, lautet einer der Lieblingssprüche der Nationalsozialisten.

Tatsächlich glauben damals viele Menschen, mit Adolf Hitler sei eine neue Zeit angebrochen, in der Armut, Arbeitslosigkeit und das Chaos zerstrittener Parteien beseitigt würden. Dass die Jugend aufgefordert wird, an der Erneuerung der Gesellschaft teilzunehmen, dass man ihr zuruft, sie werde gebraucht, ist ein erfolgreicher Trick. Jugendliche fühlen sich auf eine neue Art und Weise ernst genommen und begreifen nicht, dass sie nur vorgekaute, leere Formeln sprechen dürfen. »Wir glaubten, Mitglieder einer großen Organisation zu sein, die alle umfasste und jeden würdigte, vom Zehnjährigen bis zum Erwachsenen«, schreibt Inge Scholl rückblickend, »wir fühlten uns beteiligt an einem Prozess, an einer Bewegung, die aus der Masse Volk schuf.«[14]

Was Sophie Scholl verängstigt haben muss, sind die Spannungen und Streitereien zu Hause. Aufmerksam verfolgt sie die Wortwechsel zwischen ihrem großen Bruder und dem Vater. Im Geschichtsunterricht schnappt Hans Bemerkungen auf, die er dazu benutzt, den Vater zu provozieren. Wenn Hans aber behauptet, man müsse die dekadenten Franzosen hassen, platzt Robert Scholl der Kragen. Manchmal streiten Vater und Sohn so laut und lange, bis Hans die Tränen in die Augen schießen. Dann setzt sich Inge im Nebenzimmer ans Klavier und beginnt, wild darauf zu hämmern, um zu demonstrieren, dass sie auf der Seite ihres Bruders ist. Solche Szenen gehen nicht spurlos an den jüngeren Geschwistern vorbei. Sie sind unglücklich, wenn die Großen laut werden, auch wenn sie die Unversöhnlichkeit der Standpunkte vielleicht mehr spüren als verstehen.

Geschwister schließen sich meistens gegen ihre Eltern zusammen, nicht gegeneinander. Sophie wird in den Konflikt hineingezogen, noch bevor sie selbst beim Jungmädelbund eintritt. Leidet sie darunter, dass auch die Mutter die Begeisterung für den Nationalsozialismus nicht teilt? So wie es Inge Scholl quält, die in ihr Tagebuch schreibt: »Das tut mir so weh [...] Mutter versteht mich gar nicht mehr gut. Die Kluft zwischen uns beiden wird immer größer. Ich glaub manchmal, sie will mich auch nicht immer verstehen.«[15] Dass die eigenen Eltern in Zeiten der Pubertät als Vorbilder nicht mehr taugen, dass Jugendliche eigene Wege gehen müssen und dabei ihre Werte einer radikalen Überprüfung unterziehen, ist normal und wichtig, damit Menschen erwachsen werden können. Fatal wirkt es sich in diesem Fall aus, weil die Entfernung von den Eltern Inge immer näher an die Nazis heranrückt.

Als Hans Scholl dann auf offener Straße in eine Schlägerei gerät, wird die Dimension des Konfliktes noch einmal für alle deutlich. Hans kämpft auf Seiten der Hitlerjugend gegen eine Gruppe katholischer Jugendlicher, die von der NSDAP nicht gleichgeschaltet werden will.

Wie haben die Nazis das geschafft, fragt man sich heute. Wie kann eine Organisation, die einer menschenverachtenden Ideologie folgt, Jugendliche hinter sich versammeln, die in ihren Familien zu Friedfertigkeit, Toleranz und kultureller Aufgeschlossenheit erzogen wurden?

Jungmädel wollen wir sein

1934

Sophie Scholl ist fast dreizehn Jahre alt, als sie in die »Jung-mädelschaft« eintritt. Am Abend des 20. April 1934, Hitlers Geburtstag, legt sie mit den anderen »Neuen« auf der Ulmer Gänsewiese ihr Gelöbnis ab. Im Schein lodernder Fackeln stehen die Mädchen stramm und sprechen: »Jungmädel wollen wir sein. / Klare Augen wollen wir haben / Und tätige Hände. / Stark und stolz wollen wir werden: / Zu gerade, um Streber und Duckmäuser zu sein, / Zu aufrichtig, um etwas scheinen zu wollen, / Zu gläubig, um zu zagen und zu zweifeln, / Zu ehrlich, um zu schmeicheln, / Zu trotzig, um feige zu sein.«[1]

Nun trägt Sophie also die gleiche Uniform wie ihre Schwestern Inge und Elisabeth, weiße Bluse und blauer Rock, dazu eine hellbraune Jacke, die sogenannte Kletterweste, die ein bisschen Ähnlichkeit mit einer Jeansjacke hat. Dazu sind braune Halbschuhe mit weißen Söckchen vorgeschrieben, im Winter Wollstrümpfe. Aber die Krönung in den Augen der Mädchen ist das schwarze Halstuch, das vorne durch einen geflochtenen Lederknoten gezogen wird. Die dunkelblaue Strickmütze mit zwei weißen Streifen (»Teufelsmütze«) gehört im Winter zur Ausstattung und die Haare sollen zu langen Zöpfen geflochten oder als Knoten im Nacken getragen werden. Nachdem die ersten Mädchen-Uniformen besonders trist waren, hatte man 1932 Modezeichner beauftragt, eine Uniform zu entwerfen, die jungen Mädchen besser gefallen würde.

Ihre Freundinnen beschreiben Sophie in dieser Zeit als

selbstbewusst, sportlich und jungenhaft. Ihre Jungmädelführerin, die für eine Gruppe von etwa zehn Mädchen verantwortlich ist, heißt Charlotte Thurau, von allen Charlo genannt. Sie ist mit Inge befreundet und kommt häufig zu Scholls nach Hause. Beim Jungmädelbund findet Sophie auch eine neue Freundin, die gleichaltrige Pfarrerstochter Susanne Hirzel, die ebenfalls froh ist, endlich dabei zu sein, denn sie hatte sich schon lange gewünscht, »wie die anderen Mädchen meines Alters in weißer Bluse und blauem Rock im Gleichschritt hinter einem Wimpel herzulaufen und die frischen Lieder mitzusingen, mit anderen Jugendlichen zusammen ein eigenes Leben zu haben«.[2]

Ein eigenes Leben, eigene Angelegenheiten, mit denen die Eltern nichts zu tun haben und in die sie auch nicht hineinreden können – das ist der besondere Reiz an der Hitlerjugend. Nicht mehr mit der Familie in langweilige Spießer-Ferien fahren, sondern »auf Fahrt« gehen, nur mit Jugendlichen. Die Nazis haben die Sehnsucht, sich vom Elternhaus zu lösen, nicht erfunden, sie aber auf besonders geschickte und verantwortungslose Weise für ihre Zwecke genutzt.

Sophie Scholl empfindet die HJ nicht als eine politische Vereinigung. Sie geht mit den Jungmädeln wandern, lernt Karten- und Kompasslesen und wie man in der freien Natur über einem Feuer kochen kann. Aus vollem Hals singt sie die Volks- und Landsknechtlieder mit und lernt eifrig die Gitarrenbegleitung dazu. Stundenlange Geländespiele und Übernachtungen in Heuschobern sind für die meisten Jugendlichen das Beste an der HJ. Dazu kommen wöchentliche Heimabende, an denen nicht nur gebastelt, gestrickt und gesungen wird, sondern auch die sogenannte Schulung stattfindet, deshalb heißen diese Abende auch »Dienst«.

Auch wenn die Mädchen es nicht so empfinden: Es stehen selbstverständlich handfeste politische Interessen hinter der Hitlerjugend: »Wir wollen darum bewusst politische Mädel formen«, so die BDM-Reichsreferentin Dr. Jutta Rüdiger, »das bedeutet nicht: Frauen, die später in Parlamenten debattieren und diskutieren, sondern Mädel und Frauen, die um die Lebensnotwendigkeiten des deutschen Volkes wissen und dementsprechend handeln.«[3]

Jungmädel sollen also gar nicht selbstständig denken und eigene, individuelle Meinungen ausbilden, sondern nur das nachbeten, was die Nazis für richtig halten: »Nicht reden, nicht debattieren, nationalsozialistisch leben in Zucht, Haltung und Kameradschaft.«[4] Dr. Jutta Rüdiger hat Psychologie studiert und weiß, dass die Jugendbewegungen des 20. Jahrhunderts gegen das Bürgertum und den Materialismus eingestellt sind. Der Hitlerjugend sei jedoch klar, »dass die Jugend nicht das Recht zu Kritik und Opposition besitzt«[5], sondern sich in den Dienst ihres Volkes stellen und die deutsche Rasse gesund und rein erhalten müsse.

Damit ist vor allem intensives körperliches Training gemeint, mit dem die Jugendlichen ihre Körper »stählen«. Nach Ansicht von Reichjugendführer Baldur von Schirach sollten zwei Drittel der Dienstzeit mit Sport verbracht werden, und Adolf Hitler fordert: »Die gesamte Erziehungsarbeit des völkischen Staates muss ihre Krönung darin finden, dass sie den Rassesinn und das Rassegefühl instinkt- und verstandesmäßig in Herz und Gehirn der ihr anvertrauten Jugend hineinbaut.« Im Zentrum stünde das »Heranzüchten kerngesunder Körper. Erst in zweiter Linie kommt dann die Ausbildung geistiger Fähigkeiten.«[6]

Die Heimabende in Sophies Jungmädelgruppe ähneln sich im Ablauf: Da die Hitlerjugend ständig im Einsatz ist, NS-Prominenz begrüßen, Spalier stehen oder marschieren muss, ist der Bedarf an Liedern groß und daher wird zuerst einmal gesungen und ein neues Lied gelernt. Danach kann gebastelt, genäht, Theater gespielt oder geturnt werden, oder es gibt eine Schulung, für die ein regelrechter Lehrplan aufgestellt worden ist. Im ersten Jahr lernen Jungmädels wie Sophie Scholl etwas über germanische Götter und Helden, im zweiten Jahr kommen »Große Deutsche« dran, wie Arminius der Cherusker (der kein Deutscher war), Preußenkönig Friedrich der Große und Reichskanzler Otto von Bismarck. Im dritten Jahr geht es um das Thema »Kampf um Deutschland«, womit die Schlacht von Tanneberg gemeint ist (die 1410 stattfand, als es noch kein Deutschland gab), oder den »U-Boot-Krieg«, also der Einsatz von U-Booten im Ersten Weltkrieg. Im vierten Dienstjahr folgen Leben und Werk von Adolf Hitler.

Bei der Ulmer HJ-Sonnwendfeier Ende Juni 1934 ist Sophie Scholl dabei und singt mit ihren Jungmädel-Kameradinnen das Lied *Flamme, empor*. Es stammt zwar aus dem Jahr 1814 und gehört eigentlich in die Zeit der Befreiungskriege gegen Napoleon, ist jedoch bei der HJ ein regelrechter Hit:

> *Flamme, empor!*
> *Steige mit loderndem Scheine*
> *Von den Gebirgen am Rheine*
> *Glühend empor!*
>
> *Siehe, wir stehn*
> *Treu im geweihten Kreise,*
> *Dich zu des Vaterlands Preise*
> *Brennen zu sehn!*

Heilige Glut!
Rufe die Jugend zusammen,
Dass bei den lodernden Flammen
Wachse der Mut!

Leuchtender Schein!
Siehe, wir singenden Paare
Schwören am Flammenaltare,
Deutsche zu sein!

Mit solch pathetischen Worthülsen könnte man heute keine Jugendlichen mehr begeistern. Doch die Dreißigerjahre folgen anderen Gesetzen. Niemand, der jung ist, findet es erstrebenswert, sich cool oder emotionslos zu geben. Stattdessen ist es angesagt, sich »glühend« für etwas zu engagieren, leidenschaftlich zu sein. Große Worte, Schwüre und Versprechen schrecken niemanden. Sophie Scholl ist ebenso wie ihre Freundin Susanne Hirzel eine begeisterte Anhängerin der neuen Bewegung: »Man verachtete das Geld und die Großstadt, liebte die Natur und ein einfaches Leben. Innere Disziplin, Wahrhaftigkeit und Kameradschaftsgeist waren gefordert, es ging um den ganzen Menschen. Ein stolzer junger Mensch musste sich angezogen fühlen.«[7]

Die Geschwister Scholl steigen alle – bis auf Werner – zu Anführerinnen und Anführern in der Hitlerjugend auf. Die Wohnung in der Olgastraße ist bald ein beliebter Treffpunkt, an dem die Jungs bei Hans im Zimmer sitzen, die Mädchen bei den drei Schwestern. Es geht immer locker und herzlich zu im Hause Scholl, alle kommen gerne hierher. Mutter Lina kocht Tee und reicht frisch gebackenen Hefezopf. Die Jugendlichen singen Lieder wie *Unsere Fahne flattert uns voran* und planen ihre Gruppenabende.

Manchmal schaut auch Robert Scholl vorbei, dessen Büro im selben Haus ist. Er macht zwar kein Hehl daraus, dass er von Hitler nichts hält, das scheint aber niemanden zu stören, weil Scholl bei den Jugendlichen als gerechtigkeitsliebend und anständig gilt. Das klingt nach einer Idylle, sind denn die Machtkämpfe und Diskussionen vorüber? Wartet Scholl ab, bis seine Kinder selbst begreifen, was er schon weiß? Hat er eingesehen, dass er sie nicht von ihrem Weg abbringen kann, und will sie nicht auch noch aus dem Haus treiben, indem er es ihnen ungemütlich macht, wenn die Hitlerjugend in der Olgastraße zusammenkommt? Oder gibt er einfach entmutigt auf? Offenbar gilt ein Waffenstillstand. Die Kinder dürfen in ihrer HJ-Uniform am Tisch sitzen, ihre Freunde sind willkommen und man redet nicht mehr so viel über Politik.[8]

Dass die Machtkämpfe an der Spitze der NSDAP von Sophie Scholl und ihren Geschwistern verfolgt werden, ist unwahrscheinlich, zumal es keine freie Presse mehr gibt, die aus Distanz über die Vorgänge berichten könnte. Was damals offiziell als Niederschlagung des »Röhm-Putsches« bezeichnet wird, ist in Wirklichkeit die Ermordung von unbequemen Kritikern, die sich bei der Verteilung der Macht übergangen fühlten. Ernst Röhm, Stabschef der SA, der nationalsozialistischen »Schutzarmee«, die Hitlers Aufstieg maßgeblich mit ermöglicht hat, und etwa 200 weitere SA-Führer werden im Juni und Juli 1934 ermordet, weil sie angeblich einen Putsch vorbereitet haben.

Einen Monat später, nach dem Tod von Reichspräsident Paul von Hindenburg, greift Adolf Hitler auch nach dessen Amt und nennt sich fortan »Führer und Reichskanzler«. Zusätzlich übernimmt er den Oberbefehl über die Wehrmacht, die ab sofort ihren Gehorsamseid nur noch auf ihn persönlich leistet, nicht mehr auf die Verfassung.

Hart, klar und kantig soll ein Hitlerjunge sein, so steht es in dem Aufruf für HJ-Führer, den Hans Scholl in seinem Zimmer aufhebt. Hans ist ein ausgesprochen hübscher junger Mann, groß und schlank, mit dunklen Haaren, leuchtenden Augen und einer gewinnenden Ausstrahlung, die ihm schnell Sympathien verschafft. Andere empfinden ihn allerdings als arrogant und fanatisch. Auch als abgebrüht wird er manchmal beschrieben, vielleicht weil er durch waghalsige Mutproben von sich reden macht. Eines Tages lässt er sich von der Spitze einer hohen Fichte fallen, hält sich an den Ästen fest, die er in der Schnelle zu fassen bekommt, und wird zuletzt von seinen Kameraden aufgefangen. Hans Scholl ist mit sechzehn Jahren Jungzugführer und leitet Zeltlager mit vierzig Jungen. Bald steigt er zum Fähnleinführer auf und bekommt die Verantwortung für 160 Jungen übertragen.

Wie die Geländespiele in der Ulmer Fähnlein-Gruppe abgelaufen sind, ist aus den Protokollen der HJ bekannt[9]: Die Jungen »rücken ab« in den Wald und werden aufgeteilt. Die erste Gruppe bekommt den Auftrag, ein Lager zu bauen und dort drei miteinander verknotete Halstücher offen auszulegen. Die zweite Gruppe muss nun versuchen, das Lager zu erobern und die Tücher an sich zu reißen. Je wilder es dabei zugeht, desto besser, meint der Anführer, denn schließlich sollen aus den Jungen einmal tapfere Soldaten werden.

Sophie Scholl ist seit Frühling 1935 Jungmädelschaftführerin und betreut eine Gruppe von fünfzehn Mädchen im Alter von zehn bis vierzehn Jahren in Ulm-Wieblingen. Bei jedem Wetter fährt Sophie die acht Kilometer von der Olgastraße zum Dienst mit dem Fahrrad. Auch im Winter trägt sie dabei nur Söckchen, was zwar gegen die Regeln verstößt, weil gestrickte, lange Strümpfe und wollene Unterhosen vorgeschrieben sind, was Sophie jedoch die Bewunderung »ihrer Mädels« sichert. So hart im Nehmen sind nur die wenigsten, und daher lässt die Gruppe es sich auch gefallen, öfter zum Marschieren gezwungen zu werden. »Links zwei drei«, kommandiert Sophie und läuft dabei neben ihrer Gruppe her. »Das war so richtig zackig«[10], erinnert sich Eva Amman, die später in Sophies Gruppe ist.

Alle Scholl-Geschwister demonstrieren gerne, wie abgehärtet sie sind. Regen, Schnee oder Kälte können ihren Einsatz für die HJ nicht beeinträchtigen. Aber Sophie Scholl verfügt nicht über das Selbstbewusstsein ihres Bruders Hans, wie man an der folgenden Geschichte erkennen kann: Bei einem Schulausflug ins Grüne entdeckt Sophie einen steilen Felsen, der sie zum Hinaufklettern reizt. Während die Klasse am Wegesrand steht und den Erklärungen der Lehrerin lauscht, klettert Sophie den Felsen hinauf. Oben angekommen, winkt sie stolz hinunter. Als sie die entsetzten Blicke bemerkt – es sieht sehr gefährlich aus, wie sie da oben steht –, steigt Sophie rasch hinunter und verspricht, keinen weiteren Alleingang zu unternehmen. Sie wirkt beschämt, obwohl sie eigentlich etwas Besonderes geleistet hat. »Diese stille, in sich gekehrte Art bewahrte sie sich«, schreibt Inge Scholl, »bei allen möglichen Anlässen sofort losreden und losplatzen, das konnte sie nicht. Sie nahm sich Zeit, etwas zu überdenken. Und wenn sie dann etwas sagte oder aufschrieb, spürte man dieses Nachdenken.«[11]

Doch immer häufiger leuchtet jetzt auch eine andere Seite von Sophie Scholls Persönlichkeit auf. Als Anführerin beim Jungmädelbund schlüpft sie in eine neue Rolle, denn hier ist sie nicht mehr die kleine Schwester. Deshalb klingt Susanne Hirzels Beschreibung ihrer Freundin Sophie Scholl ganz anders: »Sie war wie ein feuriger Junge, trug die dunkelbraunen, glatten Haare im Herrenschnitt und hatte mit Vorliebe eine blaue Freischarbluse oder eine Winterbluse ihres Bruders an. Sie war keck, mit heller, klarer Stimme, kühn in unseren wilden Spielen und von einer göttlichen Schlamperei.«[12] Susanne und Sophie verbindet die Liebe zum Wasser, oft gehen sie zusammen in der Donau schwimmen, und zwar immer dort, wo die Strömung am gefährlichsten ist, bei den mittleren Pfeilern der Brücke. Sophie liebt es, sich körperlich zu verausgaben, sie ist ständig unterwegs, mit ihren Mädels auf Fahrt, im Dienst, im Einsatz für die HJ. Dass auf ihrem Schulzeugnis vermerkt wird, ihre Leistungen hätten sich verschlechtert, stört sie nicht.

Inge Scholl leitet als BDM-Führerin bereits Zeltlager mit 160 Mädchen, bald trägt sie als Leiterin eines »Ringes« sogar die Verantwortung für 500 Mädchen. Sie strahlt etwas Gesetztes aus, ist streng und gut organisiert, trägt die Haare konventionell zu einem Knoten gesteckt und wird von allen respektiert. Daneben wirkt Sophie Scholl chaotisch und ungezähmt, mal heiter, dann wieder ernst.

Das Nazi-Blatt *Ulmer Sturm* beschreibt das ideale BDM-Mädchen so:

> *Mädels, die fleißig die Hände regen.*
> *Mädels, dem deutschen Volke zum Segen.*
> *Nicht Modepüppchen und leere Attrappen.*
> *Nicht hohle Köpfe mit Narrenkappen!*
> *Nein, echte, tapfere Kameraden,*
> *Die ihr Teil Last auf die Schultern laden.*
> *Mädels, die fröhlich die Arbeit vollbringen*
> *Und bei dem schweren Tagwerk noch singen.*
> *Mädels voll stolzer und aufrechter Ehre,*
> *Das ist's, was Deutschland nötig wäre.*

In diesem Bild finden sich Sophie, Inge und Elisabeth Scholl wieder. Das »frische deutsche Mädel« wird zum Gegenbild der »Modepuppe« mit Lippenstift und Make-up. Zupacken, sich nicht anstellen, stark und zäh sein – das alles gehört in diesen Jahren auch zu den Scholl-Schwestern.

Jeden Donnerstagabend leitet Inge die Führerinnenbesprechung in der Ulmer HJ-Geschäftsstelle in der Bockgasse. Die Führerinnen der halben Stadt versammeln sich dort, auch Sophie ist immer dabei. Dank Inges detaillierten Aufzeichnungen wissen wir, um welche Themen es an diesen Abenden geht. Oft sind es nur »Sprüche«, die nicht diskutiert, sondern eingeübt werden: »Wir Jungen kennen nur das eine: / Treue unserm Führer, denn er ist Deutschland / und wir sind sein Fundament, / mit dem er ein neues Volk / und uns eine neue Heimat schmieden wird.«[13]

Merken Sophie Scholl und ihre Schwestern nicht, wie primitiv und gefährlich solche Sätze sind? Susanne Hirzel – auch sie ist inzwischen Gruppenleiterin – findet die Heimabende recht langweilig, denn eigentlich, so denkt sie, dreht sich immer alles um dieselben Punkte: Dass es eine überlegene arische Rasse und daneben eine minderwertige, nicht-arische Rasse gäbe. Dass die reine Rasse erhalten bleiben und dafür die stärkere Rasse die schwächere unterdrücken müsse. Dass das deutsche Volk mehr Raum brauche, dass das Christentum durch die Partei überholt sei. Und schließlich wird immer wieder die Bedeutung von Treue und Gehorsam thematisiert. Als Pfarrerstochter fühlt Susanne Hirzel sich zunehmend unwohl, wenn sie sich die Rassismus-Theorien der Nazis anhören muss, und nach ihrer Erinnerung gehen auch die Scholls auf Distanz. Die Quellen erzählen jedoch etwas anderes.

Sophie Scholl entdeckt in der Jungmädelarbeit die Möglichkeit, ihre Talente zu entfalten. Für Mädchen ist es damals etwas völlig Neues, allein auf Fahrt zu gehen oder Radtouren und Zeltlager zu organisieren. Bis 1933 galt es schon als unweiblich und unschicklich, wenn Mädchen öffentlich Sport trieben. Jetzt merken die Mädchen, und auch Sophie Scholl spürt es, dass sie in der Gesellschaft sichtbar werden, und daraus erwächst ihnen ein neues Selbstbewusstsein. Doch der Preis der neuen Freiheit ist hoch, denn ihre Individualität geht damit verloren. So heißt es in einer BDM-Schrift: »Die Mädel, die in den BDM eintreten, wissen, dass sie damit sich selbst und ihren ganzen Menschen hergeben. Das ›Ich‹ muss ausgemerzt werden, damit man umso dienstbereiter in der Gemeinschaft stehen kann.«[14]

Immer wieder geht es bei den Nationalsozialisten um »Ausmerzen« und »Vernichten«. Hitlerjugend und BDM können keine Gemeinschaft beschwören, ohne im selben Atemzug von Ausgrenzung zu sprechen. Was denkt Sophie Scholl, wenn sie diese martialischen Formulierungen hört? Vielleicht hält sie es mit der HJ-Losung, die der Reichs-Jugend-Pressedienst im März 1934 ausgibt: »Schwarz oder weiß, nur nicht grau, kalt oder heiß, nur nicht lau.«[15]

Kameradschaft und Gemeinsinn stehen in der Nazi-Zeit hoch im Kurs, auch und ganz besonders in der Hitlerjugend. Uniformen und Rituale ermöglichen es dem Einzelnen, sich einer großen Bewegung zugehörig zu fühlen. »Seien wir ehrlich«, sagt Susanne Hirzel, »die meisten ließen die markigen Sprüche über sich ergehen; wichtig waren das herrliche große Feuer, die Kälte, der weite Himmel und die Gemeinsamkeit.«[16]

Doch diese Gemeinschaft, die auch von den Scholl-Geschwistern als positiv und beglückend erlebt wird, lässt sich nicht von dem trennen, was mit Menschen geschieht, die von ihr ausgeschlossen werden: »Es waren nicht zwei Teile, die völlig unverbunden nebeneinanderstanden: hier BDM, dort Buchenwald und Auschwitz, hier singende Mädchen, dort SS-Mörder.«[17] Jede NS-Organisation, auch die Hitlerjugend, trägt und verbreitet die Ideologie des Regimes.

Inge Scholl erinnert sich daran, wie eines Nachts im Zeltlager der Umgang mit Juden diskutiert wird. Eine junge BDM-Kameradin platzt damit heraus: Alles sei so schön, »nur die Sache mit den Juden, die will mir nicht hinunter«. Daraufhin versucht die Führerin, sie zu beschwichtigen. Hitler wisse schon, was am besten sei, und sie müssten um der großen Sache willen manches hinnehmen, das sie nicht begreifen könnten. »Das Mädchen jedoch war mit dieser Antwort nicht ganz zufrieden, andere stimmten ihr bei und man hörte plötzlich die Elternhäuser aus ihnen reden. Es war eine unruhige Zeltnacht – aber schließlich waren wir doch alle zu müde. Und der nächste Tag war herrlich und voller Erlebnisse. Das Gespräch der Nacht war vorläufig vergessen.«[18]

So vage, wie Inges BDM-Kameradin von der »Sache mit den Juden« spricht, empfinden es die meisten Menschen. Die Verfolgung der deutschen Juden vollzieht sich in verschiedenen Stufen, die zwar in der Rückschau logisch aufeinander aufbauen, jedoch von den Zeitgenossen, auch von der Familie Scholl, nicht gleich als das erkannt werden, was sie sind: Stationen auf dem Weg der Vernichtung. Nach der Machtübertragung von 1933 wird im April das *Gesetz zur Wiederherstellung des Berufsbeamtentums* erlassen. Juden werden ebenso wie Sozialdemokraten und Kommunisten aus dem öffentlichen Dienst entlassen oder zwangspensioniert. Das betrifft Lehrer, Professoren, Richter, Staatsanwälte und Verwaltungsbeamte. Gleichzeitig sorgt der »Arierparagraf« dafür, dass jüdische Rechtsanwälte, Ärzte und Steuerberater ihre Praxen verlieren oder zumindest in der Ausübung ihrer Berufe stark behindert werden.

Mindestens 1448 antisemitische Maßnahmen zählt der Historiker Joseph Walk für die Jahre 1933 bis 1939 auf. Dazu gehören das Verbot der Zuwanderung von Ostjuden, die Ausgrenzung jüdischer Studenten an Universitäten und die Entlassung aus der Wehrmacht. Juden dürfen keine Doktortitel mehr erwerben, jüdische Ärzte verlieren die Approbation und Krankenhauszulassung. Zu diesen die Existenz bedrohenden Maßnahmen kommen Kränkungen hinzu, die gar nicht vom Staat verordnet worden sind: Schilder an Ortseingängen, Restaurants, Hotels oder Geschäften mit der Aufschrift »Juden sind hier unerwünscht«. Seit 1933 ist es jedem Kind klar, dass Juden in Deutschland zu Menschen zweiter Klasse gemacht werden sollen.

Im September 1935 geht Hitler noch einen Schritt weiter: Auf dem Nürnberger »Reichsparteitag der Freiheit«, einer jener bombastischen Veranstaltungen, bei denen Tausende Uniformierter aufmarschieren, werden die *Nürnberger Gesetze* beschlossen. Nach dem neuen *Reichsbürgergesetz* sind nur noch diejenigen »richtige« Deutsche bzw. Reichsbürger, die arisches Blut nachweisen können. Juden, Sinti, Roma und alle, die keinen Ariernachweis vorlegen, also die arische Verwandtschaft nicht lückenlos dokumentieren können, werden ab sofort zu Staatsbürgern ohne politische Rechte erklärt. Um vom Reichsbürgertum ausgeschlossen zu werden, muss man übrigens nicht gläubiger Jude sein. Es reicht, jüdische Großeltern zu haben, also etwa als »Dreivierteljude«, »Halbjude« oder auch »Mischling 1. und 2. Grades« zu gelten. Die Eheschließung zwischen

Juden und Nichtjuden wird verboten, der außereheliche Geschlechtsverkehr zwischen ihnen als Rassenschande unter Strafe gestellt. Wer als Jude bereits mit einem »Arier« verheiratet ist, genießt noch kurze Zeit den Schutz einer »privilegierten Mischehe«.

Hans Scholl ist einer von drei HJ-Fahnenträgern aus Ulm, die zum Nürnberger Parteitag reisen dürfen. Inge Scholl schreibt später, Hans sei enttäuscht von dort zurückgekommen. Damals habe er begonnen, an der Ideologie des Nationalsozialismus zu zweifeln, und sich nach und nach davon abgekehrt. Und dann schreibt sie den bedeutsamen Satz: »Der Funke quälenden Zweifels, der in Hans erglommen war, sprang auf uns alle über.«[19]

Diese frühe Abwendung der Geschwister Scholl von den Nazis ist von Historikern und Journalisten schon seit geraumer Zeit als unwahrscheinlich eingestuft worden. Doch solange das Quellenmaterial nicht zugänglich war, konnte man diese Frage nicht restlos klären. Es ist das Verdienst von Barbara Beuys, nach dem Tod von Inge Scholl als eine der Ersten den umfangreichen Nachlass gesichtet zu haben, und sie kommt zu dem Schluss: »Der Mythos vom frühen Zweifel hält den Fakten nicht stand.«[20] Hans, Inge, Elisabeth und Sophie Scholl werden noch mindestens zwei Jahre lang weiter mitmachen in der Hitlerjugend. Völlig unmissverständlich schreibt Inge Scholl in dieser Zeit in ihr Tagebuch: »Unser Eroberungsfeldzug geht weiter: Wir erobern uns unser deutsches Volk.«[21]

Dass wir den Schwur nicht brechen

1935–1936

»Soviel ich mich erinnern kann, hat der Begeisterungssturm der Jahre 1933/34 Sophie nicht so mitgerissen wie Hans und mich. So fröhlich sie bei dem Jungmädelbetrieb mitgemacht hat, beim Zelten, Wandern und den Geländespielen, so beeindruckend die feierlichen Sprüche und Lieder beim Feuer- oder Fackelschein gewesen sein mochten, sie konnten Sophie nie ganz vereinnahmen. Vielleicht war der permanente Betrieb, mit dem man damals die jungen Menschen in Atem hielt, mit ein Grund für sie, sich allmählich zu distanzieren.«[1]

Dies erzählt Inge Scholl 1979 in einem Interview. Es ist eine heikle Angelegenheit, die Erinnerung einer Zeitzeugin zu hinterfragen, noch dazu wenn es sich dabei um die Schwester einer jungen Frau handelt, die für ihren mutigen Widerstand hingerichtet wurde. Dennoch muss die Frage erlaubt sein: War das so? Hat Sophie Scholl tatsächlich mehr Distanz zum nationalsozialistischen Regime empfunden als ihre älteren Geschwister? Lesen wir die Erinnerungen von Eva Amann, die als Zwölfjährige zu Sophies Jungmädelgruppe gehörte, klingt das anders: »Sophie Scholl war damals sehr begeistert, sehr fanatisch für den Nationalsozialismus. Aber mit einem Schuss bündischer Jugend.«[2]

Nun muss man bedenken, dass Geschichte immer aus der Zusammenschau verschiedener Perspektiven besteht. Die Menschen bewerten nicht nur gemeinsame Erlebnisse unterschiedlich, sie sortieren sie nach eigenen Kriterien, verdrängen das eine oder bewahren das andere. Bei den Erinnerungen an eine berühmte Heldin wie Sophie Scholl spielen noch mehr Faktoren eine Rolle: Inge Scholl hat ihr Leben der Aufgabe gewidmet, das Erbe der ermordeten Geschwister zu bewahren und der Nachwelt ein klares Bild – ihr eigenes Bild – von ihnen zu vermitteln. Wer über dieses Bild hinaus etwas über Sophie Scholl erfahren will, muss andere Erinnerungen hinzuziehen und neue Blickwinkel zulassen. Klar ist: Die spätere Widerstandskämpferin war zunächst eine begeisterte Jungmädelführerin. Dies mindert die Größe ihres Heldentums nicht. Wichtig ist, zu erfahren, wann und wodurch Sophie Scholls Zweifel am nationalsozialistischen System entstanden sind. Das gelingt nur, wenn wir ihre Welt möglichst genau verstehen lernen.

Was also bedeutet es, wenn Eva Amann formuliert, in Sophies Fanatismus habe sich ein Schuss »bündische Jugend« gemischt? »Bündisch« bezieht sich auf Jugendgruppen, die von den Nazis nach 1933 verboten wurden. Sophie, Elisabeth, Inge und Werner lernen durch ihren Bruder Hans die bündischen Rituale der Deutschen Jungenschaft kennen, die am 1. November 1929 von Eberhard Koebel gegründet und unter dem Namen »dj.1.11« bekannt wurde. Vieles hat die dj.1.11 mit der Hitlerjugend gemein, zum Beispiel die Betonung von Disziplin und Härte.

Doch es gibt auch Unterschiede: Die Mitglieder der dj.1.11 beschäftigen sich mit moderner Philosophie und Literatur, sie lesen Friedrich Nietzsche, Stefan George und den von den Nazis verbotenen Stefan Zweig. Außerdem ist Koebel ein begeisterter Nordlandfahrer und bringt von dort nicht nur russische, norwegische, finnische und schwedische Lieder und Instrumente, sondern auch die »Kohte« mit, das Zelt der finnischen

Samen. Koebel muss Deutschland 1934 verlassen, doch seine Anhänger singen weiterhin die bündischen Lieder und pflegen den von ihm geprägten Kult um die Fahne. Und während die Nationalsozialisten sich darum bemühen, Menschen auf ihre niedrigen Instinkte zu reduzieren, suchen die Anhänger der bündischen Jugend die intellektuelle Herausforderung.

Hans Scholls erster Fähnleinführer Max von Neubeck kommt aus der bündischen Bewegung Koebels. Bei ihm lernt Hans die Kohte und das rot-graue Heft mit den skandinavischen Liedern kennen, und er trägt auch die von Koebel selbst entworfene Jungenschaftsbluse, eine Art dunkelblauen Wollblouson, der zeitweise so beliebt ist, dass die HJ ihn für ihre eigenen Uniformen kopieren lässt. Für die Heimabende nutzt Max von Neubeck die von Koebel verfasste *Heldenfibel*. Weil die Hitlerjugend Anfang der Dreißigerjahre noch keine eigenen Materialsammlungen besitzt, stört das niemanden, solange Disziplin, Kameradschaft und Gehorsam herrschen.

Doch als Max von Neubeck sich im Zuge seines Aufstiegs in der Hitlerjugend mehr und mehr von den bündischen Ideen löst, kommt es zwischen ihm und Hans Scholl zum Streit. Die HJ-Führung verbietet bündische Rituale 1935 ausdrücklich, weil sie darin eine »fremdvölkische Zersetzung« wittert. Fähnleinführer Hans Scholl sieht in Nationalsozialismus und bündischem Leben jedoch keine Gegensätze und denkt nicht daran, auf die Kohte, die Lieder und die Schriften Koebels zu verzichten.

Sophie, Elisabeth und Inge Scholl übernehmen für ihre Jungmädelgruppen manches, was sie bei Hans abgeschaut haben. »Wir lernten Bücher durch sie kennen, sangen ihre Lieder, wussten viel von ihren Fahrten, auch wenn wir nicht dabei waren«[3], berichtet Inge. Da die politische Korrektheit der Mädchen nur nachlässig kontrolliert wird, bleiben solche Abweichungen ungestraft. Reichsjugendführer Baldur von Schirach weiß, dass sich bei den Jungmädels und im BDM Elemente früherer Jugendbewegungen erhalten haben, und lässt es durchgehen.

Zu Inge Scholls Führerinnen-Schulungen gehören auch Fahrten in die Provinz, um neue Mitglieder für die Hitlerjugend zu gewinnen. An einem düsteren Novembertag 1935 fahren Sophie und Elisabeth mit Inge und einer Gruppe Jungmädel- und BDM-Führerinnen ins zehn Kilometer entfernte Einsingen, wo ein öffentlicher Heimabend speziell für Mütter durchgeführt werden soll. Die Gruppe hofft, über die gut katholischen und offenbar nicht besonders nationalsozialistisch eingestellten Frauen Einfluss auf deren Töchter zu bekommen.

Silvester 1935/1936 nimmt Sophie Scholl an einem Lager für Ulmer BDM-Führerinnen teil und auch diesmal ist ihre älteste Schwester verantwortlich für die Organisation. Inge Scholls Terminkalender ist randvoll mit derartigen Veranstaltungen, im Januar 1936 fährt sie selbst zu einer Tagung, um Reichsjugendführer Baldur von Schirach über die Aufgaben der Zukunft sprechen zu hören.

Die Themen, die bei Inge Scholls Schulungen auf dem Plan stehen, sind Rassenhygiene, das Leben des Führers, Mütter, Erde, Blutstrom, germanische Kunst. Bei den älteren Mädchen geht es – quasi als Vorbereitung für den geplanten Krieg – um Volks- und Blutideologie, neuen Lebensraum im Osten und das Thema »Deutschland und die Welt«.

Vergleicht man dies mit den Inhalten, die in männlichen HJ-Gruppen zur Sprache kommen, finden sich Überschneidungen, aber auch Unterschiede. Im Hitlerjugend-Handbuch

Glauben und Handeln sind die Kapitel so überschrieben: »Blut, Rasse, Volk, Staat, Vaterland, Mut, Härte, Wille, Selbstbehauptung, Disziplin, Pflicht, Ehre, Treue, Freiheit, Glaube«. Anders als die Mädchen werden die Jungen von Beginn an zum Kampfeinsatz erzogen. Unter dem Punkt »Härte« heißt es: »Hart sein ist ein Ideal, dem mit glühendem Herzen nachgestrebt werden muss […] Ausharren an einer Werkbank, an einem Maschinengewehr. Hunger ertragen, Durst leiden, auf der bloßen Erde liegen können, im Kampfe nicht nachgeben, niemals, und wenn alles aussichtslos erscheint, dem Gegner noch die leer geschossene Pistole ins Gesicht schleudern, ihm an den Hals fahren, ohne Rücksicht auf sich selbst, ihn noch mitnehmen, wenn man selbst schon sterben muss.«[4]

Es ist auffallend, wie selbstverständlich das Wort »Tod« nicht nur in die Lieder, sondern auch in die Parolen und Schwüre der Hitlerjugend Eingang gefunden hat. Sophie Scholl schwört gemeinsam mit ihrer Schwester Elisabeth im Frühling 1936: »Ich gelobe meinem Führer Adolf Hitler mein ganzes Leben hindurch unverbrüchliche Treue.« Daraufhin wird den Mädchen zugerufen, ihr Leben gehöre nun dem Volk und seinem Führer. Und schließlich spricht einer laut vor, was alle fühlen sollen: »Wir schlossen uns zum Bunde des Opfers und der Tat. Auch in der Feierstunde will Gott uns fest und grad. Dass wir den Schwur nicht brechen, dass wir im Tod noch treu des Führers Namen sprechen, drum bitten wir dich neu.«[5]

Auch Sophie Scholl will »gerade« sein und treu bis in den Tod, wie es sich alle Mitglieder der Hitlerjugend wünschen. Vorbild dafür ist unter anderem ein Filmheld: *Hitlerjunge Quex* kommt 1933 auf die Leinwand und löst bei den Deutschen große Begeisterung aus. Es ist einer der ersten Propagandafilme im »Dritten Reich«, und er spielt in der Zeit vor 1933, als der Kampf zwischen Nazi-Anhängern und Kommunisten die Stimmung auf den Straßen bestimmte. Quex ist der Sohn eines (grölenden, bösartigen) Kommunisten, der sich für die gute Welt der (reinen, strahlenden) Hitlerjugend entscheidet und dafür als Märtyrer sterben muss.

Alle Jugendlichen in Deutschland kennen den Film, auch die fünf Scholl-Geschwister. Und wie die meisten ihrer Altersgenossen lieben sie das Lied, das durch den Film populär geworden ist. Baldur von Schirach hat es selbst geschrieben:

> *Unsre Fahne flattert uns voran.*
> *In die Zukunft ziehen wir Mann für Mann.*
> *Wir marschieren für Hitler*
> *Durch Nacht und durch Not*
> *Mit der Fahne der Jugend*
> *Für Freiheit und Brot.*
> *Unsre Fahne flattert uns voran,*
> *Unsre Fahne ist die neue Zeit.*
> *Und die Fahne führt uns in die Ewigkeit!*
> *Ja, die Fahne ist mehr als der Tod!*

Wenn Sophie Scholl ein Zeltlager organisiert, wird immer viel vorgelesen. Eines ihrer liebsten Bücher ist *Die Weise von Liebe und Tod des Cornets Christoph Rilke*, eine Erzählung des Schriftstellers Rainer Maria Rilke. Das schmale Bändchen erscheint 1912 und wird schon während des Ersten Weltkriegs zum Kultbuch für Soldaten, weil es den Heldentod glorifiziert: »Und da kommt auch die Fahne wieder zu sich, und niemals war sie so königlich [...] Aber da fängt sie zu scheinen an, wirft sich hinaus und wird groß und rot.«[6] Leider hat Rilke sich niemals mit der gefährlichen Wirkung seines Werkes auseinandergesetzt. Seinen Erfolg schiebt er darauf, dass die Geschichte vom Glück der Jugend erzähle. Wie sonst, schreibt er 1925 einem Freund, könne man sich erklären, warum diese »mangelhafte Leistung«[7] hunderttausendfach verkauft werde? Sophie Scholl hat die Erzählung als Jungmädelführerin immer im Gepäck, erinnert sich Susanne Hirzel: »Da sehe ich Sophie am Feuer sitzen und im jagenden Rhythmus, atemlos, in begeisterter Hingabe Rilkes *Cornet* vorlesen.«[8]

Die Arbeit für die Hitler-Jugend nimmt immer mehr Zeit in Anspruch bei den Jugendlichen der Familie Scholl. Ständig werden sie zum Helfen, Sammeln, Aufmarschieren oder Spalierstehen verpflichtet, von einem »Funken des Zweifels« ist nichts zu spüren.

So geht es den meisten Deutschen. Ein neues nationales Selbstbewusstsein breitet sich in der Bevölkerung aus. In den ersten drei Jahren seiner Regierung hat Adolf Hitler seine Macht nämlich auch außenpolitisch gefestigt, obwohl er mit dem Austritt aus dem Völkerbund 1933 das Misstrauen der Nachbarvölker auf sich gezogen hatte. 1934 schloss er mit Polen einen Nichtangriffspakt, und 1935 entschieden über 90 Prozent der Saarländer, sie wollten »heim ins Reich«, also zu Deutschland gehören. Zwei Monate später führte Hitler die allgemeine Wehrpflicht wieder ein, was zwar nach dem Versailler Vertrag verboten war, aber nur zu halbherzigen Protesten des Auslands führte. Das durch den Friedensvertrag auf 100 000 Mann begrenzte Heer sollte auf 550 000 Mann vergrößert werden. Hermann Göring baute außerdem in kürzester Zeit eine schlagkräftige Luftwaffe auf. Eindeutig war auch die Umbenennung vom »Reichswehrministerium« in ein »Reichskriegsministerium« im Jahr 1935. Aus der »Reichswehr« wurde nun auch offiziell die schon länger so bezeichnete »Wehrmacht«, die sich allerdings nicht »wehren« wird, sondern angreifen.

Im März 1936 lässt Hitler das entmilitarisierte Rheinland besetzen, um sich die Macht über den Westen des Reiches zu sichern. Er löst den Reichstag auf und kündigt Neuwahlen an, damit das Volk seiner aggressiven Politik die Zustimmung erteilt. Wie erwartet entfallen 98,9 Prozent der Stimmen auf die NSDAP.

Im Zuge des Wahlkampfs kommt der bayerische Ministerpräsident nach Ulm. HJ und BDM bilden die Kulisse für den prominenten Besuch und mittendrin stehen auch die Geschwister Scholl. In der Zeitung heißt es am nächsten Tag: »Beinahe endlos schien der Zug. Voran marschierte der Spielmannszug, es folgten die Fahnen und die Formationen des Jungvolks und der Jungmädel. Wenn diese Jungen auch in verschiedenen Elternhäusern, bei Reich oder Arm, aufgewachsen sind, hier im Jungvolk marschieren sie in der gleichen Kleidung nebeneinander für ein Ziel.«[9]

Im Wort Nationalsozialismus steckt der Begriff Sozialismus, und obwohl die Nazis Kommunisten und Sozialisten verfolgen, einsperren und ermorden, finden sich auch in der Hitlerjugend manche Bemühungen, privaten Besitz in Gemeinschaftseigentum umzuwandeln. Sophie Scholl fordert bei Ausflügen mit ihren Jungmädeln zuerst alles Bargeld ein, um davon für die ganze Gruppe Sprudel zu kaufen. Auch ihre von zu Hause mitgebrachten Brote und Äpfel müssen die Mädchen abgeben. In der Mittagspause werden alle Vorräte auf ein großes Tuch gelegt und jedes Jungmädel darf sich mit verbundenen Augen etwas aus dem Haufen herausfischen. »Die Sophie hat es auch begründet: Die einen haben das dicke Wurstbrot, der andere nur ein trockenes Brot und [...] nun ist das gerecht verteilt.«[10] Die Eltern der Mädchen sind von dieser Umverteilung allerdings gar nicht angetan.

Eva Amann nennt Sophie Scholls System kommunistisch, »aber mehr dieser Edelkommunismus christlicher Prägung«[11]. Ihre Freundin Susanne Hirzel findet das Ganze hingegen nur »irgendwie unappetitlich und ärgerlich«.[12] Aber wer mit dem Satz »Du bist nichts, dein Volk ist alles« ernst machen will, dem muss es eben egal sein, was einem die Mutter auf das Brot gestrichen hat.

Dieses Verhalten von Sophie Scholl wirft eine wichtige Frage auf: Steckt in der Art und Weise, wie arme und reiche Jungmädels ihren Besitz miteinander teilen, etwas Gutes? Kann man überhaupt im System der Nationalsozialisten etwas Positives ausmachen? Mit Sicherheit nicht. Kein Aspekt kann isoliert vom System bewertet werden. Der Ausbau der Autobahnen beispielsweise, der so oft als positive Leistung der Nazis herausgestrichen worden ist, diente nur der Kriegsvorbereitung, ebenso wie ein Großteil der Arbeitslosen in den Rüstungsbetrieben verschwand. In einem menschenverachtenden System gibt es eben nichts, was einfach nur »gut« ist, weil alles unter dem Vorzeichen der Diktatur steht.

Und wenn diejenigen, die das »Dritte Reich« selbst erlebt haben, betonen, Kameradschaft und Gemeinschaft seien damals besonders gepflegt worden, so ist auch das nur ein Teil der Wahrheit. Denn die Volksgemeinschaft besteht seit 1935 nur noch aus Deutschen mit Ariernachweis. Juden, Sinti, Roma, Homosexuelle, politisch Andersdenkende, Kranke und Behinderte sind auf demütigende Weise von der Gemeinschaft ausgeschlossen, werden verfolgt und bald systematisch ermordet.

Genauso ist es mit der Aufhebung von sozialen Unterschieden. In der uniformierten Hitlerjugend fällt es zwar nicht auf, ob jemand aus dem Bürgertum oder aus einer Arbeiterfamilie kommt. Doch die neue »Gleichheit« gilt eben nur für einen

Teil der Deutschen. Und damit ist es keine Gleichheit mehr und auch keine Kameradschaft.

Ostern 1936 wird Hans Scholl als Fähnleinführer abgesetzt. Wie es dazu kommt, erzählt Inge Scholl: Hans' HJ-Gruppe besitzt eine besondere Fahne, auf der ein großes Fabeltier zu sehen ist. Die Jungen hatten die Fahne selbst genäht, sie dem Führer Adolf Hitler geweiht und ihr als heiligem Symbol der Freundschaft Treue gelobt, wie es damals üblich ist. Als die Gruppe eines Abends zum Appell antritt, fordert Max von Neubeck sie auf, die Fahne abzugeben. Stattdessen sollten sie sich wie alle anderen HJ-Gruppen mit dem Hakenkreuz-Banner begnügen. »Hans war tief betroffen. Wusste der Stammführer nicht, was gerade diese Fahne für seine Gruppe bedeutete? War sie nicht mehr als ein Tuch, das man nach Belieben wechseln konnte?«[13] Der Befehl Max von Neubecks wird nicht ausgeführt. Als er ihn zum dritten Mal wiederholt, tritt Hans Scholl aus der Reihe heraus und gibt seinem Vorgesetzten eine Ohrfeige.

Diese Geschichte findet sich nur bei Inge Scholl und wird von keinem anderen Familienmitglied irgendwo schriftlich erwähnt, auch nicht von Hans selbst, was einigermaßen verwunderlich ist, denn ein solches Ereignis müsste mehr Spuren hinterlassen. Es könnte also sein, dass diese Episode nicht genau in dieser Form stattgefunden hat. Aber selbst wenn das der Fall wäre, selbst wenn Inge sich diese Geschichte im Nachhinein nur zusammengereimt hätte, steckt darin eine besonders aufschlussreiche Information: Denn der Konflikt, um den es hier geht, ist nicht der zwischen Nazis und Nazi-Gegnern. Hans Scholl besteht auf Individualität, er möchte für sich und seine Gruppe die Freiheit in Anspruch nehmen, eine eigene Fahne zu tragen, gerade *weil* er sich im Einklang mit der Hitlerjugend fühlt. Hätte er einen prinzipiellen Gegensatz zur HJ gesehen, dann hätte er austreten können. Noch besteht keine Dienstpflicht, und außerdem ist er volljährig und damit frei, die HJ zu verlassen. Aber Hans Scholl bleibt nach seiner Degradierung bis zu seinem neunzehnten Geburtstag und dem Beginn seiner Militärzeit in der Hitlerjugend. Er bekommt nach einer befristeten Beurlaubung sogar wieder die Aufsicht für einen Zug von 40 Jungen durch Max von Neubeck übertragen.

Hans Scholl sucht sich eine Gruppe Gleichgesinnter, mit denen er jedes zweite Wochenende auf Fahrt geht. Die verbotenen Zeitschriften und Bücher Koebels bleiben in Gebrauch. Elisabeth Scholl: »Der Hans war etwas elitär und hat gesagt, die dj.1.11 ist die einzige Möglichkeit, sich von dem großen Haufen etwas zu absentieren und zu unterscheiden.«[14]

Wie die drei Schwestern das Ende von Hans Scholls Fähnleinführerkarriere aufgenommen haben, ist nicht bekannt, aber ihre eigene Arbeit im BDM hat es nicht beeinträchtigt. Inge Scholl muss die Führung des Jungmädelringes im September 1936 ohnehin abgeben, da sie die Schule verlässt und damit beginnt, im Büro ihres Vaters zu arbeiten. Sophie Scholl übernimmt im Mai 1936 die Jungmädelgruppe in Ulm-Söflingen als Scharführerin, ist also für vier Jungmädelschaften, insgesamt etwa 40 Mädchen, verantwortlich.

Die fünfzehnjährige Sophie ist sehr beliebt, denn sie hat ungewöhnliche Ideen. Im Sommer organisiert sie ganz allein eine Fahrradtour durch das Allgäu, ihre erste große Aufgabe, die sie gut bewältigt. Es sind genau diese Herausforderungen, die sie reizen: Was muss alles bedacht werden, bevor sie mit einer Gruppe Jüngerer wegfahren kann? Was muss eingekauft, eingepackt und aufs Rad geschnallt werden, welche Strecke ist angemessen und wo können die Zelte aufgeschlagen werden?

Sophie Scholls Stärke liegt nicht in der perfekten Organisation, darin unterscheidet sie sich von Inge. Dafür kann die jüngere Schwester eine besondere Stimmung verbreiten. Eva Amann erinnert sich: »Dann war es romantisch. Man hat nachts auf einer Waldlichtung ein Feuer gemacht. Tagsüber hatten wir schon das Holz gesammelt und sind dort gesessen. Sophie hat immer gern Balladen gesungen, ganz heldische Balladen. Es handelte sich um Siegfried, der das Gold von der Heide trug […] Ich sehe das heute noch vor mir, so hat mir das imponiert und mich beeindruckt. Sophie hat zu ihrer Klampfe, ihrer Gitarre, gesungen, und dazu das Lagerfeuer. Also das hat uns sehr gefallen.«[15]

Die Eltern beschweren sich nach der Fahrt, ihre Töchter hätten nachts am Lagerfeuer gesessen und Balladen gesungen, statt zu schlafen, aber die Mädchen lieben genau das: »Sophie war also sehr romantisch und idealistisch und auch fanatisch. Schon ein Außenseiter, kann man sagen. Bei anderen Führerinnen, die wir hatten, hat man so etwas nicht gemacht.«[16] Hinzu kommen ihre Freude an körperlicher Anstrengung, die kurzen Söckchen im Winter, ihre burschikose Art, das Jungenhafte: »Bei den Söflingern war sie also bloß das ›Buabamädle‹, denn sie hatte einen ganz extremen Herrenschnitt. Das war damals ganz *außer der Weis*.«[17]

Sophie Scholl ist in ihrer Auffassung von Pflicht unerbittlich. Als Jungmädel Helene einmal nicht zum Dienst erscheint, weil sie im elterlichen Geschäft aushelfen muss, schickt Sophie ein anderes Mädchen los, um sie zu holen. Als Helene zum zweiten Mal fehlt, schickt Sophie einen Polizisten. »Wo hatte es das bisher in der Gesellschaft gegeben, dass Jugendliche Macht ausüben konnten, sogar gegenüber den Erwachsenen?«[18], fragt Barbara Beuys. Diese Form von Macht ist gefährlich, spürt Sophie Scholl das nicht?

Inge Scholl erwähnt diese »zackige« Seite von Sophie Scholl nicht. Vielleicht weil sie nicht ins Bild der späteren Widerstandskämpferin passt oder weil sie die Schwester einfach anders erlebt hat, nachdenklicher und stiller. Und nicht die Jungmädelgruppe, nur die Familie erfährt von Sophies Zweifeln an der antisemitischen Politik des Nazi-Regimes. Sie hat zwei jüdische Freundinnen in ihrer Schulklasse, Luise Nathan und Anneliese Wallersteiner, berichtet Inge Scholl und fährt fort: »Sophie empörte sich dagegen, dass ihre jüdische Freundin nicht zum BDM darf. ›Warum darf Luise, die blonde Haare und blaue Augen hat, nicht Mitglied sein, während ich mit meinen dunklen Haaren und dunklen Augen BDM-Mitglied bin?‹, fragte sie immer wieder. Den Rassismus gegen die Juden, den verstand sie weder noch billigte sie ihn. Die Freundschaft zu Annelies Wallersteiner hielt sie bewusst aufrecht und sie brachte sie öfter mit nach Hause. Dass eine solche Freundschaft eigentlich nicht erlaubt war, bedrückte sie.«[19]

Auch aus dieser Geschichte erfahren wir mehr als das, was Inge Scholl eigentlich sagen will. Dass Sophie die ungleiche Behandlung der Mädchen erkennt und verurteilt, ist das eine. Bedeutender ist die Tatsache, dass Sophie Scholl weder die Tragweite des Antisemitismus begreift noch versteht, dass der BDM als Teil des nationalsozialistischen Systems auch Träger antisemitischer Ideologie ist. Dass die jüdische Freundin dem BDM beitreten soll, ist aus heutiger Sicht eine völlig abwegige Forderung, aber tatsächlich haben sich damals viele jüdische Kinder und Jugendliche gewünscht, in die Organisationen der Hitlerjugend eintreten und »dabei« sein zu dürfen.

Inge Scholl erzählt noch eine andere aufschlussreiche Geschichte: Bei einem Ausflug auf die Schwäbische Alb treffen die Schwestern auf eine Gruppe von Jungen, die anders als alle anderen an diesem »Staatsjugendtag« ohne Uniformen zum Zelten unterwegs sind. »Wir sprachen sie an und provozierten sie ein wenig mit unseren Ansichten über den Nationalsozialismus. Dabei merkten wir, dass der eine Junge plötzlich die Lippen zusammendrückte und nichts mehr sagte. Da ahnten wir: Er war Jude und musste schweigen, um sich und die anderen nicht in Gefahr zu bringen. Auch wir beide hatten nichts mehr zu sagen und verabschiedeten uns schweigend. Wir fanden Leute sympathisch, die wir von Staats wegen ablehnen sollten, und je mehr wir sie abzulehnen versuchten, desto stärker zogen sie uns an.«[20]

Inge Scholl will eigentlich das Hingezogensein zu denen, die sie eigentlich ablehnen sollten, beschreiben. Unbewusst sagt sie aber auch: Scham ist das vorherrschende Gefühl, das die Scholl-Mädchen empfinden, als sie denen gegenüberstehen, die aus der Volksgemeinschaft ausgegrenzt worden sind. So geht es damals vielen Deutschen. Und tragischerweise scheinen die Ausgegrenzten dieses Schamgefühl zu teilen. Die einzige Antwort, die sie auf dieses gemeinsame Gefühl finden, ist das, was in solchen Situationen besonders bedrückend wirkt: Schweigen.

Im Oktober 1936 bekommt Sophie Scholl mit ihrem Schulzeugnis eine weitere Quittung für das rastlose Engagement bei den Jungmädels: »Könnte entsprechend ihrer Begabung sehr Gutes leisten – leider manchmal etwas gleichgültig und unpünktlich«[21], heißt es dort. Die Verantwortung in der HJ geht auch auf Kosten der Freundin Lisa Remppis. Obwohl sie sich sonst immer in den Ferien treffen, sagt Sophie ihr für die Herbstferien ab: »Wie haben nur fünf Tage Ferien und ich muss mit den J.M. (Jungmädels) auch was machen. Ich kann also nicht kommen. Das verstehst Du doch?«[22] Lisa antwortet verständnisvoll. Zwar fühlt sie sich von Sophie ein bisschen vernachlässigt, nimmt es aber nicht übel.

Die schlechteren Schulnoten sind vielleicht nicht nur Folgen anstrengender Dienste in der HJ, sondern auch typische Begleiterscheinungen von Pubertät. Wie erlebt Sophie Scholl das Frauwerden? Ihre betont jungenhafte Art lässt vermuten, dass sie mit der Umstellung Schwierigkeiten hat, aber das Gegenteil ist der Fall, wie Inge Scholl erzählt. »Als die Periode kam, war sie stolz wie eine Königin. Interessant und auch bezeichnend für die an sich rationale Sophie, dass sie körperlich so stark empfunden hat. Sophie hat das Schlafen genossen, das Im-Gras-Liegen, das Schwimmen und eben auch die Auszeichnung, eine Frau zu sein.«[23]

Häufig nehmen jüngere Geschwister Dinge leichter als ältere, weil sie weniger Erwartungen auf sich lasten fühlen. Bei Sophie Scholl könnte hinzukommen, dass sie als dritte Schwester – alle Mädchen schlafen im selben Zimmer – froh ist, nun endlich zum Kreis der Eingeweihten zu gehören. Sicher ist, dass sie sich in ihrem Körper sehr wohl fühlt, was nicht unbedingt typisch für junge Mädchen ist. Sophie Scholl bringt sich selbst zwar gerne an die Grenzen der Leistungsfähigkeit, kann aber auch hemmungslos faulenzen und entspannen. Sie ist häufiger krank als ihre Geschwister. Lina Scholl, die eigentlich viel von ihren Kindern erwartet, hat eine lockere Einstellung zum »Blaumachen«. Sie sieht zu, dass ihre Kinder sich von Zeit zu Zeit einmal richtig ausschlafen, und schreibt dann – vorausgesetzt, man kränkelt wenigstens ein bisschen – bereitwillig eine Entschuldigung für die Schule. Und auch wenn Sophie Scholl mit vierzehn und fünfzehn Jahren jungenhaft auf ihre Umwelt wirkt, sie liebt Kinder, will selbst auch unbedingt welche haben und hat keine Schwierigkeiten mit der Vorstellung, eines Tages Frau und Mutter zu sein.

Der von den Nazis bevorzugte Mädchentyp ist »frisch« und »sehnig«, kann auf Lippenstift, Make-up, hohe Absätze und Seidenstrümpfe verzichten, weil er »natürlich« ist, wie es heißt. Schönheit wird im Nazi-Regime ohnehin auf spezielle Weise definiert und hängt von Gesundheit, Reinheit und Rasse ab. Auch Gleichheit gehört in den Augen der Nazis dazu. So turnen bei der Eröffnung der Olympischen Spiele 1936 in Berlin 1000 Mädchen mit Bällen und lassen sie völlig synchron kreisen. Masse und Gleichförmigkeit sind im »Dritten Reich« ganz besonders beliebte Kriterien für »schön«.

Noch immer hat Sophie Scholl ein inniges Verhältnis zur Natur und sie besitzt auch die Fähigkeit, es in Worte zu fassen. In einem Schulaufsatz schildert sie, wie sie sich auf einer Wiese niederlässt: »An nichts anderes mehr denkend, stolpere ich die blumenüberwucherte Böschung hinab und stehe bis über die Knie inmitten saftiger Gräser und Blumen. Sie streifen meine Arme beim Niederknien, ein Hahnenfuß berührt kühl meine Wange, eine Grasspitze kitzelt mein Ohr, dass mich einen Augenblick eine Gänsehaut überrieselt [...] Ein bisschen Schauer und ein bisschen Süße ist dabei.«[24]

Es ist wie beim Schwimmen: Sophie Scholl will Teil der Natur sein und in sie eintauchen. Das löst eine wohlige Zufriedenheit in ihr aus, wie sie niemals durch Gedanken entsteht. »Ich liege ganz ruhig im Gras, mit ausgestreckten Armen und angezogenen Beinen, und bin glücklich.«[25] Angelehnt an einen Apfelbaum, spürt sie Lebensfreude und Mut: »Ich drücke mein Gesicht an seine dunkle, warme Rinde und denke: Heimat, und bin so unsäglich dankbar in diesem Augenblick.«[26]

Am 1. Dezember 1936 wird ein neues Gesetz über die Hitlerjugend erlassen: »Die gesamte deutsche Jugend innerhalb des Reichsgebietes ist in der Hitlerjugend zusammengefasst. Die gesamte deutsche Jugend ist außer in Elternhaus und Schule in der Hitlerjugend körperlich, geistig und sittlich im Geiste des Nationalsozialismus zum Dienst am Volk und zur Volksgemeinschaft zu erziehen.«[27] Nun wird es noch schwieriger als zuvor, der HJ zu entgehen, auch wenn Eltern noch nicht dazu gezwungen werden können, ihre Kinder anzumelden. Auch für den BDM gilt zu diesem Zeitpunkt offiziell noch Freiwilligkeit. Es gibt andere Methoden …

In Sophie Scholls Schulklasse hängen – wie überall in deutschen Schulen – Werbeplakate für die Hitlerjugend und den BDM an der Wand. Daneben Listen, aus denen hervorgeht, wer beigetreten ist und wer nicht. Seit 1935 »dürfen« Schulen die HJ-Flagge hissen, wenn mehr als 90 Prozent der Schüler zur Hitlerjugend gehören. Von den Lehrern wird erwartet, dass sie die Listen regelmäßig kontrollieren und sich dafür einsetzen, alle Schüler in die HJ zu schicken. Dafür können sie sogar die Eltern vorladen.

Nicht alle Lehrer wollen sich für die HJ einspannen lassen, aber wer sich offen weigert, muss Disziplinarmaßnahmen in Kauf nehmen, die bis zum Ausschluss aus dem Schuldienst reichen können. Für die Schüler gilt dasselbe: Wer sich weigert, mitzumachen, muss mit Konsequenzen rechnen. So wird in Ulm nach 1936 kein Schüler mehr ohne HJ-Ausweis oder Wehrsportabzeichen zum Abitur zugelassen.

Niemand hat ein Interesse daran, dass Kinder und Jugendliche in einen Loyalitätskonflikt zwischen Elternhaus, Schule und Hitlerjugend geraten. Baldur von Schirach verlangt von Lehrern, sich nicht in die Angelegenheiten der HJ einzumischen, und will sich dafür aus schulischen Belangen heraushalten. Doch die Gleichschaltung der Beamten sorgt dafür, dass die Ideologie der Nationalsozialisten bald auch in den Schulen Fuß fasst: Direktorenposten gehen nur an Parteimitglieder. Hinzu kommt, dass das Spitzelwesen in der Schule besonders gut funktioniert. Äußert sich ein Lehrer kritisch über das Regime, findet sich schnell ein Schüler, Kollege oder auch Elternteil, der ihn anzeigt.

Weil Schulen schwerfällige Organisationen sind, die sich nicht in Kürze auf neue Werte umstellen lassen, werden die Lehrer zwischen 1933 und 1939 in sogenannten Lehrerlagern ideologisch geschult und sportlich getrimmt. Bis Ende 1939 gehören fast 97 Prozent der Lehrer dem Nationalsozialistischen Lehrerbund an.

Nicht nur in den Geschichtsunterricht, auch in die Fächer Deutsch, Latein, Biologie und Musik dringt die Nazi-Ideologie ein. Sogar der Lesetext für Erstklässler wird den neuen Werten angepasst: »Wer kriecht da den Berg empor? Knickt die Bäume wie ein Rohr? Kennt ihr dieses Ungetüm? Seht ihr hier den Polen fliehn? Wo ein Panzerwagen schießt, Feindesblut in Strömen fließt.«[28]

Trotz Einvernehmlichkeit nach außen schwelt im Inneren ein Konkurrenzkampf zwischen Lehrerstand und HJ: Die Führer der Hitlerjugend schätzen die Schulweisheit gering, verlangen freie Samstage für die »Dienste« und Aufmärsche oder freie Schultage für Gedenkveranstaltungen. Auch das Reichskriegsministerium greift in den Schulalltag ein. 1937 wird das letzte Gymnasiumsjahr gekürzt, um mehr Soldaten ausbilden zu können. Wer in den Wehrdienst, den Kriegshilfsdienst oder den Reichsarbeitsdienst eintritt, bekommt sein Abiturzeugnis schon ein halbes Jahr früher, »Heldenabitur« nennt das der Volksmund.

Schwieriger ist es für die Nazis, den Einfluss der Elternhäuser zu kontrollieren, wofür die Familie Scholl ein gutes Beispiel ist, denn die unbeirrbar kritische Haltung von Robert und Lina Scholl gerät durch keine Propaganda ins Wanken. Wie Kinder und Jugendliche gegen regimekritische Eltern aufgehetzt werden sollen, erklärt die Schülerzeitung *Hilf mit!*, herausgegeben vom NS-Lehrerbund. Darin findet sich 1936/37 ein Artikel, der sich mit der Entdeckung »zersetzender« Literatur im elterlichen Bücherregal beschäftigt. Die Anweisung der Zeitung lautet: Protestieren und drohen.

Die Schlinge zieht sich zu. Wer wie Sophie Scholl als Kind im »Dritten Reich« aufwächst, bekommt unter Umständen bis 1945 nichts anderes zu hören, als dass der »Führer« ein Genie sei und die Nazis Deutschland vor den jüdischen und bolschewistischen Feinden gerettet hätten. Adolf Hitler weiß sehr gut, wie perfekt das System der gleichgeschalteten Erziehung funktioniert: »Diese Jugend, die lernt ja nichts anderes als deutsch denken, deutsch handeln. Und wenn nun dieser Knabe und dieses Mädchen mit ihren zehn Jahren in unsere Organisationen hineinkommen [...] dann kommen sie vier Jahre später vom Jungvolk in die Hitlerjugend, und dort behalten wir sie wieder vier Jahre, und dann geben wir sie erst recht nicht zurück [...] sondern dann nehmen wir sie sofort in die Partei und in die Arbeiterfront [...] Und sie werden nicht mehr frei ihr ganzes Leben. Und sie sind glücklich dabei.«[29]

Wie dieses »Glück« aussieht, zeigt der sogenannte Thingplatz im Hitlerjugendlager Riegsee bei Murnau, wo bis zu 6000 Jungen Platz finden. Auf einer großen, schwarzen »Ehrenwand« steht in riesigen Buchstaben: »Wir sind zum Sterben für Deutschland geboren.«[30]

Und ich warte Tag für Tag auf etwas …

1937

Wie in jedem Jahr wird auch am 30. Januar 1937 der Jahrestag der Machtübertragung in ganz Deutschland mit Großkundgebungen und Feierstunden gewürdigt. In Ulm versammeln sich die Menschen auf dem zentralen Münsterplatz. Hitlerjugend und BDM stehen Spalier und Sophie Scholl ist sicherlich dabei. Neben Werner ist sie die Einzige von den Scholl-Geschwistern, die noch zur Schule geht. Elisabeth Scholl hat die Schule verlassen und am Fröbelseminar in Ulm-Söflingen eine Ausbildung zur Kindergärtnerin begonnen. Inge Scholl arbeitet beim Vater im Büro und Hans Scholl steckt schon im Abitur. Danach muss er für sechs Monate zum Reichsarbeitsdienst, eine Art obligatorischer »Ehrendienst« für Abiturienten, die studieren wollen. Hans wird nach Göppingen zum Autobahnbau versetzt, lebt dort wie ein Soldat in einer Kaserne und erhält weltanschaulichen Unterricht.

Die Kirchenglocken rufen an diesem kalten Januarmorgen die Menschen zusammen, damit sie im Gottesdienst für den Führer beten. Der bayerische Landesbischof Hans Meiser hat eigens für diesen Anlass ein Fürbittengebet verfasst: »Am heutigen Tag empfehlen wir Dir besonders den Führer und Kanzler unseres Reiches. Wir danken Dir, Herr, für alles, was Du in Deiner Gnade ihm bisher zum Wohle unseres Volkes hast gelingen lassen.«[1]

Doch Adolf Hitler kann auf die Fürbitten der Christen verzichten. Die Zeit des Friedens zwischen Kirche und NS-Staat ist vorbei. Seitdem werden religiöse Versammlungen gestört, Prozesse gegen Orden und Priester angezettelt, Kreuze und andere religiöse Symbole aus öffentlichen Gebäuden und Schulen entfernt. Kirchen sind aus Sicht der NSDAP überflüssig, denn die Partei selbst bietet einen Glauben, weihevolle Rituale und sogar einen Erlöser. Für Sophie Scholl, die regelmäßig in den Konfirmandenunterricht geht, ist der Konflikt deutlich zu fühlen. Jugendliche werden schon seit Längerem auf ein pseudo-germanisches Heidentum eingestimmt, weshalb die Nazis Feste wie Sonnwendfeiern so besonders schätzen. Denn, so rechtfertigen die Nazis ihre Abwendung vom Christentum, die Person Jesu »ist einem germanischen Gemüt oft nicht vornehm genug, seine Lehre auch nicht«.[2] Chefideologe Alfred Rosenberg behauptet, das Christentum sei nach 2000 Jahren am Ende. Und auch die christliche Moral habe ausgedient: Ein Mensch mit germanischem Charakter brauche seine Gegner nicht zu schonen.

Weder die katholische noch die evangelische Kirche legen jemals offiziell Widerspruch gegen die Rassismus-Politik der Nazis ein. Allerdings gibt es einzelne mutige Regimegegner, wie den Münsteraner Bischof Clemens Graf von Galen, Pastor Martin Niemöller, Pastor Friedrich von Bodelschwingh, den Jesuiten Alfred Delp oder den Berliner Theologen Dietrich Bonhoeffer, die sich mit Entschiedenheit gegen die von den Nationalsozialisten propagierten Werte äußern. Damit bringen sie sich zwar selbst in Gefahr – Delp und Bonhoeffer werden schließlich ermordet –, sie lösen jedoch keine großen Protestbewegungen aus.

Als Sophie Scholl und ihr Bruder Werner am 21. März 1937 als Einzige ihrer Konfirmationsgruppe in HJ-Uniform in die Ulmer Paulskirche einziehen, ist dies kein Zeichen ihrer Kritik an der Kirche und auch kein Beweis für ihren politischen Fanatismus, wie es manchmal zu lesen ist. Im Gegenteil: Gerade weil die Kirche von der Partei nun offen geschmäht wird, demonstrieren die Scholl-Geschwister ihr Bekenntnis zu einem Bund, der von beiden Seiten einmal feierlich beschworen worden ist und an dem die Kirche immer noch festhält.

Doch auch zweifelnde Stimmen melden sich zu Wort. An ebendiesem Palmsonntag 1937 wird von allen katholischen Kanzeln das Rundschreiben *Mit brennender Sorge* verlesen, in dem Papst Pius XI. sich gegen die Unterdrückung der Kirche und die neue Form des pseudoreligiösen Erlöserwahns in Deutschland wendet und daran erinnert: »Gott hat in souveräner Fassung seine Gebote gegeben. Sie gelten unabhängig von Zeit und Raum, von Land und Rasse.« Das päpstliche Schreiben war heimlich in den Gemeinden verteilt worden, weshalb die Nazis von dieser Kritik überrascht werden. Als sie mit Hausdurchsuchungen und Verhaftungen reagieren, haben sich die Worte des Papstes bereits in viele Köpfe eingebrannt.

Auch die Familie Scholl muss davon erfahren haben. Und wahrscheinlich hat sie auch von einer Gruppe gehört, die sich »Bekennende Kirche« nennt und im Februar 1936 eine Denkschrift an Adolf Hitler übermittelt hatte: »Wenn Blut, Rasse, Volkstum und Ehre den Rang von Ewigkeitswerten erhalten, so wird der evangelische Christ durch das erste Gebot gezwungen, diese Bewegung abzulehnen [...] Wenn dem Christen im Rahmen der nationalsozialistischen Weltanschauung ein Antisemitismus aufgedrängt wird, der zum Judenhass verpflichtet, so steht für ihn dagegen das christliche Gebot der Nächstenliebe.«[3]

Was hält Lina Scholl von dieser Denkschrift? Hat sie mit ihrer Familie darüber geredet? Und was könnte Sophie darüber gedacht haben? Dass sie Rassismus ablehnt, wissen wir aus Inge Scholls Berichten. Aber leider gibt es keine Quellen darüber, ob die Texte der »Bekennenden Kirche« in der Familie Scholl diskutiert werden.

Mit Sicherheit aber weiß die Familie und auch Sophie Scholl, was mit den Gegnern des Regimes in Ulm passiert. Es ist kein Geheimnis, dass ein Konzentrationslager außerhalb Ulms in der Festung Oberer Kuhberg eingerichtet worden ist. Einmal pro Woche fährt ein Lastwagen mit Gefangenen durch die Stadt. Manchmal werden die Häftlinge auch zur Abschreckung aneinandergekettet durch die Altstadt geführt. Das bekommt jeder mit. Glauben die Ulmer Bürgerinnen und Bürger wirklich, alle diese Menschen seien schlimme Verbrecher?

Susanne Hirzel erinnert sich, dass man nach einer regimekritischen Äußerung schon mal zu hören bekam: »Halt dei Gosch, sonst kommsch nach Dachau.«[4] Was beweist, dass die Bevölkerung nicht nur den Namen des berüchtigten Konzentrationslagers bei München kennt, sondern auch weiß, dass dort nicht unbedingt Kriminelle festgehalten werden.

Auch auf Sophie Scholls Geschenktisch liegt am Tag der Konfirmation ein Tagebuch, und jetzt bekommt sie für die Nachwelt eine eigene Stimme, die sie auch heute, über siebzig Jahre später, ganz nah klingen lässt. »Es ist herrliches Wetter«, beginnt sie am 28. Mai 1937, »jeden Tag baden wir in der Iller, die sehr kalt ist.«[5] Am liebsten gehe sie mit ihrer Freundin Susanne Hirzel zum Schwimmen. Nach dem Baden ruhen sich die beiden Mädchen auf einer Wiese aus, wo man sie vor lauter hohem Gras und Margariten gar nicht entdecken könne.

Es ist typisch für Sophie Scholl, das Tagebuch mit einer Eintragung zu beginnen, in der es um das Glück geht, sich in der freien Natur aufzuhalten. Als es dunkel wird und niemand mehr zum Baden kommt, ziehen die beiden Mädchen sich nackt aus, bevor sie noch einmal ins Wasser gehen: »Das ist etwas ganz anderes. Jeden Strudel spürt man. Es ist herrlich und wir konnten uns beinahe nicht trennen.«

Die Tagebücher, die heute nicht mehr nur in Auszügen, sondern vollständig zugänglich sind, ermöglichen einen neuen Blick auf Sophie Scholl. Und es wird klar: Kein noch so ernsthafter Bericht von nahestehenden Menschen kann das ersetzen, was ein Tagebuch oder Briefe können: Die Stimme eines Menschen hörbar machen, der seine Zweifel, seine Sorgen und Hoffnungen in eigene Worte fasst und dabei nicht immer abwägt, wie sie wirken, sich nicht selbst zensiert oder kontrolliert, sondern sich erlaubt, den Gedanken und Gefühlen freien Lauf zu lassen.

Gleich auf der ersten Tagebuchseite wird deutlich, was es für Sophie bedeutet, mit den Jungmädels auf Fahrt zu gehen. Nur da kann sie sich austoben und frei fühlen: »Ich komme ohne dies alles nicht aus […] Sonst meine ich manchmal, ich ersticke […] Ja, wirklich, es kann kein Erwachsener, auch sonst nur wenige mir nachfühlen, was mir Fahrt bedeutet.«

Die sechzehnjährige Sophie Scholl hat Sehnsucht nach Freiheit, nach Luft, Natur, Weite. Sie will auf sich allein gestellt sein, sich selbst dabei spüren, wie sie Hindernisse überwindet, und das ohne erwachsene Zuschauer, die doch nicht begreifen können, was in ihr vorgeht. Auch in der Schule scheint sie nicht mehr richtig dazuzugehören und es graut ihr vor dem Ende der Ferien: »Ich fühle, wie ich mich von den andern immer mehr entferne […] Ich bin auf dieser Fahrt einige Stufen höher gestiegen. Ich spüre dies mit einer beglückenden Gewissheit.«

Jahre später wird sie diese Einschätzung als hochmütig empfinden und darüber sehr unglücklich sein.

Im Tagebuch geht sie ihre Freundinnen eine nach der anderen kritisch durch: Mit Susanne Hirzel läuft es gut, ebenso mit der gleichaltrigen Anneliese Kammerer, die sie von den Jungmädels her kennt. Leider ist Lisa, ihre beste Freundin aus Kindertagen, weit weg. »Ich wollte gerne, Lisa wäre hier – sie versteht mich trotz ihres Alters am besten.«

Sich unverstanden zu fühlen, ist für eine sechzehnjährige kein ungewöhnlicher Zustand. Der Eindruck, dass die meisten anderen Menschen einem fremd sind, allen voran die eigene Familie, ist geradezu eine Voraussetzung dafür, ein erwachsener Mensch zu werden, der das eigene Handeln reflektieren kann. Abgrenzung ist ein Weg zur Selbstfindung, weil die Seele sich entwickelt und die Wünsche sich verändern, weil es manchmal so schwierig ist, sich mitzuteilen, und der Schmerz darüber sehr groß sein kann. Deshalb gehört Einsamkeit ebenfalls zur Grunderfahrung von Jugendlichen, auch für Sophie Scholl.

»Ich bin so allein«, schreibt sie in ihr Tagebuch, »ich wäre ganz froh, wenn wir in eine andere Stadt ziehen würden. Ich würde wieder neue Menschen kennenlernen.« Warum neue Menschen? Reicht die Auswahl an Bekannten in Ulm nicht aus oder beginnt die Enge der HJ-Ideologie sich jetzt doch auszuwirken und sie zu quälen? Knapp drei Monate später schreibt sie: »Haben alle Menschen solch unsinniges Heimweh wie ich? Wenn mir nur geholfen würde, wenn ich mir nur helfen könnte [...] Herrgott, ich warte Tag für Tag auf etwas ...«

Was ist es, das Sophie Scholl fehlt? Sie ist vollauf beschäftigt in der HJ, inzwischen sogar für 160 Mädchen verantwortlich. Sie hat ihre Familie, die Geschwister, die Eltern, die Freundinnen. Aber das Leben fühlt sich trotzdem an wie ein »Wellental«, und wegen jeder Kleinigkeit, schreibt sie, könnte sie losheulen, weil sie so ein dünnes Fell bekommen habe.

Zu Hause läuft eigentlich alles gut, von Machtproben und Streitereien mit der Mutter, die doch für ihr Alter typisch wären, steht nichts im Tagebuch. Dass der Vater sie immer anschreit, wenn sie pfeift, daran habe sie sich gewöhnt, schreibt sie, was darauf schließen lässt, dass sie öfter mit ihm aneinandergerät. Aber davon lasse sie sich die Laune nicht verderben, es gebe doch so viel anderes, worüber sie sich freuen könne.

Auf diese Weise kann man an den Tagebucheintragungen nachvollziehen, wie sich Sophies Stimmung von einer Seite zur anderen wendet, ganz so, wie sich die Wolken am Himmel an stürmischen Tagen verändern. Und das ist etwas, was sich für sie richtig anfühlt, denn alles ist besser als Sattheit und Stillstand: »Ich will nicht oberflächlich werden. Ich will nicht spießig werden [...] wie alle Leute in Ulm.« Aber: »Ich führe so ein geregeltes Leben, genau wie sie, ich bin kein Härchen anders.« Die Schule ist ein guter Platz, um sich von den braven Spießern abzuheben. Biologielehrerin Else Frieß berichtet, Sophie Scholl habe sich oft mit einem gelangweilten Gesichtsausdruck in der hintersten Bank gelümmelt. Fragte man sie jedoch etwas, zeigten ihre Antworten, dass sie genau zugehört habe.

Im August 1937 findet sich in Sophie Scholls Tagebuch ein missverständlicher Hinweis auf ihr Verhältnis zur Hitlerjugend: »Von der HJ habe ich mich ohne mein Wollen ganz gelöst. Ich habe nichts mehr zu geben, nichts mehr zu nehmen.« Eine Woche später heißt es: »Hilde ist Adjutantin von der Untergauführerin. Ich kann Hilde nicht verstehen.« Ist dies die Absage? Der Moment, in dem Sophie Scholl dem Regime den Rücken kehrt und sich auf den Weg in den Widerstand begibt?

Nein, das ist es nicht. Noch geht es nur um Streitereien

innerhalb der Gruppe. Genaueres ist nicht bekannt, aber Sophie Scholl bleibt bei den Jungmädels. Und noch ein Jahr später schreibt sie an Lisa Remppis:»Das ist recht, dass du so eifrig in den Dienst gehst, ich werde es auch tun. Es ist z. Zt. wieder eine höchst unangenehme Sache im B.d.M mit Annlis und mir.«[6] Es gibt also immer wieder Auseinandersetzungen unter den Mädchen, aber noch keine grundsätzliche Kritik.

Sophies Zeugnis im Herbst 1937 fällt wieder besser aus. Besondere Leistungen werden in Kunst vermerkt. Das Zeichnen ist ihr in den letzten Jahren immer wichtiger geworden und sie übt sich sehr intensiv darin, arbeitet an Porträts von ihrer Familie und den Freunden. Sie illustriert auch zwei Märchen, die Inge geschrieben hat. Ihrer Liebe zur Kunst opfert Sophie sogar die obligatorische HJ-Fahrt in den Herbstferien. Sie will stattdessen nach München reisen, denn »die Kunstausstellung muss ich gesehen haben«[7].

In jenem Herbst gibt es allerdings zwei wichtige Ausstellungen in München, auf die sich dieser Satz beziehen könnte: Die »Erste Große Deutsche Kunstausstellung«, seit dem 18. Juli 1937 im neu eröffneten »Haus der Kunst« am Englischen Garten zu sehen, zeigt das, was dem nationalsozialistischen Geschmack entspricht. Kunst soll nach dem Verständnis der Nazis schön, deutsch und gewaltig sein.

Einen Tag nach der Vernissage im Haus der Kunst wird ein paar Gehminuten von dort entfernt in den Hofgarten-Arkaden eine ganz andere Schau eröffnet: »Entartete Kunst«. Dort ist auf engstem Raum, kreuz und quer gehängt und mit diffamierenden Kommentaren versehen, die Creme de la Creme der Moderne zu sehen: Werke von Paul Klee, Paula Modersohn-Becker, Vincent van Gogh, Oskar Kokoschka, Max Beckmann,

Marc Chagall, Franz Marc, Emil Nolde, Wassily Kandinsky und Oskar Schlemmer, Otto Dix, Kurt Schwitters, George Grosz, Ludwig Kirchner und Karl Schmidt-Rottluff. Alle 650 Bilder und Skulpturen dieser Ausstellung sind von den Nazis beschlagnahmt worden. Adolf Ziegler, Präsident der Reichskammer der bildenden Künstler, höhnt in seiner Eröffnungsrede: »Wir sehen um uns herum diese Ausgeburten des Wahnsinns, der Frechheit, des Nichtskönnertums und der Entartung. Uns allen verursacht das, was diese Schau bietet, Erschütterung und Ekel.«[8]

Während etwa 420 000 Menschen die Ausstellung im Haus der Kunst besuchen, kommen über zwei Millionen Besucher in die Hofgarten-Arkaden, um die »Entartete Kunst« zu sehen. Ob diejenigen in der Mehrzahl sind, die »Erschütterung und Ekel« empfinden, oder diejenigen, die mit Ehrfurcht und Wehmut auf diese Meisterwerke blicken, weil sie zu Recht fürchten, sie nie wieder in ihrem Leben betrachten zu können, kann man heute nicht mehr entscheiden. Dass es Sophie Scholl jedenfalls um die Ausstellung »Entartete Kunst« geht, kann man getrost annehmen. Sie sammelt selbst Kunstpostkarten von Paula Modersohn-Becker und auch von französischen Impressionisten.

An einem frühen Morgen im November 1937 klingelt es an der Haustür der Familie Scholl in der Olgastraße. Zwei Mitglieder der Gestapo, der Geheimen Staatspolizei, erklären der verblüfften Lina Scholl, sie müssten die Wohnung durchsuchen. Geistesgegenwärtig greift sich die Mutter einen Korb und gibt vor, zum Bäcker gehen zu müssen. Stattdessen steigt sie hinauf zum Dachgeschoss, wo Hans und Werner ihr Zimmer haben, greift sich alle Papiere, die ihr verdächtig vorkommen, und trägt sie zu den Nachbarn, bevor sie wieder nach Hause geht.

Inzwischen haben die Gestapo-Beamten die Zimmer der Mädchen durchsucht und dort das grau-rote Liederheft der bündischen Jugend konfisziert. Elisabeth Scholl erinnert sich bis heute an diesen Moment: »Wir hatten damals eine Schaukel und Ringe zum Turnen, die in einem Türrahmen befestigt waren, weil mein Vater immer wollte, dass wir uns viel bewegen. Ich saß auf der Schaukel, während die Gestapo-Männer mein Tagebuch lasen und sich darüber amüsierten. Ich habe mich so geschämt, dass ich danach nie wieder Tagebuch geschrieben habe.«[9]

In fast allen Büchern über die Geschwister Scholl heißt es, die Gestapo habe Inge, Werner und Sophie Scholl mitgenommen, Sophie allerdings nur, weil man sie wegen der kurzen Haare für einen Jungen gehalten habe. Elisabeth Scholl korrigiert heute diese Legende und erklärt, weder sie noch Sophie hätten mitkommen müssen. Die Gestapo bringt Werner und Inge Scholl ins Ulmer Stadtgefängnis, von dort geht es auf einem offenen Lastwagen nach Stuttgart: »Es war eine ziemlich schreckliche Fahrt«, berichtet Inge, »wir fuhren zusammen mit anderen ebenfalls festgenommenen Jungen ohne warme Kleider bei Schneegestöber über die Schwäbische Alb, die ohnehin recht windig ist.«[10] Insgesamt werden etwa ein Dutzend Jungen aus Ulm zwischen zwölf und siebzehn Jahren unter dem Verdacht »bündischer Umtriebe« festgenommen.

Bei den Verhören in Stuttgart stellt Inge Scholl sich dumm und wird gemeinsam mit ihrem Bruder Werner nach einer Woche wieder entlassen. Hans Scholl, der inzwischen seinen Wehrdienst ableistet und als Soldat der Militär-Gerichtsbarkeit untersteht, wird Mitte Dezember in seiner Kaserne Bad Cannstatt verhaftet. Er muss sich nicht nur wegen »bündischer Umtriebe«, sondern auch wegen homosexueller Handlungen verantworten, wovon niemand außer den Eltern und Inge etwas erfährt. Hans gibt die Vorwürfe seinen Eltern gegenüber zu[11] und muss mit dem Ausschluss aus dem Heer rechnen. Es tue ihm unendlich leid, »dieses Unglück über die Familie gebracht« zu haben, »aber ich verspreche Euch: Ich will alles wiedergutmachen; wenn ich wieder frei bin, will ich arbeiten und nur arbeiten, damit Ihr wieder mit Stolz auf Euren Sohn sehen könnt […] Ich fühle jetzt erst ganz den Willen meines Vaters, den er selbst hatte und den er mir übergab: etwas Großes zu werden für die Menschheit.«[12]

Für Sophie Scholls Entwicklung sind die Vorwürfe wegen homosexueller Handlungen unerheblich, denn sie glaubt ja, Hans säße lediglich wegen bündischer Umtriebe im Gefängnis, und sie hält diese Strafe ebenso wie die Haft von Inge und Werner für »vollkommen ungerechtfertigt«[13], wie sie später sagt. Sie spricht vom »Vorgehen gegen uns«, obwohl ihr selbst gar nichts passiert ist, was zeigt, wie stark sie sich mit den Geschwistern verbunden fühlt. Sophie ist sicher, dass ihre Geschwister sich nichts zu Schulden kommen ließen, sondern sich im Einklang mit den Werten der Hitlerjugend verhalten hätten. Deshalb fühlt sie sich – womöglich zum ersten Mal – von dem NS-Regime ungerecht behandelt.

In der Schule wird Sophie Scholl zum Direktor zitiert: Was ihre Geschwister angestellt hätten, will er wissen. Es ist ja aus seiner Sicht alles andere als eine Ehre, von der Gestapo verhört und verhaftet zu werden. Sophies Stolz leidet und die Familie rückt in diesem Moment besonders eng zusammen. Solange Hans im Gefängnis sitzt, gehen die Scholls jeden Abend nach dem Essen gemeinsam spazieren. Robert Scholl sagt bei dieser Gelegenheit: »Wenn die meinen Kindern etwas antun, gehe ich nach Berlin und knalle ihn nieder.«[14] Der Einfluss des Vaters auf seine Kinder nimmt wieder zu, aber noch kann er sie nicht zur Abkehr von der Hitlerjugend bewegen. Als Hans Scholl am 30. Dezember entlassen wird und wieder zu seiner Einheit nach Bad Cannstatt geht, schreibt ihm der Vater, er mache sich Vorwürfe, »dass ich Dir in den letzten Jahren nicht Kamerad und Freund gewesen bin, sondern unsere Wege habe allzu sehr getrennt gehen lassen«.[15]

Sophie Scholl bleibt trotz dieser Erfahrung bis 1941 in der Hitlerjugend. Inge Scholl ebenso, obwohl sie später sagt, sie habe nach der Verhaftung nicht mehr dem BDM angehört. Doch aus Sophies Briefen geht hervor, dass alle drei Schwestern in ihren Gruppen bleiben.

Bei einer Führerinnenbesprechung geht es um neue Lektüre für Heimabende. Sophie schlägt – gutgläubig oder provozierend? – Heinrich Heine vor. Aber Heine ist als jüdischer Autor verpönt, die Nazis haben auch längst sein berühmtes Gedicht von der *Loreley* in allen Schulbüchern mit dem Zusatz »Verfasser unbekannt« versehen. Sophie Scholl soll geflüstert haben: »Wer Heinrich Heine nicht kennt, kennt die deutsche Literatur nicht.«[16]

Die Jungmädelgruppe rückt aber in den Hintergrund, denn Sophie Scholl hat einen neuen, aus ihrer Sicht wesentlich spannenderen Zeitvertreib gefunden: Tanzen. Gemeinsam mit ihren Freundinnen, den Schwestern und ein paar Jungs trifft sie sich häufig bei Anneliese Kammerer, weil diese nicht nur ein Grammofon und Schallplatten besitzt, sondern auch verständnisvolle Eltern hat. Sophie Scholl liebt Tango, Englisch-Waltz und Foxtrott. Offenbar legt sie eine besondere Hingabe an den Tag, jedenfalls lästert eine Schulkameradin über ihre »unanständige« Tanzweise. Dazu muss man wissen, dass der Foxtrott damals noch nicht der brave Tanzstundenschleicher gewesen ist, als den man ihn heute kennt. Ursprünglich glich Foxtrott, wie der Name sagt, einem schnellen »Fuchstrab«, bei dem man tiefe Kniebeugen, Spreizschritte und Sprünge ausführte und auch die Beine durch die Luft warf.

Zwar bemüht sich das NS-Regime, die Tanzwut der Deutschen, die nach dem Ersten Weltkrieg ausgebrochen ist und das Lebensgefühl der »wilden Zwanziger« geprägt hat, in harmlose Bahnen Richtung Volkstanz zu lenken und hektische Tänze wie Swing als »Negergehopse« zu diffamieren, jedoch ohne Erfolg.

Im Herbst 1937, ein paar Wochen bevor die Gestapo in der Olgastraße auftaucht, hat Sophie Scholl einen jungen Mann kennengelernt, der bald einer der wichtigsten Menschen in ihrem Leben sein wird: Fritz Hartnagel. Er ist vier Jahre älter als sie und Berufssoldat, hat die Offizierslaufbahn eingeschlagen und ist zur Zeit ihrer ersten Begegnung als Oberfähnrich in Augsburg stationiert. Geboren wurde Fritz Hartnagel 1917 in Ulm, als jüngstes von vier Kindern. Sein Vater, ein einfacher Postbeamter, hat sich nach dem Ersten Weltkrieg eine eigene Firma aufgebaut und es damit zu Wohlstand gebracht. Er besitzt eines der ersten Autos in Ulm, aber weil er damit nach wenigen Tagen vor das Garagentor kracht, überlässt er das Fahren fortan seinen Kindern. So kommt es, dass Fritz Hartnagel Sophie Scholl und ihre Geschwister häufig zu Ausflügen aufs Land einladen kann. Dabei müssen sich die Mitfahrer kleine Hocker in den Fond des Wagens stellen, denn eine Rückbank hat das Auto nicht.

Fritz Hartnagel ist aber ebenso gerne bei Scholls zu Hause und genießt die anregenden Gespräche über Literatur, Kunst und Musik, weil er das aus seiner eigenen Familie nicht kennt.

Auch er kommt aus der bündischen Bewegung und leitete eine Freischargruppe, in der Werner Scholl Mitglied gewesen ist, bevor sie verboten wurde. Hartnagel geht zur Wehrmacht, weil er in ihr eine moralisch überlegene Kraft sieht, die sich von den »wilden Horden« der SA und der SS unterscheidet.

Sophie Scholl lernt Fritz Hartnagel auf einer privaten Party kennen. Ihre Freundschaft beginnt mit einem Briefchen, das Sophie und ihre Freundin Anneliese während einer Schulstunde schreiben:

Ulm, den 20.11.37
Lieber Fritz
Die Anneliese scheniert sich, deshalb schreibt die Sofie. (In der Schule). Hiermit schickt Dir die Anneliese eine Einladungskarte. Du kommst doch? Jetzt fehlt aber der Lisl u. mir noch ein Mann. (kein Ehemann) Wenn Du jemand Nettes kennst, kannst Du ihn von der Anneliese aus gern einladen. Andernfalls würden wir auch ohne Männer auskommen. Ich lasse jetzt der Anneliese das Wort.
Der Anfang von Sofer ist gar nicht wahr (A)
Wir wollen nicht streiten, deshalb hören wir auf, Anneliese weiß doch nichts Gescheites.
Mit deutschem Gruß (herzl. Gruß)
Sofie Scholl
Heil Hitler.
Anneliese[17]

In diesem Ton geht es in den nächsten Tagen und Wochen weiter. Sophie schreibt flapsig und frech, manchmal auch betont cool, scheinbar lässig, dann wieder ernst, fast schroff. Diese heiß-kalten Wechsel sind nicht bewusst inszeniert, sondern entspringen ihrer Unsicherheit. Sie wünscht sich Nähe und hat gleichzeitig Angst davor, Fritz allzu offensichtlich nachzulaufen. Aber schon eine Woche nach dem ersten Briefchen bittet sie ihn verschwörerisch darum, er solle zuerst sie und ihre Schwestern für ein Winterlager anmelden, dann ein paar Tage später auch sich selbst und ein paar Freunde: »Aber so, dass es unsere Eltern nie erfahren.«[18] Aus der Fahrt wird allerdings nichts, vielleicht haben die Eltern doch herausbekommen, was geplant war.

In Sophies Tagebuch heißt es Anfang Dezember: »Vor allem … Fritz Hartnagel kann ich direkt prima leiden. Er mich auch.«[19] Zwar kennen sie sich erst einen Monat, doch schon nimmt sie sich vor: »Die selbstverständliche Wärme und Liebe, die er braucht, ich werde sie ihm geben. Ich will nichts von ihm, solange er nicht ganz von allein schenkt.«[20] Diese Selbstlosigkeit hat einen einfachen Grund: Fritz Hartnagel hat bereits eine Freundin, Charlo, Sophie Scholls erste Jungmädelführerin, die sie immer sehr bewundert hat. Die Eifersucht ist ein neues, unangenehmes Gefühl für die junge Sophie. Sie merkt aber auch, dass Fritz sie aufmerksam beobachtet, und weiß nicht recht, wie sie damit umgehen soll.

Sophies Briefe aus dieser Zeit, in denen sie ihren eigenen Namen spielerisch variiert und sich neben Sofie auch schon mal Sofer nennt, sind selten aus einem Guss. Häufig beginnt sie mit der spontanen Frage, ob Fritz zu einer bestimmten Party komme oder ob er ihre letzte Postkarte erhalten habe. Danach kann ihr Ton sofort umschlagen, wenn sie sich über Langeweile beklagt oder von Freundinnen berichtet, mit denen sie sich nicht mehr versteht. Ihr Bedürfnis, sich Fritz gegenüber zu öffnen, blitzt immer wieder auf, mal schüchtern, mal ganz direkt: »Am liebsten gehe ich auch hinaus in den Wald, es kann mir so viel geben. Du glaubst nicht, wie ich mich auf den Frühling freue. Ganz toll. Ich kann es ganz gut ohne viel Menschen aushalten.«[21]

Selbstkritik gehört zwar zum Flirten dazu, aber bei Sophie Scholl schwingt immer eine echte Unzufriedenheit mit. »Wenn ich ins Bett gehe und überlege mir, was ich geschafft habe, merke ich, dass ich überhaupt nichts geschafft habe. Das ist ja meine eigene Schuld. Ich bin so faul. Ich will froh sein, wenn Frühling ist und man auf Fahrt kann.« Auf einen solchen Ausbruch von Gefühlen kann die kühle Bemerkung folgen, eigentlich schreibe sie gar nicht gern Briefe, weil sie nichts zu sagen wüsste, was sie nicht nachher bereuen würde.

Obwohl Fritz Hartnagel selten zurückschreibt, breitet Sophie nach und nach ihre Persönlichkeit vor ihm aus. Manchmal verzettelt sie sich dabei, ihre Gefühle zu sortieren. Dann bittet sie ihn fast wütend darum, den Brief zu zerreißen, weil sie doch nur »so'n Dreck« geschrieben habe. »Aber ich muss manchmal was von mir runterschreiben, und wenn es noch so blöd ist […] Ich schlaf jetzt wieder und denk mich weg auf Fahrt. Ich denk mir alles mögliche Schöne aus. Auch Quatsch. Ich will mal wieder zeichnen, allen Dreck von mir runterzeichnen. Das Produkt braucht ja niemand zu sehen. Gute Nacht. Sofie«

In einem anderen Brief schreibt sie, wie sehr sie Inge, die für ein Jahr nach Bremen geht, vermissen wird: Wer werde sich jetzt um ihre Unarten kümmern? Sie müsse es wohl selber tun. Im nächsten Satz kündigt sie kokett an, sie ginge jetzt mit ihrer Schwester in die Stadt, um Männer erröten zu lassen, doch schon im folgenden Absatz bittet sie wehmütig: »Schreib mir doch mal. Ich hab immer so ein komisches Gefühl, weißt Du, wie wenn ich alle Wälder und Felder spüren würde, die zwischen Ulm und Augsburg liegen.« Und als habe sie damit zu viel von sich preisgegeben, zieht sie sich sofort zurück, wird frech, droht ihm, sie würde ihn schlagen, weil sie genau wüsste, dass er jetzt grinse.

Die sechzehnjährige Sophie Scholl ist übermütig, wie es typisch für Verliebte ist. Gemeinsam mit Lisa Remppis, die seit dem Winter in Leonberg bei Stuttgart lebt, heckt sie einen waghalsigen Plan aus: Die beiden Mädchen fahren zu einem Überraschungsbesuch nach Augsburg zu Fritz Hartnagel. Damit bringen sie ihn in Verlegenheit, denn er muss eine Schlafgelegenheit für sie finden, und obwohl es streng verboten ist, schmuggelt er sie abends in die Kaserne hinein und morgens wieder hinaus. Sophie begreift erst nach der Rückkehr, was für einen Streich sie dem Freund gespielt und wie ritterlich er sich verhalten hat. Ihre Eltern dürften auf gar keinen Fall von dem Ausflug erfahren, schreibt sie beschwörend an Lisa.

Im Frühling 1938 kommt es dann zu dem Vorfall, der Sophie Scholls Karriere beim Jungmädelbund beendet. Vorgefallen ist etwa Folgendes: Eine Gruppe von Führerinnen, darunter Sophie und Elisabeth Scholl und Susanne Hirzel, hatte sich – ähnlich wie die Gruppe um Hans Scholl – eigene Wimpel genäht, auf denen ein Drachen statt eines Hakenkreuzes aufgenäht war. »Dies bedeutete Verrat. Wir wurden der Treulosigkeit bezichtigt.«[22] So berichtet es Susanne Hirzel. Typisch für das Vorgehen in der HJ ist die Art und Weise, wie die Führerinnen abgesetzt werden. Bei der nächsten Zusammenkunft müssen sie außerhalb des Kreises stehen, während die anderen singen: »Wo wir stehen, steht die Treue, unser Schritt ist ihr Befehl, wir marschieren nach der Fahne, so marschieren wir nicht fehl.«[23] Ähnlich wie bei Hans Scholls Degradierung geht es auch hier nicht um eine grundsätzliche Abkehr von der Hitlerjugend, sondern um den Wunsch nach Individualität, der vom NS-System nicht geduldet wird. Die drei »Ausgestoßenen« wechseln nun in den Bund Deutscher Mädel, BDM, wo sie nur noch normale Mitglieder ohne Führungsaufgaben sind. Sophie Scholl wird dort regelmäßig an den wöchentlichen Treffen teilnehmen. Jahre später bestätigt sie, sie habe ihr Amt aufgrund von Differenzen mit der Obergauführerin niedergelegt. »Bei diesem Zerwürfnis handelte es sich um eine rein innerdienstliche Angelegenheit des BDM ohne jeden politischen Hintergrund.«[24] Doch sei sie »mit dem Herzen« nicht mehr bei der Sache gewesen, habe den Dienst zunehmend langweilig und »vom pädagogischen Standpunkt aus unrichtig«[25] gefunden.

Zu wissen, dass jemand da ist

1938–1939

Am 14. März schreibt Hans Scholl seinen Eltern, er bedaure, dass seine Einheit nicht in Österreich eingerückt sei: »In unserer erregten Fantasie hatten wir allerhand Luftschlösser gebaut: Abend in Wien, Promenade an der Donau. Es sind eben nur ausgesprochene Panzer-Regimenter und dann vor allem bayr. Truppen einmarschiert. Die A 25 [...] aus Kornwestheim (dieselbe Waffe wie wir) hatten das Glück, die Vergnügungsfahrt mitmachen zu dürfen.«[1] Was Hans Scholl hier als »Vergnügungsfahrt« bezeichnet, ist der sogenannte Anschluss Österreichs an Deutschland. Die befremdlich anmutende Wortwahl von Scholl zeigt jedoch, wie viele Menschen damals denken: Österreich und Deutschland gehören zusammen, man spricht dieselbe Sprache und teilt viele Jahrhunderte Geschichte miteinander.

Zwei Tage zuvor, am 12. März 1938, marschieren deutsche Truppen in Österreich ein. Das kommt nicht überraschend, und man kann auch nicht sagen, die Nazi-Diktatur habe mit dem »Anschluss« einen demokratischen Staat zerschlagen. Seit dem Auseinanderbrechen der habsburgischen Doppelmonarchie Österreich-Ungarn gab es in Deutschösterreich Bestrebungen, sich mit dem deutschen Nachbarn zu vereinen. Dies war jedoch nicht nur laut Friedensvertrag von Versailles verboten, sondern wurde auch durch die Machtergreifung der Nationalsozialisten 1933 verhindert. In Österreich bildete sich mit dem »Austrofaschismus« eine Bewegung, die Nazi-Deutschland

»überhitlern«, sich also unabhängig vom »Dritten Reich« behaupten wollte. Deshalb wurden zahlreiche Parteien verboten, auch die NSDAP. Die einstige Republik Österreich hatte sich in einen autoritären Ständestaat verwandelt, der das Parlament ausschaltete und ein enges Bündnis mit dem italienischen Diktator Benito Mussolini einging. Adolf Hitler und den von ihm in die österreichische Regierung eingeschleusten Parteigängern gelang es jedoch, das Land in Europa zu isolieren und den österreichischen Bundeskanzler Kurt Schuschnigg so stark unter Druck zu setzen, dass er freiwillig zurücktrat und den Nazis das Feld überließ. Die Stimmung wendete sich zugunsten der Deutschen, und die 65 000 Soldaten, die im März 1938 die Grenze überschreiten, werden von Tausenden mit großem Jubel empfangen. Hitler kann schon wenige Tage nach dem Einmarsch auf dem Wiener Heldenplatz verkünden: »Als Führer und Kanzler der deutschen Nation und des Reiches melde ich vor der Geschichte nunmehr den Eintritt meiner Heimat in das Deutsche Reich!«[2]

Einen Monat später stimmen 99,7 Prozent der österreichischen Wähler für den Anschluss. Wer nicht mitwählen darf, sind 200 000 Juden, 177 000 als »Mischlinge« eingestufte Menschen und die über 72 000 Österreicher, die bereits in den ersten Tagen nach dem Anschluss als politische Gegner verhaftet worden sind. Nur zwei Länder protestieren gegen dieses Vorgehen: Mexiko und die Sowjetunion. Der Rest der Welt schweigt.

Auch Hans Scholl spürt die Aggression, die hinter dem Anschluss steckt, und fährt fort: »Aber was wird alles noch kommen? Bei uns wird ja ordentlich mit dem Säbel gerasselt. Sonst enthalte ich mich jeder Stellungnahme zu den politischen Ereignissen. Mir ist der Kopf schwer. Ich verstehe die Menschen nicht mehr. Wenn ich durch den Rundfunk diese namenlose Begeisterung höre, möchte ich hinausgehen auf eine große einsame Ebene und dort allein sein.«[3] Offenbar fühlt Hans Scholl zwei Seelen in der Brust: Sein abenteuerlustiges, bildungshungriges Ich wäre bei dem Einmarsch in Wien gern dabei gewesen, während seine nachdenkliche, sensible Seite die Gefahr wittert.

Wie Sophie Scholl zum Anschluss Österreichs steht, erfahren wir nicht. Im Frühling 1938 trifft sie sich oft mit Fritz, wenn er in Ulm ist. Gemeinsam mit den Geschwistern oder Freunden fahren sie über Land, gehen spazieren, radeln an der Donau entlang, verabreden sich mit anderen zum Tanzen.

Die Vertrautheit zwischen Sophie Scholl und Fritz Hartnagel wächst, aber noch ist alles offen. So schreibt sie am 10. Mai 1938, einen Tag nach ihrem siebzehnten Geburtstag, sie habe am Tag zuvor auf seinen Besuch gewartet. Da er aber nicht gekommen sei, habe sie den Mai-Tanz mit einem anderen Freund besucht. Ob Fritz denn am nächsten Wochenende käme, sonst würde sie etwas anderes planen.

Etwas ist in Bewegung geraten, je wärmer es draußen wird, desto leichter und unbeschwerter scheint sich Sophie Scholl zu fühlen. »Draußen bin ich immer in herrlichster Stimmung, habe nach niemandem und nichts Sehnsucht, nur den Wunsch, länger zu bleiben«[4], schreibt sie an Lisa Remppis nach Leonberg. Das ist die eine Seite. Parallel dazu zieht sich ein anderes Gefühl durch diesen Frühsommer 1938: »Ich ziehe mich vor den Mädchen hier mehr und mehr zurück«, gesteht sie Lisa am 4. Juni, »die Schule kommt mir vor wie ein Film, ich sehe zu und bin beim Mitspielen beinah ausgeschaltet, ein seltsames und nettes Gefühl.«[5]

Womöglich wird das Fremdheitsgefühl verstärkt durch den Prozess gegen ihren Bruder Hans, der im Juni 1938 beginnt.

Das Verfahren wird aber eingestellt, und weil Hans Scholl unter eine Amnestie fällt, die anlässlich des Anschlusses Österreichs erlassen worden ist, gilt er nicht als vorbestraft und darf nach dem Wehrdienst studieren.

In schwierigen Zeiten hilft immer das Zeichnen. Wie Inge Scholl berichtet, üben sich alle Geschwister darin, aber Sophie bringt es am weitesten. Die Eltern Scholl finanzieren ihr daher Privatstunden bei dem Geislinger Lehrer und Maler Albert Kley und bei dem Ulmer Künstler Wilhelm Geyer, beide sind Freunde der Familie. Geyer wurde in den Zwanzigerjahren als Erneuerer religiöser Kunst gefeiert, die Nazis haben ihn jedoch wegen seiner Nähe zum expressiven Realismus als »entartet« abgestempelt und seine Werke aus den Museen verbannt.

Sophie Scholls Zeichenstil verändert sich unter seiner Anleitung. Noch immer zeichnet sie am liebsten Kinder, aber sie wagt sich jetzt an neue Motive heran, die Freundinnen und Geschwister. Inge Scholl erzählt, sie habe manches Mal den Abwasch für Sophie übernommen, damit die Schwester zeichnen könne. Sophie gilt als die begabte Künstlernatur der Familie, und sie spielt mit der Idee, sich nach dem Abitur an einer Kunstakademie zu bewerben.

Sie möchte noch viel weiter kommen, schreibt sie an Inge, »aber wenn man Künstler werden will, so muss man wohl vor allen Dingen zuerst Mensch werden. Durch das Tiefste empor. Ich will versuchen, an mir zu arbeiten.«[6] Im selben Brief gibt sie zu, ein richtiges Talent spüre sie in sich allerdings nicht und die Biologie würde sie mindestens so sehr interessieren wie die Kunst. Detailliert schildert sie, wie faszinierend es ist, einen Fisch zu sezieren und alle seine Organe so »sauber und sinnvoll« in seinem Inneren platziert zu finden.

In den Sommerferien geht Sophie mit Anneliese Kammerer, ihrem Bruder Werner und Lisa Remppis auf eine große Reise. Die Querelen mit Anneliese sind offenbar beigelegt. Vater Kammerer kutschiert die Jugendlichen in seinem Auto nach Norddeutschland, wo sie zuerst Inge Scholl in Bremen besuchen. Sophie Scholl fasst die Reise später in einem launigen Brief an Fritz Hartnagel zusammen und lässt auch unappetitliche Details nicht aus: Wie oft sie sich auf der Fahrt mit dem Fischkutter im Sturm übergeben musste, wie schön es in Worpswede gewesen ist, dass sie den von ihr verehrten Schriftsteller Manfred Hausmann besucht haben und wie sie durchs Moor gewandert sind.

Zurück in Süddeutschland, bleibt Sophie noch ein paar Tage bei Lisa in Leonberg. Es gibt vieles, was die Freundinnen verbindet: Beide lieben die Bewegung in der Natur und verabreden sich gerne zu Wanderungen und Radtouren. Ebenso lieben sie die Literatur, schicken sich Gedichte oder schreiben sich gegenseitig Sätze aus ihren Lieblingsbüchern ab. Musik ist auch ein Thema ihrer Briefe, beide gehen häufig in Konzerte und erzählen sich davon. Lisa erscheint in ihren Briefen an Sophie als gut gelaunte und sensible Freundin, die sich von der älteren nicht einschüchtern lässt und ihr geradeheraus die Meinung sagt. Vielleicht ist es auf ein Gespräch mit Lisa zurückzuführen, dass Sophie nun einen entscheidenden Schritt geht. Mitte August schreibt sie Fritz Hartnagel aus Leonberg ganz unvermittelt, ihre Beziehung müsse sich ändern: »In dem Verhältnis, in dem ich zu Dir stehe, kann ich nicht weiter bleiben. Ich habe es von einer Stunde auf die andre eingesehen. Der Grund? Ich bin einfach noch zu jung, lach bitte nicht, es ist so, es drückt mich zusammen [...] Ich bin noch nicht erwachsen, bitte nimm mir nichts übel, aber ich kann es noch nicht.«[7]

Wovor hat sie Angst? Fürchtet sie sich vor einer festen Beziehung und der Verantwortung, die sie mit sich bringt? Oder geht es vielmehr um Sexualität, für die sie sich noch nicht bereit fühlt? Ein solcher Brief verlangt jedenfalls eine Antwort, eine rasche und ehrliche Antwort, wütend oder verständnisvoll kann sie sein, nur schnell muss sie kommen. Doch Fritz Hartnagel ist an Typhus erkrankt und kann nicht antworten. Und schon gar nicht auf eine drängende, komplizierte Bitte. Auch an einen Besuch ist nicht zu denken. Also lässt Sophie das große Thema stillschweigend ruhen.

Wieder zu Hause in Ulm, bricht ihre innere Unruhe aber in einem Brief an die Freundin in Leonberg hervor: »Ich lebe wieder hier, nicht befriedigt, aber auch nicht sehr unzufrieden. Näher zusammen komme ich mit niemandem und das ist ein ganz feines Gefühl […] Man sollte so leben, wie man träumt, wie man manchmal lebt in einer Stimmung, die wie ein Geschenk über einen kommt.«[8]

Ende August schreibt Sophie an Fritz, als wäre nichts gewesen, als hätte sie nicht zwei Wochen zuvor alles zwischen ihnen infrage gestellt. Sie berichtet von der großen Reise nach Norden und empfiehlt dem Freund Thomas Manns Roman *Die Buddenbrooks*. Das Buch sei sehr gut geschrieben, die Personen darin überragend geschildert. Fritz Hartnagel nimmt in seiner Antwort ihren lockeren Ton auf und erwähnt, er habe sich einen Vollbart stehen lassen, der ganz »martialisch« aussähe. Er scheut sich davor, auf Sophies wichtigen Brief einzugehen, und deshalb wagt er nur eine kleine Andeutung von Gefühlen. Er lese viel, aber noch mehr würde er sich Fantasiegeschichten ausdenken. Und vor allem würde er auf Post warten. Sophie Scholl wird schließlich ungeduldig. Ihr nächster Brief berichtet zwar von Alltäglichkeiten, aber sie beendet ihn mit der Frage, ob er ihren Brief aus Leonberg nicht erhalten habe. Den müsse er ihr nämlich noch beantworten.

Anfang Oktober kommt Fritz Hartnagel nach Ulm auf Erholungsurlaub. Was in dieser einen Woche zwischen den beiden geschieht, kann man nur indirekt aus ihren späteren Briefen schließen. Als Fritz am Ende der Ferien in das Haus seiner Eltern zurückkehrt, fühlt er sich, wie er ihr später schreibt, abgeschnitten von der Welt. Er rast mit dem Auto durch die Gegend, genießt den Nervenkitzel, als ihm kurz der Gedanke durch den Kopf schießt, mit einer kleinen Bewegung könne er allem ein Ende setzen. Danach fühlt er sich wie befreit, freut sich auf seine Arbeit, weiß wieder, dass er das Soldatenleben liebt, und erst nachdem er all diese Gedanken in seinem Brief ausgesprochen hat, findet er den Mut, das heikle Thema anzusprechen: Wenn er an die Tage in Ulm und dann an Sophies Brief denke, »dann kann ich das alles nicht verstehen, dann belasten mich so viele Vorwürfe, so viel Schuld, dann nenn mich einen Lumpen und Verbrecher, verachte mich – hasse mich. Bitte! Du würdest mir viel helfen. Fritz«[9]

Was ist passiert? Fritz Hartnagel hat die eine Woche wohl mehr oder weniger komplett bei der Familie Scholl verbracht. Und dann war es für Sophie vielleicht doch zu schwierig, die Beziehung zu beenden, wie sie ihrer Freundin Lisa Remppis schreibt: »Die Sache mit Fritz nimmt mich zu sehr in Anspruch. Doch nicht ganz so einfach, wie es aussah. Nicht, dass ich meine Einstellung geändert hätte. Aber, nun, es kam in den Herbstferien noch was vor, und jetzt habe ich ihn trotz allem gerne, nur, weil er mir sehr leid tut und weil er es alles so tief nimmt. Ich möchte ihm gerne helfen.«[10] So abgeklärt scheinen ihre Gefühle jedoch nicht zu sein, denn an Fritz schreibt sie: »Ich weiß ja, dass ich an einer Schuld ebenso trage wie Du, dass ich zurückgesunken bin, ich weiß − ach, ich weiß nichts mehr. Wenn Du mich nicht mehr sehen noch hören kannst, wenn Du von mir loskommen willst, so verstehe ich das. Ich werde das tun, was Du möchtest. Aber Gefühle kannst Du von mir nicht verlangen, die man nicht selbst in sich wecken kann. Wir wollen einen Punkt machen hinter alles, was gewesen war. Alles Weitere liegt an Dir.«[11]

Das Problem der beiden ist eigentlich nicht schwer zu verstehen. Manchmal ist die körperliche Lust stärker als das seelische Gefühl der Verbundenheit, was natürlich eine Verwirrung der Gefühle mit sich bringt. Sophie Scholl schreibt dann auch, es sei immer noch einiges unklar zwischen ihnen, und genauso klingen ihre nächsten Briefe auch. Als es auf Weihnachten zugeht, wird ihr Ton sanfter, fast liebevoll. Sie schickt ihm ein Päckchen mit einer Kerze und einen Gedichtband, rät ihm dazu, die Gedichte öfter zu lesen, bis er sich »hineingefunden« habe, sie habe ihm außerdem ihre Lieblingsstellen angestrichen. Gerne wäre sie jetzt ein bisschen allein mit ihm, es gäbe noch so vieles zu klären.

Offenbar ist sie jetzt nicht mehr so aufgewühlt und auf Distanz bedacht wie zuvor. Fritz antwortet aber nicht darauf, vielleicht weil er nicht weiß, wie er auf diesen neuen Tonfall reagieren soll. Daher nimmt Sophie einen zweiten Anlauf zur Klärung: »Was möchtest Du an mir haben? Du sollst mir das bitte sagen, weil ich mir ja selbst gar nicht im Klaren bin. Verstehst Du, ich bin nicht unabhängig von Dir, was ich ja sein sollte und sein möchte, denn es wäre für uns beide doch befreiender.«[12]

Wie soll ein junger Mann von einundzwanzig Jahren auf einen solchen Brief antworten, wenn er das Mädchen liebt? Fritz Hartnagel kennt Sophie gut genug, um zu wissen, dass sie nicht mit ihm spielen will, trotzdem verwirren ihn diese Wechselbäder. Als Sophie eine Woche später immer noch keine Antwort von ihm hat, kann sie sich nicht mehr zurückhalten: Ob er eine Antwort etwa nicht mehr für nötig halte, provoziert sie ihn und fügt hinzu, sie habe sich in dem Jahr ihrer Freundschaft doch deutlich verändert, sei nun nicht mehr so leichtgläubig wie früher und auch nicht mehr so rein.

Dieser Brief überschneidet sich mit Fritz Hartnagels Antwort, die Sophie aus der Spannung befreit. Denn eindeutiger und hingebungsvoller könnte seine Antwort gar nicht lauten: »Was ich von Dir haben möchte? Nichts, Sofie, gar nichts – nur, was Du mir schenken magst und kannst. Ich will es wahren als mein Heiligstes.«[13] Und sie antwortet glücklich: »Zu wissen, dass jemand da ist. Damit hilfst Du mir ja am allermeisten, dass Du mich lieb hast.«[14]

Schon in den nächsten Briefen zweifeln beide daran, gut genug für den anderen zu sein, Gesten der Demut nach einer langen Zeit des Ringens. Aber was jetzt zählt, ist ihr Mut, sich zum anderen zu bekennen: »Ich habe Dich so sehr nötig«, schreibt Sophie, und er antwortet: »Du weißt gar nicht, was Du mir gibst, ganz unbewusst vielleicht, aber das ist gerade das Schöne dabei.«[15]

Sophie Scholl und Fritz Hartnagel sind also mehr als nur Freunde, aber in ihren Briefen finden sich keine Liebesschwüre, und Sexualität scheint noch keine große Rolle in ihrer Beziehung zu spielen, auch wenn sich ihre reumütigen Bemerkungen »es ist etwas vorgefallen« und »ich bin ein Lump« sehr wahrscheinlich auf Zärtlichkeiten beziehen. Offenbar ist es aber so, dass sie sich nur langsam vorwagen, wichtiger ist es ihnen, sich über ihre Gedanken, Ansprüche und

Wünsche auszutauschen, bevor sie sich körperlich aufeinander einlassen.

Ist ihre Zurückhaltung typisch für ihre Zeit? Sexualität ist in der Familie Scholl kein Tabuthema, nur habe man damals grundsätzlich weniger darüber gesprochen als heute, erzählt Inge Scholl. Auch in diesem Punkt sei ihre Schwester Sophie wenig verklemmt gewesen: »Eines Abends sagte sie zu mir: ›Du, wir haben heute etwas Tolles gelernt. Ich möchte dir das gern erklären.‹ Sie schlüpfte zu mir unter die Decke, nahm Block und Zeichenstift und zeichnete genau auf, was die Biologielehrerin ihr beigebracht hatte. Mit ihrem nüchternen Enthusiasmus holte sie bei mir etwas nach, was ich in der Schule nicht mitbekommen hatte.«[16]

In der Hitlerjugend wird Sexualität weitgehend tabuisiert, und gerade Jugendliche warten damals länger, bevor sie miteinander schlafen. Da Verhütungsmittel gar nicht oder nur schwierig zu bekommen sind, für junge Erwachsene erst recht nicht, ist die Angst vor einer ungewollten Schwangerschaft groß. Aber auch in den Dreißigerjahren gehen nur die wenigsten Menschen unberührt in die Ehe, die meisten sammeln ihre ersten sexuellen Erfahrungen im Alter von achtzehn bis zwanzig.

Die Zurückhaltung der Jugendlichen ist nicht von oben verordnet. Im Gegenteil findet das »Recht der Natur« unter den Nazis auffallend viele Fürsprecher[17], während sie die christlichen Moralvorstellungen als »pfäffische Heuchelei« ablehnen. Im Jahr 1934 bekommen BDM-Führerinnen sogar die Anweisung, junge Mädchen zum vorehelichen Geschlechtsverkehr zu ermutigen. Sind diese Bestimmungen zunächst noch mit dem Zusatz »geheim« versehen, so hält man das ein Jahr später schon nicht mehr für nötig. Adolf Hitler lässt schließlich verlauten, dass der deutsche Soldat, wenn er schon bedingungslos zu sterben bereit sei, auch bedingungslos lieben dürfe.

Allerdings hat die von den Nazis propagierte Freizügigkeit eine klare Grenze: Nirgends wird die Trennung zwischen Mitgliedern der »arischen« Volksgemeinschaft und den davon Ausgegrenzten so brutal vollzogen wie beim Thema Sexualität. Liebe und Lust dürfen nur innerhalb der eigenen Rasse ausgelebt werden, alles andere gilt als pervers und ist als »Rassenschande« bei Strafe verboten.

Auch homosexuelle Beziehungen von Männern sind nach der NS-Ideologie nicht tolerierbar, weil sie die Produktion von »arischem« Nachwuchs verhindern. Homosexuelle werden im »Dritten Reich« als »Anormale« gnadenlos verfolgt, in psychiatrische Anstalten oder Konzentrationslager gebracht, misshandelt, zwangskastriert oder bei medizinischen Versuchen ermordet. Im KZ tragen homosexuelle Männer ein rosafarbenes Dreieck auf der Jacke, den sogenannten rosa Winkel. Weibliche Homosexualität hingegen ist im Dritten Reich offiziell nicht strafbar, daher werden lesbische Frauen meist unter anderen Vorwänden verhaftet.[18]

Bei hohen Parteifunktionären wird Homosexualität stillschweigend so lange geduldet, bis jemand aus politischen Gründen ausgeschaltet werden soll, wie es bei Ernst Röhm der Fall gewesen ist. Parteiämter können also zeitweise vor der Verfolgung schützen. Oft heißt es dann, jeder Mann durchlaufe in seiner Jugend eine Phase, die ihn für Homosexualität »anfällig« mache, wovon man ihn aber kurieren könne. Reichsjugendführer Baldur von Schirach wird eine Liebesbeziehung zum Hauptdarsteller des Films *Hitlerjunge Quex* nachgesagt. Seinetwegen bürgert sich sogar das Wort »quexen« für homosexuelle Praktiken ein.

Während Sophie und Fritz die erste große Krise ihrer Beziehung durchleben, ist die Welt gerade noch einmal – und auch nur für ein Jahr – einem Krieg entronnen. Am 29. und 30. September 1938 wird mit dem Münchener Abkommen zwischen dem Deutschen Reich, Frankreich, Italien und England die sogenannte Sudetenkrise beendet, die Adolf Hitler bewusst heraufbeschworen hat. Das Sudentenland im Norden der Tschechoslowakei wird damals überwiegend von Deutschen bewohnt und so kann Hitler leicht die »Sudetendeutsche Heimatfront« unter Konrad Henlein für seine Ziele mobilisieren. Unter dem Vorwand, die Deutschen vor Übergriffen durch die Tschechen schützen zu wollen, droht Hitler damit, das Sudetenland gewaltsam zu erobern, wenn man es ihm nicht kampflos überlasse. Daraufhin geben die Westmächte nach.

Erst als Hitler ein halbes Jahr später auch nach der Rest-Tschechei greift, das deutsche Protektorat Böhmen und Mähren gründet und die Slowakei zu einem von Deutschland abhängigen Satellitenstaat formt, protestieren die Westmächte. Mehr passiert aber nicht. Allen ist klar: Adolf Hitler will jetzt unbedingt Krieg führen, und er beginnt damit, nicht nur das deutsche Volk darauf einzustimmen, sondern auch die Rüstung weiter anzukurbeln, und dafür braucht er Geld. Woher das kommen soll, hat die NS-Führung auch schon entschieden. Es ist nämlich kein Zufall, dass die Verfolgung von Juden in Deutschland seit Herbst 1938 dramatisch verschärft wird.

Als Sophie Scholl am 10. November 1938 verzweifelt an Fritz schreibt, er solle doch bitte auf die Frage antworten, wie es nun mit ihnen weitergehen könne, liegen auf den Bürgersteigen in der Ulmer Innenstadt haufenweise Glasscherben. Ereignisse von ganz anderen Dimensionen haben sich in der Nacht vom 9. November 1938 abgespielt. Heute bezeichnet man sie als »Reichspogromnacht«. Die ältere Bezeichnung »Reichskristallnacht« wird inzwischen kaum mehr benutzt, denn der poetisch klingende Name verschleiert die Brutalität des Vorgehens. Es wäre unfair, Sophie Scholl vorzuwerfen, dass sie an diesem Tag – tief in ihre eigenen Probleme versunken – in ihrem Brief, der einem Hilfeschrei gleicht, nicht die Geschehnisse der Nacht kommentiert. Wir wissen aber, dass sie sich empört über die Ereignisse des 9. November geäußert hat.

Die »Reichspogromnacht« hat eine Vorgeschichte, die beweist, dass es sich keinesfalls um eine spontane Erhebung des Volkszorns gehandelt hat, wie die Nazis es darstellen, sondern um eine von der Parteiführung gesteuerte Aktion.

Die Anzeichen dafür, dass Juden in Zukunft verstärkt drangsaliert werden würden, sind ab 1938 zwar zahlreich, jedoch nur in der Rückschau eindeutig zu verstehen. Viele Juden in Deutschland können sich auch 1938 noch nicht vorstellen, dass ihnen Schlimmeres passieren könne als vorübergehende Schikanen, Sondersteuern oder Berufsverbote. Wohl sehen sie, dass in ihren neuen Reisepässen ein rotes J für »Jude« eingestempelt worden ist, aber niemand von ihnen weiß, dass bis Oktober 1938 die drei größten Konzentrationslager Dachau, Buchenwald und Sachsenhausen immens erweitert werden und dass man dort bereits Tausende von Judensternen auf Häftlingskleidung näht.

In den letzten Oktobertagen 1938 kommt es zu der bis heute wenig bekannten »Polenaktion«, einer spontanen, gewaltsamen Abschiebung von 17 000 polnischen Juden, die mit Güterwaggons an die polnische Grenze gebracht werden. Da sie weder nach Polen einreisen noch nach Deutschland zurückkehren dürfen, müssen sie tagelang unter freiem Himmel im Niemandsland ausharren, von deutschen und polnischen

Grenzsoldaten hin- und hergetrieben. Nicht nur der spätere Literaturkritiker Marcel Reich-Ranicki zählt zu diesen Flüchtlingen, auch die Eltern des siebzehnjährigen Herschel Grynszpan sind unter den Deportierten, er selbst lebt zu diesem Zeitpunkt in Paris. Als er vom Schicksal seiner Familie erfährt, kauft sich Herschel Grynszpan eine Pistole, geht zur deutschen Botschaft in Paris und erschießt am 7. November den deutschen Diplomaten Ernst vom Rath.

Das Attentat liefert den Nazis einen willkommenen Anlass, um am 9. November, dem Jahrestag des Hitlerputsches, auf besonders brutale Weise gegen die Juden vorzugehen. Zwischen dem 7. und dem 13. November 1938 werden in Deutschland etwa 400 Menschen ermordet oder in den Selbstmord getrieben. Mehr als 1400 Synagogen, Betstuben und andere jüdische Versammlungsräume sowie Tausende Geschäfte, Wohnungen und jüdische Friedhöfe sind am Ende zerstört. Doch das sind nur Zahlen. Ein Augenzeuge aus Baden-Baden berichtet: »Ehe die SS die Synagoge in Brand steckte, zwang sie die Männer der jüdischen Gemeinde, sich dort zu versammeln [...] Nazi-Lieder zu singen und Turnübungen vorzuführen.«[19]

Zerstörung, Demütigung und Mord – seit dem 9. November 1938 ist die erste Phase der Verfolgung beendet, jetzt geht es den Nazis um die Vernichtung der Juden. 30 000 meist jüngere männliche Juden werden in Konzentrationslager deportiert. Hunderte von ihnen sterben an den Folgen von Kälte, Zwangsarbeit und Misshandlung, viele werden gleich nach der Ankunft im KZ erschossen.

Für die Zerstörungen in den Innenstädten sollen die Opfer der »Reichspogromnacht« selbst aufkommen: als »Sühneleistung« wird von den Juden in Deutschland eine Sondersteuer von einer Million Reichsmark erhoben. Zwei Tage später tritt die *Erste Verordnung zur Ausschaltung der Juden aus dem deutschen Wirtschaftsleben* in Kraft. Juden dürfen fortan keine Geschäfte und Handwerksbetriebe mehr führen, jüdische Ärzte erhalten Berufsverbot, Juden dürfen kein Kino oder Theater mehr besuchen und nur noch bestimmte Eisenbahnabteile nutzen. 200 000 Juden reisen bis Sommer 1939 aus Deutschland aus, Bedingung dafür ist die Übereignung ihres Vermögens an das Deutsche Reich.

Sitzt Sophie Scholl mit ihrer Familie am Abend des 9. November in der Wohnung zusammen, während unten auf der Olgastraße Schaufenster zu Bruch gehen? Ihr jüdischer Vermieter und Freund Jacob Guggenheimer hatte das Haus bereits im Sommer 1938 weit unter Wert an einen Ulmer Nationalsozialisten verkaufen müssen, war ausgezogen und bald gestorben. Seine Tochter und ihr Mann Arthur Einstein versuchen, aus Deutschland auszureisen. Robert Scholl betreut als Steuerberater auch andere jüdische Familien und kennt ihre verzweifelten Bemühungen, das Land zu verlassen.

Mit Sicherheit denken die Scholls in der Nacht des 9. November an ihre jüdischen Freunde und Bekannten und fragen sich, wie es ihnen wohl ergeht. Denn auch in Ulm wurde die Losung ausgegeben, die Stadt müsse »judenfrei« gemacht werden. Die »Arisierung«, die erzwungene Abgabe jüdischer Geschäfte und Praxen, ist bereits in vollem Gang. Am 9. November verhängt die Ulmer Polizeidirektion ein Ausgehverbot für alle Juden, deshalb sind sie den Horden von SA und SS schutzlos ausgeliefert, als diese in die Wohnungen stürmen, die Menschen in Schlafanzügen oder Unterwäsche auf die Straße jagen und zur lichterloh brennenden Synagoge am Weinhof treiben. Die Nazis zwingen ihre Opfer dazu, in den Brunnen vor der Synagoge zu steigen, und schlagen mit Knüppeln auf sie ein. Daraufhin nimmt die Polizei die Juden in »Schutzhaft«, was bedeutet, dass die Misshandlung im Gefängnis weitergeht. Der Rabbiner der Ulmer Gemeinde, Dr. Julius Cohn, wird so brutal misshandelt, dass er mehrere Wochen im Krankenhaus verbringen muss.

Unter Zurücklassung ihres Vermögens, der Möbel und persönlicher Dinge wie Familienfotos und Schmuck verlässt in den kommenden Monaten ein Viertel der Ulmer Juden das Land, auch die Familie von Arthur Einstein, der durch einen glücklichen Zufall von den Demütigungen des 9. November verschont geblieben ist.

Verschiedene Biografen berichten, Sophie Scholl habe sich am nächsten Tag in der Schule über die Behandlung des Ulmer Rabbi empört. Eine genaue Quelle ist für diese Aussage nicht zu finden. Dass sie von den Vorgängen der Nacht abgestoßen ist, kann man aber mit Sicherheit annehmen, und möglicherweise hängt auch ein Satz in einem Brief an Lisa damit zusammen: Sie fühle sich am glücklichsten, schreibt Sophie, wenn sie in der Natur sei. Trotzdem wundert es, dass sie im selben Brief schreibt: »Das ist recht, dass du so eifrig in den Dienst gehst, ich werde es auch tun.«[20]

Kann es sein, dass Sophie Scholl den Zusammenhang von BDM, Nationalsozialismus und Menschenverachtung immer noch nicht sieht? Es ist bekannt, dass Reichsjugendführer Baldur von Schirach sich von den Pogromen distanziert und betont, die Hitlerjugend habe nichts damit zu tun. Vielleicht geht es Sophie genauso. Sie fühlt sich für die Ausschreitungen nicht verantwortlich. So empfinden es viele Deutsche.

Es ist inzwischen auch bewiesen, dass die Bürger bei den Novemberpogromen nicht annähernd so beherzt mitgemacht haben, wie sich die NSDAP das wünschte. Das führt zu der sehr schwierigen Frage, wie die Deutschen die Verfolgung der Juden überhaupt erlebt haben, ob sie aus Angst oder aus Zustimmung dazu geschwiegen haben. Die Aussage »Wir haben das alles nicht gewusst« kann man heute jedenfalls nicht mehr akzeptieren. Inzwischen fragen die Historiker auch nicht mehr, *ob* die Deutschen von der Verfolgung und später von der Vernichtung der Juden wussten, sondern *wie* sie mit ihrem Wissen umgegangen sind. Dabei wird deutlich: Die von den Nazis so vielbeschworene Volksgemeinschaft hat es nicht gegeben. Die Gesellschaft im »Dritten Reich« hatte keine einheitliche Meinung, sondern die Menschen nahmen sehr verschiedene Haltungen dem NS-Regime gegenüber ein. Nur in einem glichen sie sich fatalerweise: Die überwiegende Mehrheit hat nichts unternommen, um ihre verfolgten Mitbürger zu retten.

Im Winter 1938/39 schmiedet Sophie Scholl erste konkrete Zukunftspläne. Sie will nach dem Abitur im nächsten Jahr eine Ausbildung als Kindergärtnerin beginnen, genau wie ihre Schwester Elisabeth. Obwohl Sophie Kinder mag, hat sie nicht vor, diesen Beruf lange auszuüben. Viel lieber möchte sie danach noch studieren. Aber sie hat erfahren, dass eine Ausbildung im sozialen Bereich ihr möglicherweise den sechsmonatigen Reichsarbeitsdienst (RAD) ersparen könnte. Seit 1935 ist der RAD für junge Männer obligatorisch, Mädchen werden erst 1939 zwangsverpflichtet. Für Abiturientinnen, die studieren wollen, gilt die RAD-Pflicht jedoch schon jetzt, damit sie vor dem Studium harte körperliche Arbeit kennenlernen – so die offizielle Erklärung. Eigentlich geht es der Regierung aber darum, billige Arbeitskräfte zu gewinnen und diese ideologisch zu »bearbeiten«.

Sophie gesteht ihrer Freundin Susanne Hirzel, sie habe weder Lust auf Gemeinschaftsunterkünfte und weltanschaulichen Unterricht noch auf das Marschieren, Fahnehissen und gemeinsames Singen.

Ihr Horror vor dem RAD ist so groß, dass sie es sogar in Kauf nimmt, durch die einjährige Kindergärtnerinnenausbildung ein halbes Jahr länger auf das Studium warten zu müssen. Den Glauben an die Werte der Nazis hat sie längst verloren. Und sie empfindet sich selbst zunehmend als Fremdkörper im System. Sie liest Bücher, die verboten sind, sammelt Postkarten von »entarteten« Künstlern, liebt es, englische oder französische Sätze in ihre Briefe an die Geschwister einzuflechten, und demonstriert damit, dass sie bewusst vom nationalsozialistischen Bildungsprogramm abweicht. Als einer ihrer Freunde, Hanspeter Nägele, den *Peter Pan* aus dem Englischen übersetzt und sie darum bittet, das Buch zu illustrieren, willigt sie sofort ein.

Sophie Scholl hat die Haut des pflichtbewussten, jungenhaften und forschen BDM-Mädels abgestreift. Darunter kommt eine hübsche, selbstbewusste Frau zum Vorschein, die es für selbstverständlich hält, ihren eigenen Weg zu gehen. Sie lernt Auto fahren und will möglichst viel von der Welt sehen. An Lisa Remppis schreibt sie im Februar 1939, sie sehne das Ende der Schulzeit herbei, damit endlich das richtige Leben beginnen könne. Um ihre Ungeduld und Unrast loszuwerden, sei ein Spaziergang in der freien Natur immer noch das beste Mittel: »Ich sehe wieder, was wahr ist und was unwahr.«[21] Später würde sie gerne aufs Land ziehen: »Ich glaube, ich vertrage die Stadt schlecht. Sie macht mich so gerne zerstreut und verlogen.«

Im Frühjahr 1939 bezieht die Familie Scholl eine neue Wohnung direkt gegenüber vom Ulmer Münster. Sie liegt im dritten Stock einer schönen Jugendstilvilla und hat die vornehme Adresse Münsterplatz 33. Sophie witzelt in einem Brief an ihre Schwester Elisabeth: »Wir werden dann gewissermaßen erhabener über die ganze Menschheit sein. Manche dürfen dann uns besuchen.«[22]

Robert Scholl hat eine neue Stufe bürgerlichen Wohlstands erklommen, seine Steuerberaterpraxis läuft ausgezeichnet, die Kinder werden flügge und entwickeln sich allesamt zufriedenstellend. Hans hat mit dem Medizinstudium in München begonnen, Inge und Elisabeth haben einen Beruf erlernt, Sophie hat immerhin große Pläne und Werner ist auf dem Weg zum Abitur.

Während die Familie Scholl ihre neue Wohnung liebevoll einrichtet und zu Hauskonzerten und Leseabenden einlädt, arbeitet Adolf Hitler daran, den Frieden in Europa zu zerstören: Im März 1939 fordert er Danzig und den sogenannten Polnischen Korridor zurück, der Ostpreußen auf einer Breite von 30 bis 90 Kilometern vom Rest des Deutschen Reiches abtrennt. Dies wurde im Versailler Vertrag so verfügt und wird von den Deutschen seitdem als klaffende Wunde empfunden. Als Polen sich weigert, die Gebiete zurückzugeben, kündigt Deutschland den deutsch-polnischen Nichtangriffspakt von 1934 auf. Großbritannien und Frankreich stellen sich daraufhin sofort hinter Polen. Unbeeindruckt davon lässt Hitler deutsche Truppen in das litauische Memelgebiet einmarschieren und erweitert Ostpreußen auf diese Weise an seiner östlichen Seite. Polen wird schließlich zum Feind erklärt und ein Überfall auf das Land vorbereitet. Zuvor schließt Hitler mit der UdSSR den Hitler-Stalin-Pakt, der in einem geheimen Zusatzprotokoll die Aufteilung Polens zwischen den beiden Vertragspartnern vorsieht.

Auf der Schwäbischen Alb, Frühjahr 1940

In den Osterferien 1939 fahren Sophie und Elisabeth Scholl nach Schindelberg ins Allgäu. Elisabeth hatte zum Abschluss ihrer Ausbildung 50 Reichsmark von den Eltern bekommen, die ihr jedoch in der Jugendherberge geklaut werden. Daraufhin schreibt Sophie an Fritz Hartnagel und bittet ihn um Hilfe. Er kommt sofort angereist, leiht den Mädchen Geld und bleibt noch ein paar Tage bei ihnen. Diese Zeit muss besonders schön und harmonisch gewesen sein, denn in den nächsten Briefen träumen sich Sophie und Fritz immer wieder dorthin zurück und gestehen sich ein, mehr Zeit miteinander verbringen zu

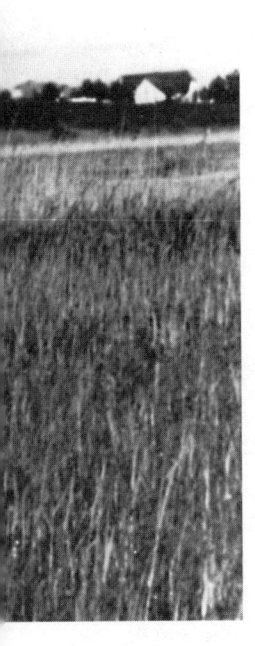

wollen, was nicht so leicht ist. Im März 1939 ist Fritz Hartnagel von Augsburg nach Rudolstadt in Thüringen abkommandiert worden und von dort wird er für mehrere Monate nach München versetzt.

Am Vorabend von Sophies achtzehntem Geburtstag schreibt er ihr: »Da Du morgen Geburtstag hast, sollst Du noch wissen, dass ich auch morgen bei Dir sein werde mit meinen Gedanken wie alle Tage. Beim Aufstehen und beim Schlafengehen, wenn ich etwas Schönes oder Freudiges erlebe, dann erzähle ich es Dir und es ist doppelt so schön, und wenn mich etwas bedrückt, dann lässt der Gedanke, dass Du dabei wärest, alles ins Lächerliche sinken. Liebe Sofie, Du hast mich dadurch vor so vielem bewahrt und dafür möchte ich Dir danken.«[23] Sie antwortet ebenso zärtlich. »Könnte ich Dir alles sagen, was ich möchte und nicht ausdrücken kann. Ich bin dir so unendlich dankbar. Denn ich fühle, dass ich die egoistischere bin von uns beiden, aber ich nehme von Dir so gerne und dankbar.«[24]

Für den Sommer 1939 haben die zwei einen geradezu tollkühnen Plan ausgeheckt: Drei Wochen lang wollen sie durch Jugoslawien reisen und bekommen dafür sogar die Zustimmung von Sophies Eltern. Beide freuen sich unbändig auf die Reise und Fritz Hartnagel schwelgt bereits Wochen vorher im Glück: Endlich werden sie Zeit für lange Gespräche haben, um sich noch besser kennenlernen zu können. Doch aus der Traumreise wird nichts, der Krieg macht alle Pläne zunichte.

Seit Juli 1939 herrscht Devisensperre, was bedeutet, dass man keine ausländischen Währungen mehr kaufen kann, also auch keine jugoslawischen Dinare.

Sophie und Fritz einigen sich rasch auf einen Plan B und fahren am 24. Juli gemeinsam mit Lisa Remppis nach Norddeutschland, besuchen die Ost- und die Nordsee, Sylt, Heiligenhafen und schließlich Worpswede. Beide erleben die Reise als geglückt, nur am Ende bekommt Sophie einen Schrecken, als ein Gast in der Jugendherberge ihre Bücher kritisch beäugt, darunter auch die *Peter-Pan*-Übersetzung findet und Sophie sofort bei der Polizei anzeigen will, was die Jugendherbergsmutter verhindert.

Jeder in Deutschland weiß in diesem Sommer, dass der Krieg unmittelbar bevorsteht. Gasmasken werden verteilt, Luftschutzbunker ausgebaut, Erste-Hilfe-Kurse angeboten, Lebensmittelkarten ausgegeben. Sophie schreibt an Fritz am 26. August 1939, nun ginge seine Arbeit ja wohl bald los. Sie hoffe allerdings, dass sie auch bald beendet sei. Bei einem Spaziergang an der Donau sagt Elisabeth Scholl zu Sophie: »Hoffentlich gibt's keinen Krieg.« Die Antwort ihrer Schwester überrascht und erschreckt sie: »Doch, und hoffentlich wehrt sich jetzt endlich mal jemand dagegen.«[25]

Am 1. September 1939 wird Polen ohne Vorwarnung von der deutschen Wehrmacht überfallen. Der erste Tag des Krieges beginnt mit einer Lüge, als Hitler im Rundfunk erklärt: »Seit 5 Uhr 45 wird jetzt zurückgeschossen!«

Ich kann mich nicht aufgeben für Dich

Sophie Scholls Wunsch, der Krieg möge endlich beginnen und die Menschen aufrütteln, ist sicher nicht nur so dahergesagt. Auch ihr Bruder Hans schreibt ein paar Wochen später in sein Tagebuch: »Unsere ganze Hoffnung hängt an diesem fürchterlichen Kriege!«[1] Dass der Krieg die Diktatur der Nazis zerschlagen würde, ist ja auch eingetreten, wenn auch viel später als erhofft. Gleichzeitig beweist der Gedanke, wie wenig die beiden vom Schrecken des Krieges wirklich wissen, was bei einer Achtzehnjährigen und einem Zweiundzwanzigjährigen, die zwischen den Weltkriegen aufgewachsen sind, nicht weiter verwundert.

Die ersten Opfer des Zweiten Weltkriegs sind deutsche KZ-Häftlinge. Sie werden in polnische Uniformen gesteckt und auf deutschem Boden erschossen, damit es so aussieht, als hätten die Polen als Erste die Grenze überschritten. Demselben Zweck dient der von der SS vorgetäuschte Überfall auf den deutschen Radiosender Gleiwitz nahe der polnischen Grenze. Am 31. August 1939 stürmen ein paar als Polen verkleidete SS-Männer das Gebäude, erschießen sechs Mitarbeiter der Station und brüllen Provokationen in polnischer Sprache ins Mikrofon.

Eine Woche zuvor hatte Adolf Hitler im kleinen Kreis betont: »Die Auslösung des Konfliktes wird durch eine geeignete Propaganda erfolgen. Die Glaubwürdigkeit ist dabei gleichgültig, im Sieg liegt das Recht.«[2] Doch das Ausland lässt sich nicht täuschen. Am 3. September erklären die Regierungen von Großbritannien, Frankreich, Australien, Neuseeland und Indien den Deutschen den Krieg. Die Südafrikanische Union und Kanada schließen sich ein paar Tage später an.

Anders als beim Ausbruch des Ersten Weltkriegs 1914 ist die Stimmung im Deutschen Reich weit entfernt von Begeisterung und Jubel. Auch im Hause Scholl ist man in großer Sorge. Doch wer sich öffentlich gegen den Krieg äußert, wird verhaftet oder deportiert. Und wer nicht kämpfen will, muss damit rechnen, zu besonders gefährlichen Einsätzen abkommandiert zu werden, zum Beispiel zum Minenräumen oder auf andere sogenannte Himmelfahrtskommandos. Auf diese Weise kann die Regierung zwar keinen Beifall erzwingen, aber Kritik unterdrücken. Und viele Deutsche sind außerdem der Meinung, wenn es nun einmal Krieg gebe, dann müssten sie ihrer Pflicht nachkommen und sich freiwillig melden.

Polen kapituliert bereits am 27. September 1939. Inzwischen hat Hitler die deutsche Grenze um 450 Kilometer nach Osten verschoben. Doch das reicht ihm nicht. Die völlige Vernichtung der polnischen »Untermenschen« ist sein Ziel. Reichsinnenminister Heinrich Himmler koordiniert als »Reichskommissar für die Festigung deutschen Volkstums« den Einsatz der Sicherheitspolizei. Sie ist verantwortlich für die systematische Ermordung der polnischen intellektuellen Oberschicht, darunter Lehrer, Ärzte, Juristen und Wissenschaftler, Geistliche und Politiker, etwa 60 000 Menschen insgesamt.

Weitere 88 000 Polen werden zwangsweise ins Landesinnere umgesiedelt, damit die westlichen Landesteile Polens für die »volksdeutschen« Siedler Platz bieten. Polnische Juden, Sinti und Roma werden in Ghettos gepfercht und ebenfalls massenweise ermordet. Als sich der deutsche Generaloberst Johannes

von Blaskowitz gegen die »Abschlachtung« der Menschen aus-
spricht, entgegnet ihm Adolf Hitler, mit »Heilsarmee-Metho-
den« könne man einen Krieg nicht führen. Von Blaskowitz wird
zur Strafe für seine Kritik an die Westfront abkommandiert.

Zwei Wochen nach dem deutschen Überfall ist die sowje-
tische Rote Armee vom Osten her nach Polen eingerückt und
hat den Teil des Landes annektiert, der ihr im Hitler-Stalin-Pakt
zugesichert worden war. Auch dort kommt es zu Kriegsverbre-
chen, Misshandlungen, Deportationen und Ermordungen. Genaue Zahlen sind schwer zu ermitteln, was an der zögerlichen
Offenlegung von Quellen auf sowjetischer Seite liegt. Dort
leugnete man viele Jahre lang die Schuld am Massaker von
Katyn, bei dem im März 1940 Tausende polnischer Offiziere
hingerichtet wurden. Erst Präsident Michael Gorbatschow hat
im Jahr 1990 im Namen der Sowjetunion offiziell die Verantwortung dafür übernommen.

Fritz Hartnagel wird bei Kriegsbeginn als Adjutant einer
Nachrichtenkompanie nach Calw im Schwarzwald abkommandiert. Am 3. September 1939 schreibt er an Sophie Scholl,
sie würden den Kriegsbeginn stündlich erwarten, und eigentlich sei es schön, wenn man seine theoretischen Kriegsschul-
kenntnisse jetzt endlich auf die Praxis übertragen könnte. Diese
Worte stoßen bei seiner Freundin auf Befremden, und sie antwortet: »Ich kann es nicht begreifen, dass nun dauernd Menschen in Lebensgefahr gebracht werden von anderen Menschen. Ich kann es nie begreifen und ich finde es entsetzlich.
Sag nicht, es ist fürs Vaterland.«[3]

Damit gibt Sophie den Anstoß für eine längere Diskussion
und bald treibt sie Fritz mit ihren Fragen nach dem Sinn des
Tötens in die Enge, denn er schreibt, vor zwei Jahren hätte er

noch eine Antwort gehabt, aber nun würde er spüren, dass sich seine Haltung verändert hätte. Daran sei Sophie nicht unschuldig, aber noch fehle ihm der Mut, um daraus Konsequenzen zu ziehen.

Natürlich ist es für Fritz Hartnagel undenkbar, zum jetzigen Zeitpunkt den Dienst zu quittieren. Damit wäre auch nichts gewonnen, denn er würde ohnehin eingezogen. Das weiß Sophie Scholl auch, daher lenkt sie am Ende ihrer Briefe immer ein und wird zur mitfühlenden Freundin, die sich besorgt danach erkundigt, ob Fritz auch nicht in zu große Gefahr gerate. Im Moment sieht es tatsächlich nicht danach aus. Ende September schreibt er, die Franzosen winkten den Deutschen bei Kehl über den Rhein hinweg zu und es ginge das Gerücht von deutsch-französischen Weinproben. Diese ruhige Phase an der Westfront, unterbrochen lediglich von wenigen kleinen Manövern, wird heute als »Sitzkrieg« bezeichnet. Die große Offensive gegen Frankreich wird wegen schlechten Wetters und großer Verluste im Osten fast dreißig Mal verschoben.

Mit Beginn des Krieges werden die Anreden »Liebe Sophie« und »Lieber Fritz« oft durch die innigeren »Meine liebe Sophie« und »Mein lieber Fritz« ersetzt. Weil Fritz Hartnagel weder Familie noch Freunde um sich hat und seine Kameraden am Abend vor allem trinken, rauchen und schmutzige Witze erzählen, fühlt er sich oft einsam. Sophie lässt ihn daher an ihrem Alltag teilnehmen, schildert die letzten Herbstblumen in den Gärten, ihre Ausflüge ins Grüne oder ein neues Kleid, das gerade aus Worpswede geschickt wurde. Im Sommer hatten Fritz und sie das Trachtenkleid bei Martha Vogeler, der Frau des Grafikers Heinrich Vogeler, in Auftrag gegeben. Sie sehe darin aus wie ein Mädchen aus Lappland, schreibt Sophie an den Freund.

Das Leben in Ulm scheint normal weiterzugehen. In der Wohnung am Münsterplatz wird für 400 Mark ein großes Bücherregal eingebaut. Dass Robert Scholl auf Bitten seiner Tochter Inge auch noch einen neuen Flügel gekauft habe, nennt Elisabeth Scholl ein Gerücht. Aber auf jeden Fall finden auch in dieser Zeit Hauskonzerte bei Scholls statt. Für Sophie ist das Klavierspiel sehr wichtig, sie übt täglich und lässt keine Unterrichtsstunde aus. »Spielst Du noch gerne Bach?«, fragt sie Lisa in einem Brief. »Er bedeutet für mich immer mehr, ich finde, er ist der beste Erzieher. Andere berauschen, sie heben einen weg in Gefühle. Bei Bach aber muss man große Beherrschung zum Spiel und zur Klarheit aufbringen; der Lohn ist, dass man dabei selbst klar [...] wird.«[4]

Inge Scholl spielt weitaus besser Klavier als alle anderen Geschwister, erinnert sich ihre Schwester Elisabeth. Wenn die Familie am Sonntag zum Musizieren zusammenkommt, sind auch meistens Freunde dabei, seit Kurzem auch ein neuer Gast, Otl Aicher, der großen Einfluss auf die Geschwister Scholl bekommen wird.

Aicher geht mit Werner Scholl in dieselbe Klasse, wohnt in Ulm-Söflingen und stammt aus einer katholischen Familie, die sich von allen NS-Organisationen fernhält. Nachdem Aicher zusehen musste, wie der Priester seiner Gemeinde im Herbst 1939 von der Gestapo abgeholt wurde, lehnt er alle Menschen ab, die mit den Nazis paktieren. Deshalb zögert er zunächst, sich mit der Familie Scholl anzufreunden. Es ist kein Geheimnis, dass alle Geschwister in der Hitlerjugend gewesen sind und dass die Mädchen und Werner immer noch dazugehören. Werner hat von Anfang an die größte Distanz zum System gewahrt. Die älteren Geschwister erfahren erst jetzt, dass er es gewesen ist, der eines Nachts der Justitia-Figur vor dem Ulmer Gerichtsgebäude mit einer Hakenkreuzflagge die Augen verbunden hat, oder dass er eine Versammlung von Nazis mit Knallkapseln erfolgreich gestört hat. Der jüngste Scholl ist auch der Einzige, der das Kino liebt. Da Robert Scholl einen Kinobetreiber zu seinen Mandanten zählt, bekommt er immer Freikarten, für die sich jedoch nur Werner interessiert. »Für uns Ältere«, erinnert sich Elisabeth Scholl, »war der Besuch von Kinofilmen unter unserer Würde.«[5]

Aicher merkt schnell, dass auch die anderen Geschwister von der Ideologie der Nazis abgerückt sind, deshalb steht einer Freundschaft zwischen ihnen und ihm als einem erklärten Gegner des NS-Regimes nichts mehr im Weg. Otl Aicher ist nämlich kein Mensch, der Kompromisse eingehen kann. Gemeinsam mit seinen Freunden hat er waghalsige Klettertouren unternommen oder ist nachts im Dunkeln Ski gelaufen.

Sein eigentliches Interesse gehört jedoch der Philosophie. Seine umfassenden Kenntnisse auf theologischem, philosophischem und historischem Gebiet sichern ihm die Bewunderung der Geschwister Scholl. Gemeinsam mit dem neuen Freund lesen sie Autoren, die nicht auf der Linie des NS-Systems liegen: Thomas Mann, Bernard Shaw, Stefan Zweig, Werner Bergengruen oder Paul Claudel. »Ich wage zu sagen, dass diese Bücher zu ersten Spuren des Widerstandes wurden«[6], meint Inge Scholl später. Sophie Scholl beschreibt Aicher in einem Brief an Fritz Hartnagel: »Otl ist Werner ziemlich überlegen, außerordentlich eigenartig und schweigsam (eine sympathische Eigenschaft). Er kommt oft zu uns.«[7]

Bis in Ulm die ersten Bomben fallen, wird noch ein Jahr vergehen, doch der Krieg verändert das Gesicht der Stadt schon jetzt. Konrad Hirzel, ein jüngerer Bruder von Sophie Scholls

Freundin Susanne, erinnert sich: »Schon seit dem 30. August 1939, also der allgemeinen Mobilmachung, herrschte in Ulm große Betriebsamkeit. Ulm war Garnisonsstadt und verfügte über mehr als ein Dutzend Kasernen. Außerdem entwickelte sich die Firma Magirus mehr und mehr zu einem Rüstungsbetrieb.«[8] Die Familie Hirzel bekommt in ihrem Haus in der Schillerstraße, wo sich zwei Kasernen befinden, die Verlegung von Truppen hautnah mit. Scholls haben von ihrer Wohnung am Münsterplatz aus zwar keinen Einblick in Truppentransporte, sind aber trotzdem gut informiert, weil Robert Scholl ein neues Radio gekauft hat, mit dem er ausländische Sender hören kann. Dies berichtet Sophie unbekümmert in einem Brief an den Bruder Hans, was leichtsinnig ist, denn auf das Hören von »Feindsendern« stehen hohe Strafen. Susanne Hirzel erzählt später, sie habe keine andere Familie in Ulm gekannt, die so konsequent ausländisches Radioprogramm gehört habe wie die Scholls.

Zwei Wochen nach dem Ende der Sommerferien beginnen in Ulm schon wieder die Herbstferien. Manche Fächer sind ohnehin seit Kriegsbeginn ausgefallen, weil die Lehrer eingezogen wurden. Sophie würde gern verreisen, aber Lina Scholl will davon nichts hören. Sie spannt die Tochter im Haushalt ein und lässt sie waschen, bügeln und Fenster putzen – es gibt genug zu tun in der großen Wohnung. Sophie beklagt sich bei Fritz über die anstrengende Hausarbeit, obwohl – so sieht es ihre Schwester Elisabeth heute – sie keinesfalls damit überfordert ist. Immerhin, tröstet sie sich in einem Brief an Fritz Hartnagel, habe die Theater- und Konzertsaison wieder begonnen und sie finde ab und zu auch einen Moment Zeit für sich allein.

Fritz antwortet ihr, auch er brauche das Alleinsein, daher sei ihm die Stunde vor dem Einschlafen die liebste Zeit. Und er bittet Sophie, sie solle sich nicht an ihn gebunden fühlen, sondern lieber rücksichtslos sein.

Spricht so ein Verliebter oder ein Liebender? Andererseits: Es sind die typischen Worte eines jungen Frontsoldaten, der nicht weiß, ob er aus dem Krieg zurückkehrt, und daher ganz selbstlos von seiner Freundin nicht verlangen will, dass sie sich an ihn bindet. Sophie schreibt zurück, sie wünsche sich, ein paar Tage mit ihm zu verbringen, aber länger würde sie es mit einem einzigen Menschen nicht aushalten, denn »sobald jemand Ansprüche stellt, werde ich, glaube ich, sehr empfindlich«.[9] Sophies Bedürfnis nach Unabhängigkeit und Ungebundensein ist größer als das nach Nähe. Genau umgekehrt ist es bei Fritz. Die Spannung, die aus diesem Ungleichgewicht entsteht, wird beide in ihrem Briefwechsel monatelang beschäftigen und für zahlreiche Verletzungen und Missverständnisse sorgen.

Der Briefwechsel von Sophie Scholl und Fritz Hartnagel ist ein sehr intimes Zeugnis ihrer Freundschaft. Wie Thomas Hartnagel im Vorwort schreibt, sei es ihm und seiner Familie schwergefallen, die Briefe des Vaters nach dessen Tod zu veröffentlichen, weil Fritz Hartnagel seine Einwilligung dazu nicht gegeben habe. Für die Nachwelt besitzt der Briefwechsel aber einen unschätzbaren Wert: Zum einen gewährt er Einblick in den Alltag eines jungen Soldaten und einer Abiturientin in den ersten Jahren des Zweiten Weltkriegs. Da sich beide offen und vertrauensvoll einander nähern, ist ihr Dialog ein bewegendes Zeugnis von Freundschaft und Liebe, ein geöffnetes Fenster zur Gedankenwelt zweier Menschen, die sich darum bemühen, ehrlich miteinander zu sein und ihren Ansprüchen an ein erfülltes Leben gerecht zu werden. Und zum andern wird Fritz Hartnagel durch die Veröffentlichung seiner Briefe endlich als sensibler, nachdenklicher Mann sichtbar. Solange er nur indirekt als Adressat von Sophie Scholls Briefen bekannt war, wurde seine Persönlichkeit sehr unterschätzt.

Fritz Hartnagel ist seit Ende November in Düsseldorf stationiert und berichtet Sophie von einer Einladung nach Köln. Ausführlich schildert er die Tochter des Hauses, die ihn zugleich abstößt und fasziniert, denn sie ist zwar sehr hübsch, aber für seinen Geschmack zu stark geschminkt und herausgeputzt. Sophie Scholl ist das Gegenteil dieses »gelackten« Mädchens, allerdings nicht mehr so burschikos wie früher. Sie trägt die Haare wieder länger und ihr Gesicht ist schmaler geworden. Auf Fotos wirkt sie sehr weiblich, vor allem in Kleidern, wenn sie auch knabenhaft schlank ist. Ihr Gesicht wird von dunklen Augen beherrscht, dazu hat sie einen sehr schönen Mund mit einer vollen Unterlippe und besonders anmutig geschwungenen Oberlippe. Sophies Kinnlinie ist klar gezeichnet, so wie ihr Gesicht insgesamt deutliche Konturen hat. Und genauso ist auch ihre Persönlichkeit, meint Susanne Hirzel, »geradlinig, offen und ehrlich, manchmal leicht ironisch, verschwiegen in privaten Angelegenheiten«.[10] Und es war »ihre großartige Unbedingtheit, die mich fesselte«.[11]

Rein äußerlich passt Fritz sehr gut zu Sophie, auch seine Züge sind markant und er sieht sehr gut aus. Seine Augen werden von starken Brauen überschattet, was seinen Blick ein bisschen verhalten wirken lässt. Lächelt er jedoch, kommt sein ganzer Charme zum Ausdruck, und wenn er es darauf angelegt hätte, dann hätte er ein Herzensbrecher sein können.

In der Adventszeit wird der Ton ihrer Briefe sehnsüchtiger. Weihnachten 1939 schickt Sophie Scholl ein Päckchen mit

Kerzen und roten Äpfeln an Fritz' Kaserne in Düsseldorf, dazu legt sie noch ein Buch und ein selbstgemaltes Bild, eine Prinzessin, die durch einen Reifen springt. Fritz ist sehr bewegt von dem Geschenk, hat er sich doch schon lange eine Zeichnung von Sophie gewünscht. Nur Sophie könne eine Prinzessin so darstellen, lobt er, dunkel und voller Leidenschaft, doch gleichzeitig sehr grazil.

Auf Sophies eigenem Gabentisch liegen so viele Geschenke, als gebe es keinen Krieg: eine Skiausrüstung, bestehend aus Hose, Jacke und Stiefeln, dazu Bücher, Klaviernoten und eine Truhe für Briefe.

Fritz und Sophie planen einen gemeinsamen Skiausflug im März, wenn ihre Abiturprüfungen vorbei sind, auch wenn nicht sicher ist, ob Fritz wegen seines Einsatzes an der Westfront dann noch Urlaub bekommt. Sophie gibt zu, wie sehr sie sich diese gemeinsamen Ferien wünscht, aber im selben Atemzug spricht sie von ihren Ängsten: Die Nähe zu ihm mache sie schwach, gibt sie zu, sie wünsche sich dann nur noch, nichts als ein Mädchen sein zu dürfen, und wolle doch dieser Schwäche nicht nachgeben. Wenn sie das jemals täte, würde sie sich wohl kaum von den Mädchen unterscheiden, für die sie beide nicht viel übrig hätten.

Es scheint also, als sei das Paar im Austausch von Zärtlichkeiten immer noch zurückhaltend. Sophie Scholl scheint sich sogar zu schämen für ihren Wunsch, einmal »nichts als Mädchen« zu sein. Sie schreibt Anfang Januar, sie würde Fritz ja gerne geben wollen, was er verlange, aber dann habe sie wieder Angst, es ihm nicht geben zu können. Sie sei sicher, ein anderes Mädchen könne ihm gegenüber »ergebener« sein als sie selbst. Sie wolle und könne es nicht. Ob er das verstehe?

Fritz Hartnagel jedoch ist verwirrt, weil die Signale, die er von seiner Freundin empfängt, widersprüchlich sind. Oft weiß er nicht, woran er bei ihr ist. Seine eigenen Gefühle kennt er hingegen sehr genau: »Glaube nicht, dass ich wunder was von Dir wollte. Ich möchte nur bei Dir sitzen, Deine Hand in der meinen halten und meinen Kopf an Deine Schulter lehnen dürfen [...] ich möchte nur ein bisschen daheim sein dürfen bei Dir.«[12] Aber wenn sie ihn nicht mehr brauche, fährt er verletzt fort, wenn er sie nur noch bedrücke, so solle sie eben rücksichtslos sein und nur das tun, was sie mit ganzem Herzen tun könne.

Eine Woche später schreibt sie ihm zu seinem Geburtstag am 4. Februar und bemüht sich darum, ihn zu beschwichtigen. Er solle nicht zu viel über ungeklärte Dinge nachdenken, sondern lieber in den blauen Himmel schauen. Zwei Tage danach nimmt sie sich Zeit, ihm ihre Gefühle zu erklären. Sie halte immer etwas zurück, gesteht sie, und damit scheint sie nicht in erster Linie körperliche Liebe zu meinen, sondern Offenheit, seelische Nähe und Hingabe. Fritz würde das aber erst verstehen, wenn er ein anderes Mädchen kennenlerne, glaubt Sophie: »Ich kann mich nicht aufgeben für Dich. Ich weiß schon, was Du denkst. Du denkst, das soll sie ja gar nicht. Aber im Grunde müsste sie es eben doch. Um gerade zu sein.«[13] Sophie Scholl gibt zu, kompliziert zu sein, aber sie kann nicht anders, als ihn immer wieder zu warnen. Sie würde mehr nehmen, als sie zu geben bereit sei, und habe Angst, Gefühle in Fritz zu wecken, die einmal »umkommen« müssten.

Weil ihre Briefe sich oft überschneiden, glaubt Fritz zunächst, Sophie wolle zu dem Thema gar nichts mehr sagen, und lobt sie dafür, dass sie instinktiv richtig gehandelt habe, wie es für ein Mädchen typisch sei. Eine solche Formulierung fordert jedoch ihren Widerspruch erst recht heraus: Sie habe ihm doch gerade erklärt, entgegnet sie etwas genervt, dass sie eben nicht »nur« ein Mädchen sein wolle, und außerdem ärgere sie sich über das Wort »instinktiv«, das eigentlich in die Tierwelt gehöre und für Menschen nur benutzt würde, wenn sich jemand nicht auf seinen Verstand verlasse. Verstimmt fügt sie hinzu, er würde hoffentlich nicht daran zweifeln, dass sie ihr Hirn auch zum Denken nutze, nicht nur in der Schule. Aber versöhnlich schließt sie mit der Bitte, er solle bald nach Ulm kommen.

Vielleicht kann man diese vielen Erklärungsversuche auf einen recht einfachen Nenner bringen: Für Fritz Hartnagel ist Sophie Scholl die »Richtige«, die Frau, von der er sich vorstellen kann, mit ihr ein Leben lang zusammenzubleiben. Umgekehrt aber ist es nicht so, und deshalb will Sophie Fritz davor bewahren, sich zu fest an sie zu binden.

Endlich, nach über drei Monaten, sehen sie sich im März wieder, Sophie Scholl schwänzt für die gemeinsamen Skiferien im Allgäuer Kleinwalsertal ein paar Tage Schule zwischen dem schriftlichen und dem mündlichen Abitur. Auch wenn wir nicht genau wissen, was in diesen Tagen passiert, so scheinen sich die Missverständnisse aufgelöst und die Nähe vertieft zu haben. Beiden fällt es danach schwer, sich auf einen Briefwechsel umzustellen. Das Abitur selbst, die Prüfungen und Noten spielen darin übrigens überhaupt keine Rolle. Mit minimalem Aufwand hat Sophie Scholl ein »Befriedigend« erreicht, und von der Verleihung der Abiturzeugnisse weiß sie nur eines zu berichten: Ihre Freundinnen meinten, sie habe ausgesehen »wie grad vom Himmel runter«, und »so kam ich mir auch vor. Im Himmel war's arg schön gewesen. Oder nicht?«[14] Sie schickt dem Freund drei Wimpern und verheißt ihm damit drei Wünsche.

Auch Fritz Hartnagel schwärmt von der gemeinsamen Zeit im Schnee und berichtet, ein Oberleutnant habe ihm gesagt, er sei aufgeschlossener und menschlicher aus den Ferien zurückgekommen. Was Fritz nicht ahnt: Sophie Scholl schreibt in diesen Tagen an Lisa Remppis einen Brief, in dem sie ihre Beziehung zu Fritz Hartnagel eher nüchtern darstellt: Sie fühle sich für Fritz verantwortlich, weil er mit seinem ganzen Herzen an ihr hinge. Glücklicherweise aber herrsche »so völlige Klarheit zwischen uns, er ist mir gegenüber ganz ohne Ansprüche. Es ist schön. Ich habe mehr die Gefühle einer Mutter als die eines Mädchens für ihn. Er hat sonst niemanden.«[15]

Am 8. April 1940 beginnt Sophies Ausbildung zur Kindergärtnerin am Evangelischen Fröbelseminar in Ulm-Söflingen, wohin sie vom Münsterplatz aus jeden Morgen mit dem Fahrrad fährt. Den theoretischen Unterricht und den Austausch über psychologische Fragen erlebt sie als »ungeheuer belebend und fördernd«, wie sie Lisa schreibt. Ein weiterer Grund für ihre Begeisterung könnte sein, dass Emma Kretschmer, die Leiterin des Seminars, keine Anhängerin des Nazi-Regimes ist. Sie verbirgt ihre Distanz zur NSDAP aber geschickt und macht sich damit unangreifbar und »undurchsichtig«, wie Susanne Hirzel es nennt, die ebenfalls gerade mit der Ausbildung angefangen hat.

Susanne Hirzel erlebt Sophie Scholl zu diesem Zeitpunkt bereits als entschiedene Gegnerin von Adolf Hitler. Sophie äußert sich »zuweilen in gefährlichem Freimut« und wähnt sich »oft in allzu großer Sicherheit«[16]. Wenn im Radio Reden von Hitler übertragen werden, schlägt sie demonstrativ ein Buch auf, und noch dazu ein verbotenes. Emma Kretschmer fordert ihre Schülerin dann kurz auf, das Buch zur Seite zu legen, was diese überhört. Mehr passiert nicht, obwohl die Seminarleiterin ein solches Verhalten eigentlich melden müsste. Sophie Scholl zeigt sich eigenwillig, fast schon renitent. Für Susanne Hirzel ein Vorbild: »Sofie, dunkelhaarig und dunkeläugig, war für mich eine helle Gestalt. Kritisch und neugierig blickte sie aus den Augen, hatte einen klaren Kopf und ein mutiges Urteil. So jemand war eine kostbare Seltenheit.«[17] Es sei schwierig gewesen, sich ein klares Bild von den politischen Verhältnissen im Land zu machen, fährt Susanne Hirzel in ihren Erinnerungen fort, man sei quasi von Propaganda-Lügen »einbalsamiert« worden. Sophie habe sich aber nicht einlullen lassen. Ihr sei auch klar gewesen, dass man nichts erreiche, wenn man lediglich mutig sei, man müsse auch geschickt sein. Vielleicht könne man sich in die höchsten Ämter hinaufdienen und dann »diesen Riesen-Nazi-Schwindel aufdecken«[18], erzählt sie ihrer Freundin Susanne.

Die anderen Seminarkameradinnen wissen nicht so recht, wie sie mit Sophie Scholl umgehen sollen, denn sie strahlt Ernsthaftigkeit aus und Distanz. Es fehlt ihr die Leichtigkeit, um sich inmitten einer Gruppe von übermütigen jungen Frauen wohlzufühlen. Dazu kommen die anspruchsvollen Bücher, die sie immer liest und mit denen auch Susanne Hirzel nichts anfangen kann. Diese erinnert sich daran, wie schockiert ihre Mutter von manchen Äußerungen Sophie Scholls ist. Eine Seminarkollegin prophezeit: »Du wirst sehen, die Scholls landen noch am Galgen.«[19]

Dass Sophie Scholl in diesen Jahren weiterhin in ihre BDM-Gruppe geht: Ist es ein Kompromiss, Bequemlichkeit oder Gewohnheit? Die Angst vor den Folgen eines Austritts oder vielleicht sogar Tarnung? Immerhin ist ihre Familie der Gestapo bereits aufgefallen. Dass Sophie Scholl offenbar schon seit einiger Zeit nicht mehr zu den Inhalten des BDM stehen kann, macht das Rätsel nicht einfacher.

Währenddessen geht das Kriegstreiben der Nazis weiter. Am 9. April 1940 startet das sogenannte Unternehmen Weserübung. Die Wehrmacht marschiert in Dänemark ein und greift Norwegen von der See her an. Ziel der Deutschen ist es, sich eine gute Ausgangsposition für den Krieg gegen Großbritannien zu sichern und den störungsfreien Transport des schwedischen Eisenerzes zu gewährleisten, das von Kiruna in Nordschweden per Bahn zum norwegischen Hafen Narvik und von dort nach Deutschland verschifft wird. Immerhin deckt das schwedische Erz 40 Prozent des Jahresbedarfs der deutschen Rüstungsindustrie ab. Norwegen wehrt sich zunächst, kapituliert aber zwei Monate später.

Sophie Scholl schreibt am ersten Tag des Skandinavienkrieges an Fritz Hartnagel, die Zeit, da sie nur mit »leichten Gedanken« bei ihm gewesen sei, liege weit zurück. Inzwischen sei ja das ganze Leben von der Politik bestimmt und man könne sich nicht einfach davon abwenden. Sie und ihre Geschwister seien politisch erzogen und müssten sich damit auseinandersetzen. Doch manchmal wünsche sie sich, ihr Gesicht an Fritz' Schulter lehnen zu können und nichts anderes zu spüren als den Stoff seines Anzugs.

Einen Monat später, am 10. Mai 1940, beginnt der Westfeldzug und nun wird es auch für Fritz Hartnagel ernst. Nur sechs Wochen und drei Tage wird dieser sogenannte Blitzkrieg dauern und doch viele Todesopfer fordern: 46 000 Deutsche und über 135 000 Alliierte, also verbündete Gegner, darunter Franzosen, Engländer, Niederländer, Belgier, Luxemburger.

Frankreich hat seine Grenze zu Deutschland entlang der »Maginot-Linie«, benannt nach Verteidigungsminister André Maginot, bereits gut befestigt. Deshalb stößt die Heeresgruppe B, zu der auch Fritz Hartnagel gehört, von Norden her über die Niederlande, Luxemburg und Belgien nach Frankreich vor, während die Heeresgruppe A sich einen Weg durch die am schwächsten befestigte Stelle in den Ardennen sucht. Sophie Scholl, die drei Wochen lang nichts von Fritz gehört hatte, erhält plötzlich einen Brief von ihm aus Holland. Die Zerstörungen im Land seien groß, schreibt er, aber auch die deutschen Fliegerverbände und Bodentruppen hätten hohe Verluste zu vermelden. Die Niederlande kapitulieren nach der Bombardierung Rotterdams am 14. Mai 1940 und Adolf Hitler setzt SS-Obergruppenführer Arthur Seyß-Inquart als Reichskommissar in den Niederlanden ein.

Bereits Ende Mai ist Fritz Hartnagel in Nordfrankreich. Er hat viele traurige Dinge zu erzählen und klagt, der Krieg lege die hässlichen Seiten im Menschen frei, und zwar sowohl in den Siegern wie in den Verlierern. Sophie Scholl stimmt ihm zu. Zwar verstehe sie nicht viel von Politik, schreibt sie, aber sie habe doch ein Gefühl dafür, was Recht und was Unrecht sei. Denn dies gelte ja unabhängig von Nationalitäten. Wenn sie daran denke, was sich die Menschen nun gegenseitig antäten, könnte sie heulen und würde die Menschheit schon fast als eine Hautkrankheit der Erde betrachten.

Der Krieg verändert Sophie Scholl. Ihre Stimmung verdüstert sich und die Familie macht sich Sorgen um sie. Inge Scholl schreibt dem Bruder Hans, es würde Massen von Fröhlichkeit und Sommerschwalben brauchen, um Sophie aufzuheitern, und selbst das würde wohl nicht viel helfen. Doch die auf ihre Familie so grüblerisch wirkende Sophie hat sich ein Ziel gesetzt: »Im Grunde kommt es ja nur darauf an, ob wir bestehen, ob wir uns halten können in der Masse, die nach nichts anderem als nach Nutzen trachtet.«[20]

Mit dem Beginn des Krieges an der Westfront und der Gefahr, in der Fritz Hartnagel sich ab jetzt täglich befindet, wächst Sophies Bemühen, sanfter und mitfühlender mit dem Freund umzugehen. Ihre Meinungsverschiedenheiten will sie für eine Weile ruhen lassen, schreibt sie ihm. Sie bedauert, dass sie sich zu wenig kennen würden, und nimmt die Schuld dafür auf sich. Sie sei immer zu bequem gewesen, das zu ändern. Jetzt aber wolle sie in Gedanken noch mehr bei ihm sein und ihn festhalten. Zuhören und trösten will sie, nicht diskutieren und mahnen. Und zum ersten Mal bittet sie Fritz um ein Foto, das sie bei sich tragen könne, selbst wenn er darauf in Uniform zu sehen sei. Die Uniform gehöre ja nun einmal zu ihm.

Sophie Scholl fragt Fritz, der bei Calais stationiert ist, auch nach Schuhen, Wolle und Kleiderstoffen. Da die Waren in den von den Deutschen besetzten Ländern noch nicht rationiert sind – wie in Deutschland selbst –, kann Hartnagel als Angehöriger des Militärs vieles kaufen, woran in der Heimat bereits Mangel herrscht. Genau das ist auch das Ziel des NS-Regimes: Die besiegten Länder sollen zugunsten der »Heimatfront« geplündert werden. Es passt eigentlich nicht zu Sophie Scholl und ihrer Familie, diese Art von Geschenken anzunehmen.

Am 14. Juni 1940 besetzt die deutsche Wehrmacht Paris. Kampflos räumen die Franzosen ihre geliebte Hauptstadt, um deren Zerstörung zu verhindern. Philippe Pétain, Ministerpräsident einer eilends neu gebildeten französischen Regierung, erklärt die Kapitulation Frankreichs und wird zum Chef des sogenannten Vichy-Regimes. Der nördliche und westliche Teil Frankreichs wird von den Deutschen besetzt und kontrolliert, der süd-östliche Teil Frankreichs bleibt unter französischer Kontrolle.

Während die Siegesparade in Richtung *Arc de Triomphe* marschiert, finden in Deutschland Freudenfeiern statt. Kirchenglocken läuten in jeder Stadt und die Schüler dürfen früher nach Hause gehen, auch die vom Ulmer Fröbelseminar. Die meisten Menschen freuen sich, und selbst viele von denen, die zunächst gar nicht begeistert vom Krieg gewesen sind, stimmen in den Jubel ein. Adolf Hitler steht auf der Höhe seiner Popularität, denn er hat die »Schmach« von Versailles wiedergutgemacht. Eigentlich könnte der Krieg nun ein rasches Ende finden, denken die Naiveren unter den Deutschen. Die anderen wissen: Das ist erst der Anfang.

Von Siegesstimmung ist in Sophie Scholls und Fritz Hartnagels Briefen nichts zu spüren. Weit davon entfernt, sich über die Einnahme von Paris zu freuen, kritisiert Sophie die Franzosen dafür, ihre Stadt aufgegeben zu haben: »Es hätte mir mehr imponiert, sie hätten Paris verteidigt bis zum letzten Schuss, ohne Rücksicht auf die vielen wertvollen Kunstschätze, die es birgt, selbst wenn es … keinen Nutzen gehabt hätte, wenigstens keinen unmittelbaren.«[21] Sophie weiß, dass dieser Gedanke in den Ohren mancher Menschen hart klingt, aber sie glaubt, »man darf heute nicht sehr weichherzig sein«.[22]

Als Abiturientinnen können Sophie Scholl und Susanne Hirzel ihre Ausbildung am Fröbelseminar in einem statt in zwei Jahren absolvieren, was ihnen jedoch viel abverlangt, denn zum Unterricht kommen eine Reihe von Praktika hinzu und Ferien haben sie dadurch fast keine. Seit Mitte Juni arbeitet Sophie in einem Ulmer Kindergarten. Die Arbeit macht ihr zwar Spaß, aber sie empfindet sie auch als sehr ermüdend, weil sie sich so ganz auf die Kinder einstellen muss. Selbstkritisch gesteht sie sich ein, niemals ihr ganzes Leben lang Erzieherin sein zu können, dafür sei sie auch, wie sie an Fritz schreibt, zu »egoistisch erzogen«. Was sie damit sagen will, ist wohl, dass sie nicht ständig mit anderen Menschen in Kontakt und im Dialog sein kann. Sie braucht die Möglichkeit, sich zurückzuziehen und zu verschließen, und das bietet die Arbeit mit Kindern natürlich nicht.

Fritz Hartnagel ist immer ein mitfühlender Zuhörer, wenn Sophie ihm von ihren Problemen erzählt, und er macht sich Sorgen, weil er weiß, wie sehr sie es vermisst, ab und zu allein sein zu können. In einem anderen Punkt jedoch widerspricht er ihr: Dass sie sich zu wenig kennen würden, kann er nicht gelten lassen. Und schließlich wollten sie beide doch letztlich dasselbe vom Leben, das Wahre, Gerechte und Gute. Fritz Hartnagel, so kann man fast von Brief zu Brief verfolgen, entwickelt sich im Dialog mit Sophie Scholl zum Kriegsgegner: »Wenn man sieht, wie jeder Kriegstag unermessliche materielle und auch andre Werte zerstört, muss man sich fragen, ob diese Zerstörungen nicht für die gesamte Menschheit einen Verlust bedeuten«[23], schreibt er direkt nach der Einnahme von Paris.

Damit ist das schwierige Thema wieder auf dem Tisch, und Sophie Scholl, die sich eigentlich vorgenommen hatte, dem Freund nur noch schöne Dinge zu schreiben, muss erneut Stellung beziehen und ihm wehtun. Sie gibt zu, aus Rücksicht auf seinen Beruf manches vorsichtiger formuliert zu haben, als sie es eigentlich empfindet, und sie glaubt, Fritz selbst mache solche Zugeständnisse. Aber nur, weil die Dinge zwiespältig seien, müsse man doch als Mensch nicht zwiespältig sein, fährt sie fort. Und dann formuliert sie einen Satz, dessen Bedeutung ihr selbst vielleicht in diesem Moment gar nicht bewusst ist, der es aber ganz logisch erscheinen lässt, dass sie sich zwei Jahre später einer Widerstandsgruppe anschließt:

»Wie könnte man da von einem Schicksal erwarten, dass es einer gerechten Sache den Sieg gebe, da sich kaum einer findet, der sich ungeteilt einer gerechten Sache opfert.«[24]

Dies ist der entscheidende Punkt, an dem Sophie Scholl klar werden könnte, dass sie in ihrem Leben etwas ändern muss. Noch ist die Tragweite ihrer Idee vielleicht nicht ganz in ihr Denken eingedrungen, noch ist es nur ein Satz, der zwar richtig klingt, aber noch keine Konsequenzen auslöst. Aber so viel ist klar: Wer zu einer solchen Erkenntnis kommt, kann sich eigentlich nicht mehr dahinter zurückziehen.

Wie schwer es aber ist, den richtigen Gedanken auch die entsprechenden Taten folgen zu lassen, sagt Sophie Scholl einen Absatz weiter: Nur in einem Bruchteil ihrer Handlungen tue sie, was sie wirklich für richtig halte. Und immer wenn ihr das bewusst würde, wünsche sie sich, nur so viel Verantwortung zu haben wie eine Ackerkrume oder ein Stück Rinde, auch wenn sie sich für diesen Wunsch schäme. Sie habe außerdem Angst, Fritz zu enttäuschen: »Ich erkenne, wie ich bin, und bin zu müde, zu faul, zu schlecht, dies zu ändern.«[25] Und da sie nun die Maske schon so weit hat fallen lassen, geht sie mit dem nächsten Satz noch einen Schritt weiter: »Entschuldige, wenn dieser Brief dich verwirrt. Ich kann mich aber nicht immer zeigen, wie ich nicht bin.«

Sophie hat erkannt – schemenhaft, aber immer deutlicher –, dass sie sich gegen das Regime der Nazis engagieren müsste, dass sie sich sogar wünschen sollte, der Krieg ginge verloren, obwohl ihr bester Freund für das Gegenteil kämpft. Zum anderen wird ihr auch klar – und das kann sie ebenso wenig offen aussprechen –, dass sie Abstand von Fritz suchen würde, wenn nicht Krieg herrschte. Die Fremdheit, die sie ihm und seinem Soldatenberuf gegenüber empfindet, bedrückt sie. Gleichzeitig fühlt sie sich verantwortlich für Fritz und sieht ihre Aufgabe darin, ihm gerade jetzt eine Stütze zu sein. Verstimmungen zwischen Mann und Frau würden angesichts des Krieges zur Nebensache, schreibt sie an Lisa Remppis. Mädchen und Frauen müssten den Soldaten »helfen, damit der Krieg ihnen kein bisschen anhaben kann […] Wir sind in dieser Beziehung nicht ganz verantwortungslos.«[26]

Doch die Spannung zwischen dem, was Sophie als ihre Aufgabe ansieht, und ihrem Bedürfnis nach Gradlinigkeit erzeugt einen großen Druck. Daher die Härte, die manchmal aufblitzt, wenn sie sagt, was sie sagen muss, bevor sie dann wieder liebevoll besorgt klingt. Sie kann noch nicht einmal stolz darauf sein, als Freundin zu Fritz zu halten, denn sie schämt sich dafür, nicht ehrlich zu sein.

Am 28. Juni schreibt sie ihm, auch wenn er es vermutlich unweiblich fände, glaube sie, das Denken müsse zuerst kommen, denn Gefühle würden die Menschen oft nur in die Irre führen. Daraus zieht sie eine traurige Konsequenz: »Eines habe ich mir abgewöhnt: das Träumen von Dingen, die mir angenehm sind. Das lähmt.«[27]

Harter Geist und zärtliches Herz

1940–1941

Im August 1940 beginnt Sophie Scholl ihr Praktikum in einem Kindersanatorium in Bad Dürrheim, einem Kurort im Schwarzwald. Zur selben Zeit quält der Freund sich damit ab, ihr in einem seitenlangen Brief darzulegen, warum er Soldat geworden sei. Er befürchte nämlich, Sophie sehe nicht den »soldatischen Gedanken an sich, sondern seine sogenannten Vertreter«[1]. Ein Soldat solle im Idealfall selbstbewusst, bescheiden, aufrecht, treu, gottesfürchtig, wahrhaft, verschwiegen und unbestechlich sein, zählt Hartnagel auf. Er wisse natürlich, dass es zwischen Anspruch und Wirklichkeit eine Kluft gebe, aber, fügt er fast trotzig hinzu, wenn es ihm gelänge, Soldaten nach diesen Werten auszubilden, sehe er in seinem Beruf »eine der schönsten Aufgaben«[2].

Mit diesen Worten stößt er bei Sophie Scholl auf scharfe Ablehnung, und in ihrem Antwortbrief zerreißt sie seine Argumente in der Luft: »Soviel ich Dich kenne, bist Du ja auch nicht so sehr für einen Krieg, und doch tust Du die ganze Zeit nichts anderes, als Menschen für den Krieg auszubilden. Du wirst doch nicht glauben, dass es die Aufgabe der Wehrmacht ist, den Menschen eine wahrhafte, bescheidene, aufrechte Haltung beizubringen.«[3]

Ein paar Wochen später betont sie, Gerechtigkeit sei höher zu bewerten als die Zugehörigkeit zu einem Volk. Daher müsse man sich in einem Konflikt auf die Seite derer stellen, die im Recht seien, was den Soldaten ja nicht erlaubt sei. Aber damit ist das Thema für Sophie Scholl noch nicht erschöpft. Sie analysiert die emotionale Verführung der Menschen durch Parolen wie die von der »Solidarität des Volkes«. Dass der Anblick von Soldaten mit Musikbegleitung die Menschen leicht zu Tränen rühre, sei nun einmal Tatsache. Es sei ihr ja selbst früher so gegangen, schreibt sie und spielt damit auf ihre Zeit als Jungmädel an. Jetzt distanziert sie sich drastisch von solchen Gefühlen: »Aber das sind Sentimente für alte Weiber. Es ist lächerlich, wenn man sich von ihnen beherrschen lässt.«[4] Das ist der neue, kompromisslose Ton in ihrer Stimme.

Noch bevor Fritz Hartnagel diesen Brief erhält, gesteht er Sophie, er sehne sich nach Klarheit über ihre Beziehung. Zwei Jahre lang leide er unter Ungewissheit. Zwar habe ihm Sophie eigentlich alles gesagt, aber wenn er an die Stunden denke, die sie in Ulm zusammen verbracht hätten, und an den letzten Abschied am Gartenzaun, werde für ihn wieder alles unklar. Fritz bezieht sich hier wahrscheinlich auf den 9. Mai 1940, als er seinen einzigen Urlaubstag dazu genutzt hatte, um Sophie in Ulm zum Geburtstag zu gratulieren.

Es sind die Begegnungen mit der Freundin, die ihn besonders verunsichern, möglicherweise gelingt es ihnen dann nicht, die Grenzen ihrer »Freundschaft« zu wahren und auf Küsse und andere Zärtlichkeiten zu verzichten. Doch das Wechselbad der Gefühle mache ihn müde, klagt Fritz. Als er dann die heftige Kritik an seiner Idee vom Soldatentum in den Händen hält, will er darin aber keine Entscheidung erkennen. Solche Meinungsverschiedenheiten dürften doch nicht ausschlaggebend für ihre Beziehung sein: »Ich meine, man muss den Mensch an sich nehmen.«[5]

Genau das aber kann Sophie gerade nicht. Sie fühlt die Kluft zwischen ihnen stärker als er und fühlt sich schuldig, weil sie seine Hoffnungen enttäuscht und es ihm »wohl oft sehr dunkel«[6] mache. Aber sie zwingt sich dazu, so aufrichtig wie möglich zu sein: »Ich möchte gerne, dass Du Dich auf mich freust, aber nicht deshalb, damit Du mich besitzen kannst!«[7]

Fritz Hartnagel schreibt unterdessen erneut an einem Brief, der ihm äußerst schwerfällt. In Amsterdam hat er eine Affäre mit einer jungen Jugoslawin gehabt. Er beichtet es Sophie Scholl und schämt sich, weil er ihr nach den gemeinsamen Skiferien im Winter noch sagte, nach allem, was zwischen ihnen gewesen sei, wäre es eine Gemeinheit, bei einem anderen Mädchen zu sein. Was ihn besonders traurig mache, schreibt Fritz Hartnagel, sei nicht die Tatsache, dass es zu dieser Affäre gekommen sei, sondern die Erkenntnis, dass er auch dadurch nicht von Sophie loskäme. Sein Verlangen nach ihr sei nun noch größer als zuvor. »Und dann wieder der Gedanke, dass ich mich sinnlos an Dich binde, dass ich mich doch schon längst in einer Sackgasse befinde.«[8]

Sophie Scholl reagiert gelassen und rät ihrem Freund, über ihrer Beziehung nicht das jugoslawische Mädchen zu vergessen, für das er ja auch Verantwortung trage. Selbstkritisch gibt sie sogar zu: »Ich merke es immer mehr an mir selbst, wie viel zu leicht man seine Verantwortung auch für andre Menschen nimmt.«[9]

Fritz Hartnagel ist in diesem Herbst 1940, als er so verzweifelt um Sophie kämpft, immer noch in Wissant bei Calais stationiert. Seit dem Sommer versucht die deutsche Luftwaffe, Großbritannien durch den massiven Einsatz von Jagdbombern zur Kapitulation zu zwingen, um das Land danach besetzen zu können. Obwohl die Ausgangslage für die Deutschen in der berühmten

»Luftschlacht um England« günstig ist, zeigt sich der neue englische Premierminister Winston Churchill fest entschlossen, keine Friedensverhandlungen mit Deutschland aufzunehmen. Stattdessen ruft er zum bedingungslosen Kampf gegen Hitler auf.

Generalfeldmarschall Hermann Göring, Oberbefehlshaber der deutschen Luftwaffe, unterschätzt die Stärke der englischen Royal Air Force, kurz RAF. Als ihm das klar wird, befiehlt er, britische Städte zu bombardieren, um die Moral der Zivilbevölkerung zu brechen. Der permanente nächtliche Bombenalarm und die Angst vor einem U-Boot-Angriff der Deutschen wirken dann auch in der Tat zermürbend. Allein durch Bombenangriffe auf London, Coventry und andere englische Städte sterben über 32 000 Zivilisten.

Dennoch können die Deutschen die Briten nicht bezwingen. Die Niederlage der deutschen Luftwaffe wird heute mit dem Fehlen von strategischen Bombern, falscher Einsatztaktik, mangelhafter Geheimdiensttätigkeit und den ausgezeichneten britischen Abwehrsystemen erklärt. Göring schiebt die Schuld jedoch den deutschen Jägerpiloten zu und bezeichnet sie als feige.

Hitler sucht nun nach neuen Bündnispartnern gegen Großbritannien. Am 27. September 1940 schließt er mit Italien und Japan einen Dreimächtepakt, dem später Ungarn, Rumänien, die Slowakische Republik und Bulgarien beitreten.

Anfang Oktober kommt Fritz Hartnagel für ein paar Tage nach Ulm. Sophie hatte ihm zwar geschrieben, wie wichtig es für sie beide sei, sich endlich wieder zu sehen, aber jetzt möchte sie doch lieber Ferien bei Lisa Remppis in Leonberg machen. Sie ist fest dazu entschlossen, die Beziehung zu Fritz zu beenden, schreibt sie der Freundin: »Es ist schwer und grausam. Aber besser als verlogen.«[10]

Doch Lina Scholl verbietet der Tochter kurzerhand, genau dann wegzufahren, wenn ihr Bruder Hans und Fritz Hartnagel auf Urlaub nach Ulm kommen. Das ist kein gutes Vorzeichen für das Wiedersehen, und gleichzeitig wirft es ein Licht darauf, wie stark die achtzehnjährige Sophie Scholl sich den Geboten der Mutter fügen muss. Sie könne den Standpunkt ihrer Mutter zwar verstehen, schreibt Sophie an Lisa, aber es tue ihr sehr leid, absagen zu müssen: »Ich hatte mich richtig gefreut. Ich habe es jetzt gerade nicht leicht, mich durchzusetzen, zumal ich dabei manches eigene Gefühl einfach übergehen muss. Dazu kommt das Staunen von Mutter und Geschwistern über meine Kühle. Aber es gilt mir diesmal durchzuhalten.«[11]

Wie man an den Briefen ablesen kann, die auf die Ferien folgen, sind die Tage in Ulm alles andere als entspannt. Lisa, die schließlich auch nach Ulm kommt, spricht ihre Meinung deutlich aus: »Du warst übrigens wahnsinnig blöd zu Fritz – wenn ich jetzt Fritz wär – würd ich Dich nehmen und an einen Baum schmeißen oder den Berg hinunter.« Zwar sei Fritz – gut und sanft, wie er nun mal sei – auch selbst daran schuld, fährt sie fort, aber sie schaue nicht gerne dabei zu, wenn Sophie sich so verhalte. »Wär ich eine ›Groß‹-Psychologin, so wie Balzac, würde ich einmal ein Buch über Mädchen schreiben, wie raffiniert sie sind.«[12] Die Freundin darf sich eine solche Kritik herausnehmen, Sophie geht aber nicht darauf ein. An Fritz schreibt sie, ihr habe in diesen Tagen das Alleinsein gefehlt, aber auch er sei wohl zu kurz gekommen.

Fritz schickt nur ein paar Zeilen: Dass er Zeit brauche, um die Leere in sich zu überwinden, dass er sich vorgenommen habe, sie nicht mit seinen Sorgen zu belasten. »Vielleicht kannst Du verstehen, dass es nicht ganz schmerzlos geht, zu unterdrücken, was mir lange Zeit das größte Glück war.«[13]

Es dauert eine Weile, bis ein weiterer Brief von Fritz in Ulm eintrifft. Sophie schreibt besorgt, sie warte auf Nachrichten von ihm. Um seinen Klagen zuvorzukommen, bemüht sie sich, ihm durch Zitate aus seinen früheren Briefen zu beweisen, er habe doch längst verstanden und akzeptiert, dass sie beide eine neue Beziehung geknüpft hätten, in der die Fäden nicht mehr zwischen ihnen beiden, sondern »zwischen uns und etwas Höherem«[14] laufen würden. Diese Formulierung hat sie bei Augustinus gefunden, dessen Buch *Bekenntnisse* ihr Otl Aicher empfohlen hat.

Der Theologe und Philosoph Augustinus hat im 4. Jahrhundert nach Christus über sein Leben vor und nach der Bekehrung berichtet. Mit dreiunddreißig Jahren sagte er sich von seiner Ehe und dem Bedürfnis nach Sexualität los. Alle Liebe zu Menschen, so Augustinus, müsse den Weg über Gott nehmen. Sophie Scholl will diesen Gedanken auch Fritz Hartnagel schmackhaft machen, aber aus seinen Antworten geht hervor, dass er keinen Trost daraus ziehen kann: Dass er ihr nicht seine ganze Liebe geben dürfe, damit habe er sich schon vor dem Urlaub abgefunden, schreibt er, nun aber würde er auch noch ihre Freundschaft als wärmendes Zuhause verlieren. Er habe deutlich gespürt, dass Sophie lieber woanders als bei ihm gewesen wäre, und jetzt sei er einfach nur noch ratlos.

Sophie geht darauf nur vorsichtig ein und rät ihm, nichts in sich hineinzufressen. In ihrem nächsten Brief bittet sie Fritz darum, Schuhe für ihre Mutter zu kaufen. Für diese Frage schämt sie sich und sie sagt es auch ganz offen.

Fritz Hartnagels Stimmung ist an einem Nullpunkt angekommen, schreibt er am 18. November 1940. Er fühlt sich schlecht, klein, ungeliebt, minderwertig, dumm, als Gast ohne

Heimatrecht. Almosen wolle er aber auch nicht haben. Für diese Klagen hat Sophie wenig Verständnis, sie antwortet ihm ungeduldig, man müsse doch die Heimat in sich selbst finden und überhaupt solle Fritz die unvergänglichen Dinge nicht im Vergänglichen suchen. Sophie wechselt wieder in die Rolle der Ratgeberin, die genau weiß, wo es langgeht. Sie fühlt sich verantwortlich, weil sie weiß, dass sie an seiner Traurigkeit Schuld trägt. Erneut drängt sie ihn dazu, sich unabhängig von ihr zu machen, statt sich eine Gedankenwelt aufzubauen, die »in Wirklichkeit nicht sein kann«[15].

Aber Fritz will alles andere als unabhängig von Sophie sein. Bitter stellt er fest, sie hingegen brauche ja offenbar keinen Menschen, und er sagt seine Teilnahme am nächsten gemeinsamen Skiurlaub mit Sophie und ihren Geschwistern ab. Er sehe keinen Weg mehr zu ihr, es sei ihm auch nie in erster Linie um körperliche Wärme gegangen, sondern er habe sich auf seelische Weise mit Sophie verbunden gefühlt. Sie antwortet ihm, er wolle sie offenbar nicht verstehen. Und dann fragt sie: »Glaubst Du nicht, das Geschlecht könnte vom Geiste überwunden werden?«[16] Worauf der Freund nur noch entgegnet: »Dein Ziel scheint ein Mönch- oder Einsiedlerleben zu sein.« Noch einmal bittet er sie darum, ihre Gefühle für ihn zu erklären.

Am 6. Januar 1941 nimmt Sophie dazu noch einmal Anlauf und ihre Zurückweisung lässt nichts an Deutlichkeit zu wünschen übrig: Sie könne weder ihre ganze Liebe an einen einzigen Menschen hängen, noch gebe es für sie überhaupt die Liebe oder Zuneigung zu Menschen, die er suche. »Ich glaube, man kann die Menschen auch anders lieben. Dies will ich versuchen.«[17]

Sophie Scholls Gedanken spiegeln die Lektüre wider, die Otl Aicher ihr empfohlen hat: Neben Augustinus sind das die

Autoren der »Renouveau Catholique«, einer katholischen Erneuerungsbewegung aus Frankreich. Hauptvertreter ist Georges Bernanos, dessen Buch *Tagebuch eines Landpfarrers* das wichtigste Gesprächsthema in den gemeinsamen Skiferien von Otl Aicher, Inge, Hans, Werner und Sophie Scholl ist. Abends lesen sie abwechselnd laut aus dem Buch vor und diskutieren über die Zweifel und Hoffnungen eines fiktiven Erzählers, der sich als Pfarrer Gedanken über die Welt macht, die dem Untergang entgegengeht, weil sich das Böse immer weiter ausbreitet.

Bei einem anderen katholischen Autor, Jacques Maritain, hat Otl Aicher einen Satz entdeckt, den er im Freundeskreis als Losung ausgibt: »Man muss einen harten Geist und ein weiches, zärtliches Herz haben.« Genau das versucht Sophie Scholl in ihren Briefen an Fritz Hartnagel umzusetzen. Äußerst hart bleiben in der Sache, sich aber als Freundin fürsorglich und liebevoll erweisen. Kein Wunder, dass der Mann, der sie liebt, sie als widersprüchlich erlebt. Obwohl seine Briefe seltener und kürzer werden, schreibt Sophie ihm unbeirrt weiter und lässt ihn an ihrem Alltag teilnehmen. Schon sind die Abschlussprüfungen in Sicht, aber die Ausbildung als Erzieherin wird ihr den Reichsarbeitsdienst nun doch nicht ersparen, wie sie inzwischen weiß. Vor Weihnachten ist sie »nachgemustert« worden, und so rechnet sie damit, ab April 1941 ins RAD-Lager geschickt zu werden.

Zu dieser Zeit muss Werner Scholl damit rechnen, von den Abiturprüfungen ausgeschlossen zu werden. Nachdem klar ist, dass Otl Aicher das Abitur nicht machen darf, weil er niemals Mitglied einer nationalsozialistischen Organisation gewesen ist, verlässt Werner Scholl aus Protest die Hitlerjugend, in der er sich ohnehin nie wohlgefühlt hat. Obwohl er seit November 1940 volljährig und damit von der Dienstpflicht in der Hitlerjugend befreit ist, will seine Schule ihm nun ebenfalls den Abschluss verweigern. Weil es jedoch ein schlechtes Licht auf die Schule werfen würde, wenn gleich zwei Schüler desselben Jahrgangs aus politischen Gründen kein Abitur machen dürfen, wird das Vorgehen gegen Scholl eingestellt.

Otl Aichers Eltern sind über die konsequente Haltung ihres Sohnes verzweifelt und bitten ihn, sich zu einem Kompromiss durchzuringen. Auch Bruno Wüstenberg, ein enger Freund Otls, äußert sich kritisch. Interessant ist, dass er dabei den starken Einfluss erwähnt, den Aicher auf die Geschwister Scholl ausübt, »weil sie nichts sind als Deine Kreaturen, die gar nicht eigen denken, sondern so, wie Du jedes Mal willst«.[18] Man kann Sophie Scholl und ihren Geschwistern sicher nicht vorwerfen, sie würden nicht selbst denken. Dass Otl Aicher jedoch fast die Stellung eines Gurus bei ihnen einnimmt, ist richtig. Seine extreme Art der Unbeirrbarkeit verschafft ihm Respekt und Bewunderung. Im nächsten Jahr wird er sich sogar drei Finger selbst verstümmeln, damit er für das Nazi-Regime nicht in den Krieg ziehen kann. Da Aichers besonderes Interesse dem Modellieren gilt, wählt er genau die Finger, die er für die künstlerische Arbeit nicht braucht.

Als Aichers Eltern Robert Scholl bitten, auf Otl einzuwirken, meint dieser nur, sie sollten stolz auf ihren Sohn sein, und bietet an, ihn in seinem Büro zu beschäftigen, was Aicher annimmt. Dabei begegnet der junge Mann fast täglich Inge Scholl, mit der ihn bald eine Liebesbeziehung verbindet.

Wie es dazu kommt, dass Sophie Scholl und Fritz Hartnagel trotz ihrer Beziehungskrise im Februar 1941 viele Abende in Ulm und dazu noch ein paar gemeinsame Tage im Allgäu beim Skifahren verbringen, lässt sich nicht mehr rekonstruieren. Aber das Wiedersehen scheint viele ihrer Probleme gelöst zu haben. Sophies erster Brief nach den gemeinsamen Ferien klingt leicht und fröhlich. Sie habe sich vielleicht zu sehr an seine Wärme gewöhnt, gesteht sie, und nun besäße sie gerne etwas, was ihm gehöre, um es immer bei sich tragen zu können, wenn auch unauffällig. Doch – so ruft sie sich in der für sie typischen Art gleich zur Ordnung – das seien ja nur die ersten heftigen Gefühle nach dem Abschied. Auch bittet sie ihn um Verzeihung für alles, was sie Unrechtes an ihm getan habe, auch während seines Urlaubs, womit sie wahrscheinlich die vergangenen Herbstferien meint.

Fritz Hartnagels erster Brief aus Münster, wo er jetzt stationiert ist, klingt ähnlich: Er dankt der Freundin für alles, was sie ihm gegeben habe, vor allem Mut und Zuversicht: »Ich komme mir vor, als hätte ich eine schwere Krankheit überstanden.«[19] Dass er im selben Brief schreibt, er sei gerade in Amsterdam gewesen, habe aber Luise, mit der er im Herbst eine Affäre hatte, nicht besucht, obwohl es ihn viel Kraft gekostet habe, spricht für eine ungewöhnliche Offenheit zwischen Sophie und ihm. Er fügt nur hinzu: »Nimm mir's nicht übel.«[20]

Anlass für Fritz Hartnagels »Kommandoreise« nach Amsterdam ist ein Streik von Straßenbahnfahrern und Geschäftsleuten, die gegen die Verhaftung von Juden protestieren. Nach der Besetzung der Niederlande durch die Deutschen im Jahr zuvor wurden die Nürnberger Rassengesetze auch hier eingeführt. Die SS geht jetzt mit Waffengewalt gegen die Streikenden vor und verschleppt viele von ihnen in deutsche Konzentrationslager. 400 Amsterdamer Juden werden im Februar 1941 ins KZ Mauthausen deportiert und dort ermordet.

Sophie Scholl, die nur erfährt, der Einsatz der SS habe

zwanzig Menschen das Leben gekostet, kommentiert die Vorgänge auf ungewöhnliche Weise: »Übrigens, dass man überall (wie in Amsterdam) radikal vorgeht, finde ich nur gut. Es verwirrt die Erkenntnis der ganzen Sache weniger, als wenn man hier etwas Gutes, dort was Schlechtes findet und nicht weiß, welches nun das Wahre ist.«[21] Damit will sagen, die Schreckensherrschaft der Nazis lasse sich leichter als unmenschlich entlarven, wenn sie überall mit derselben Brutalität auftrete. Darin steckt eine gewisse Logik, trotzdem wirken die Worte der Zwanzigjährigen ungewöhnlich kühl.

Und vielleicht hätte Sophie Scholl spätestens jetzt keine Geschenke mehr von ihrem Freund annehmen dürfen, der als Wehrmachtsangehöriger in den besetzten Ländern für sie einkauft. Aber in dieser Frage handelt nicht nur Sophie inkonsequent. Auch ihr Bruder Hans bringt der Familie aus Frankreich Päckchen mit Tee, Kaffee, Schokolade, Zigaretten, Strümpfen und Seife mit. Offenbar hat das Umdenken aber schon begonnen. In einem maschinegetippten chronologischen Bericht, den Inge Scholl nach dem Krieg angefertigt hat, notiert sie, Hans habe gesagt: »Ich hätte viel mehr kaufen können. Ich wollte aber nicht. Was gibt uns das Recht, dies Land auszubeuten?«[22]

Im Frühjahr 1941 fallen die ersten englischen Bomben auf Köln. Schnell werden dort und in anderen Städten des Rheinlands die Kinder evakuiert und aufs Land oder in den Süden Deutschlands geschickt. Auch in der Scholl'schen Wohnung am Münsterplatz wird ein Bett für ein »Rheinlandkind« aufgestellt, den achtjährigen Winfried aus Essen. Sophie Scholl schreibt, sie sei zuerst enttäuscht gewesen, weil statt des erwarteten Kleinkindes ein Schuljunge angekommen sei, aber »als er kam, fassungslos schluchzend, da bekam ich geschwind eine große Wut auf den Krieg, aber natürlich zwecklos«.[23]

Die herzlichen Gefühle von Sophie Scholl für Fritz Hartnagel bleiben. Sie sei öfter in Gedanken bei ihm als früher, schreibt sie, und es bedeute ihr viel, dass er sie liebe, schreibt sie Ende Februar 1941. Deshalb müssten sie sich ja nicht binden. Auch gewinne sie ihn auf neue Weise lieb, einfach weil Gutes in ihm stecke und er ein Mensch sei. Das ist zwar nicht wirklich das, was Fritz sich im Innersten ersehnt, aber es entsteht eine neue Nähe und Aufrichtigkeit zwischen ihnen, die von beiden wie eine zarte Pflanze gehegt wird.

Erfreut über diese neue Phase in ihrer Beziehung, schreibt Sophie an Lisa Remppis, sie und Fritz hätten eine andere Ebene erreicht. Die realistische Lisa hält das für »Sprüche« und ist auch »etwas belustigt«[24] darüber. Sophie beharrt jedoch auf ihrem Standpunkt: »Denn alles Sinnliche, was, sehr roh gesagt, doch Hauptanziehungspunkt zwischen uns (zwischen Mann und Frau überhaupt ist), habe ich ja ganz ausgeschaltet, wenigstens in Taten. Und ich versuche es auch in Gedanken und Gefühl. Es wird mir schon gelingen. Alles andere ist rein eine Sache des Willens.«[25]

Warum Sophie Scholl sich so sehr gegen eine sexuelle Beziehung mit Fritz Hartnagel sträubt, ist schwer nachzuvollziehen. Sie ist neunzehn Jahre alt und reif genug dafür. Es hat fast den Anschein, als ob sie nicht den Liebhaber ablehne, sondern Sexualität an sich. Sie scheint entschlossen, sich Augustinus zum Vorbild zu nehmen und ihre sinnlichen Sehnsüchte zu überwinden. Jetzt empfiehlt sie Fritz ganz offen, die *Bekenntnisse* des Kirchenvaters zu lesen. Folgsam beschäftigt er sich mit dem Buch, aber auch wenn es ihn fasziniert, schreibt er ihr später: »Ich kann nicht verstehen, dass Gott dem Menschen einen Leib gegeben hat, und zwar einen lustvollen Leib, um ihn in Versuchung zu führen, um ihn von Anfang an in Widerstreit zwischen Leiblichem und Geistigem zu setzen. Welch grausamer Gott müsste das sein.«[26]

Dass Sophie Scholl noch einen ganz anderen Vorbehalt gegenüber Fritz Hartnagel hat, geht aus einem Brief hervor, den sie am 1. April an Lisa Remppis schreibt. »Dass mir Fritz im Allgemeinen nicht als hochintelligente, bedeutende Bekanntschaft angerechnet wird, weißt Du. Aber sollte ich ihn deshalb, und um meiner eigenen Ruhe willen, einfach zurückstoßen?«[27]

Die Wahrheit ist also, dass Sophie Scholl sich ein bisschen für die Beziehung mit Fritz Hartnagel schämt, weil er mit dem intellektuellen Otl Aicher und dessen Freunden nicht mithalten kann. Gleichzeitig meint sie, sie selbst könne Fritz mit ihren Briefen »von Nutzen sein«. Er habe einen Weg eingeschlagen, der ihn in einen großen Konflikt stürzen würde, weil er ihn innerlich vom Soldatenberuf entferne: »Alles in allem: Ich hätte es als ein Unrecht, einen scheußlichen Egoismus angesehen, Fritz einfach abzutun.«[28] Die Art und Weise, wie Sophie Scholl ihre Freundschaft zu Hartnagel als soziales Werk hinstellt, zeigt, dass ihre Liebe zu ihm entweder nicht sehr groß ist, oder – was genauso gut möglich ist – dass sie diese Liebe vor sich selbst (noch?) nicht zulassen kann.

Am 22. März halten Sophie Scholl und Susanne Hirzel ihr Abschlusszeugnis als Kindergärtnerinnen in der Hand. Am selben Tag erfährt Sophie, dass sie nun tatsächlich ein halbes Jahr in den Reichsarbeitsdienst muss, bevor sie studieren darf.

Noch immer erwarten alle, dass sie den Weg der Künstlerin einschlägt. Sie überrascht daher ihre Familie und Freunde mit der Entscheidung, Biologie und Philosophie studieren zu wollen, und zwar in München, so wie Hans. Fritz Hartnagel findet den Gedanken gut und bietet ihr an, jeden Monat 200 Reichsmark an sie zu überweisen. Er könne seinen Sold im Krieg ja doch nicht ausgeben, und dass er damit keine Erwartungen verbinde, verstehe sich wohl von selbst.

Es gibt nun eine Art Rollentausch in ihrer Beziehung: Jetzt ist es Fritz Hartnagel, der sich Sorgen um die Freundin macht, weil er weiß, dass ihr das Leben im Arbeitsdienst schwerfallen wird. Auch die Familie fürchtet, die jüngste Scholl-Tochter sei vielleicht zu zartbesaitet, um im RAD klarzukommen. Inge bemüht sich darum, Sophie aufzuheitern, ohne Erfolg: »Es ist oft schwer, gut zu ihr zu sein, weil sie in den letzten Tagen so gleichgültig ist. Aber ich weiß ja, diese Gleichgültigkeit ist nichts andres als Abgeschafftsein.«[29]

Dass mich nichts zwingen wird …

Am 6. April 1941 beginnt Sophie Scholls Arbeitsdienst im RAD-Lager Krauchenwies in der Nähe von Sigmaringen. Zusammen mit achtzig anderen jungen Frauen ist sie im Sommerschloss der Grafen von Hohenzollern untergebracht, was aber nicht bedeutet, dass die Unterkunft in irgendeiner Form luxuriös wäre. Im Gegenteil, nachts wird es in den Zehn-Bett-Zimmern so eiskalt, dass Sophie in den ersten Wochen Schwierigkeiten hat, überhaupt einzuschlafen. Glücklicherweise hat sie einen Platz im oberen Teil eines Stockbettes gefunden und bekommt vom Mäusegetrappel in der Nacht wenig mit. Neben der Kälte ist Hunger das vorherrschende Gefühl der ersten Tage.

Der Alltag im Arbeitsdienst fällt ihr schwer: »Wir leben sozusagen wie Gefangene, da nicht nur Arbeit, sondern auch Freizeit zum Dienst wird«[1], schreibt Sophie nach Hause. Bevor der eigentliche Einsatz auf Bauernhöfen oder in Haushalten losgeht, müssen die jungen Frauen zwei Monate lang militärischen Drill über sich ergehen lassen: Dazu gehören das Wecken um 6 Uhr, Sport, gemeinsames Fahnenhissen, Lieder singen und weltanschaulicher Unterricht. Den ganzen Tag über und selbst nach Dienstschluss tragen sie Uniform: Brauner Wollrock und Jacke, dazu eine weiße Bluse. Am Revers steckt eine Brosche mit der Inschrift: »Deutscher Frauenarbeitsdienst – Arbeit für Dein Volk adelt Dich selbst.«

Einige der Frauen, vor allem diejenigen, die bereits in einem Beruf gearbeitet haben oder in ihren Familien wenig Freiheit genießen, fühlen sich beim RAD ein bisschen wie auf Klassenfahrt. Zwar ist die Arbeit anstrengend, aber das Zusammenleben in der Gruppe erleben die meisten als fröhlich und freundschaftlich.

Für Sophie Scholl hingegen ist es ein Kulturschock. Noch nie hat sie so lange unter fremden Menschen gelebt, die noch dazu viel weniger gebildet sind als sie selbst: »Ich bin beinahe entsetzt, unter annähernd achtzig Menschen nicht einen zu finden, der etwas Kultur hätte […] manchmal kotzt mich alles an«[2], schreibt sie an Lisa. Das Kichern der Kameradinnen, ihre Witze und die Gespräche über Männer gehen ihr auf die Nerven. Sie nimmt sich vor, den RAD als Herausforderung zu sehen, an der sie wachsen kann. Vor aller Augen schlägt sie ein Buch von Thomas Mann oder Augustinus auf, und die spöttischen Bemerkungen der anderen »Arbeitsmaiden« erfüllen sie eher mit Stolz, als dass sie sich gekränkt fühlt. Ihrem Bruder Hans schreibt Sophie, sie habe sich ein dickes Fell zugelegt, »an dem alles abläuft, was ablaufen soll. Wenigstens so ziemlich alles.«[3] Manchmal verstopfe sie sich die Ohren, um die Gespräche der anderen nicht hören zu müssen.

Der Arbeitsdienst wird für Sophie Scholl auch zu einer Zeit der Klärung. Vieles, was ihr vorher nur vage bewusst gewesen ist, drängt jetzt nach außen und findet in Tagebuchnotizen oder Briefen Ausdruck. Vier Themen sind es, die sie besonders intensiv beschäftigen: ihr eigener Charakter, ihr Verhältnis zu Fritz Hartnagel, ihre Haltung zum Regime der Nationalsozialisten und ihr Glaube.

Da sie in Krauchenwies keine vertrauten Gesprächspartner um sich hat, analysiert Sophie ihren Alltag im Tagebuch. Dabei wird eine neue Seite sichtbar: schonungslose Selbstkritik. Sie beobachtet sich selbst dabei, wie sie oberflächlichen Gesprächen ausweicht, und verachtet sich dafür, als klug gelten zu wollen: »Ich erwische mich immer wieder bei kleinen Prahlereien. Es ist ekelhaft, diesen Geltungstrieb zu haben. Schon jetzt, wenn ich schreibe, ist nebenher der Gedanke, wie sich das Geschriebene ausnimmt. Es zerstört jede Harmonie.«[4] Ihre Schwester sei ganz anders, überlegt sie weiter. Auf keinen Fall könnte Inge Scholl ständig ein »so ekelhaftes Teufelchen […] haben, das dich selbst beobachtet und deine eventuelle Wirkung auf die andern. Ich werde mir das schwer abgewöhnen. Ob es mir gelingt? Dieser Zwiespalt […] verdirbt mir viel und macht mich schlecht, gemein.«

Einmal hat sie einen Zusammenstoß mit einem Mädchen aus dem Saarland, dem sie im Übermut einen Bleistiftstrich auf die Wange malt, worüber sich die andere sehr aufregt. Es kommt zu einem heftigen Wortwechsel zwischen den beiden jungen Frauen. Das Mädchen würde in eine Hafenkneipe passen, schreibt Sophie später in ihr Tagebuch, erschreckt von der Gehässigkeit der anderen und auch von ihrem eigenen Abscheu vor ihr.

Fast ein bisschen selbstquälerisch ortet Sophie mit feinsten Antennen die Zeichen ihrer eigenen Unzulänglichkeit. Als sie merkt, wie sehr sie sich auf die abendliche Verteilung der Post freut, fällt sie auch darüber ein strenges Urteil: »Ich habe Fritz so viel vorgefaselt von wegen Selbstständigkeit. […] Ich habe es wohl ehrlich gemeint damals. Aber ich selbst ziehe so oft nicht die Konsequenzen daraus.« An diesem Punkt endete das Tagebuchzitat, das Inge Jens 1984 in ihre Ausgabe von Sophie Scholls Briefen und Aufzeichnungen aufnehmen durfte. Jetzt, da die Tagebücher im Institut für Zeitgeschichte einsehbar sind, kann man lesen, dass der Eintrag noch sehr interessant weitergeht:

»Gott sei Dank, dass Fritz so weit ist. Dass er am Anfang steht, die Augen aufgemacht hat und nun kein Kind mehr ist. Gott sei Dank, seinetwegen, aber auch meinetwegen. Nun ist er kein Zufluchtsort mehr für meine Faulheit, meine Gelüste und all dieses, das mir doch immer wieder kommt. Ich werde ganz warm, wenn ich an ihn denke, nicht, weil ich ihn einmal gern gehabt hätte, das habe ich nie; es geschah alles um meinetwillen und war deshalb so gemein, hilf, dass es nicht weitergeht. – Aber verschwiegen schaffen wir an unserer Freundschaft, die so seltsam und unnormal zustande kam. Ein Freund, weil ich will, dass er mein Freund ist.«

Es ist fraglich, ob es gelingen kann, diesen Absatz schlüssig zu interpretieren. Tagebücher sind Orte für intime Notizen, die weder für die Nachwelt gedacht sind noch mit dem Ziel aufgeschrieben wurden, die eigene Psyche einem Außenstehenden logisch zu erklären. Klar ist aber: Sophies Gefühle geraten durch ihre mitleidlose Selbstbespiegelung in Aufruhr. Sie erkennt ihre eigenen Fehler und Schwächen deutlicher als je zuvor. Und je unabhängiger Fritz Hartnagel sich von ihr fühlt, desto größer ist ihr Bedürfnis, ihm gerecht zu werden. In ihrem Tagebuch aus Krauchenwies finden sich zwei Briefentwürfe an Fritz, die sie nicht abgeschickt hat. Im ersten erzählt sie, wie gut sie sich an besondere Augenblicke mit ihm erinnern könne, an die Sicht auf das Alpenglühen oder einen Spaziergang am Meer: »Und nun erst ging es mir richtig auf, wie hässlich ich damals war und welchen Eindruck Du in Deinen Dienst mitnehmen musstest. O wie gemein ich doch manchmal sein kann. Und jetzt bin ich so froh, dass Du im Februar bei mir warst, dass wir zum Skilaufen gingen, wenn auch manches lieber ungeschehen wäre, so hat es doch zu der Verständigung geführt, die ich schon lange herbeisehnte.«

In einem anderen Entwurf antwortet sie auf seine Klage, er müsse abends immer mit den Kameraden zusammensitzen, anstatt allein sein zu können, mit den Worten: »Sie nehmen einem mit diesem sturen Kommissgeist, der überall herrscht, bald jede Möglichkeit, seinen armen Geist noch ein wenig zu retten vor ihren Uniformen. Wirklich, eine Epoche in der Geschichte des deutschen Volkes! Womit wird man sie später ausfüllen, außer mit Schlachtendaten und Ähnlichem?«

In den ersten Wochen, als alle anderen ständig Sport oder ähnlichen Drill absolvieren müssen, wird Sophie oft von der Lagerleiterin ins Büro bestellt, wo sie unter anderem eine Zeichnung vom Feldzug gegen Griechenland anfertigen soll.

Am 6. April 1941 hat nämlich der »Balkanfeldzug« begonnen. Das Deutsche Reich greift – mit Unterstützung von Italien und Ungarn – Jugoslawien und Griechenland an. Man will den Briten und Sowjets zuvorkommen und verhindern, dass sie in dieser Region einen Stützpunkt finden, von dem aus sie den schon lange geplanten deutschen Angriff auf die Sowjetunion bedrohen könnten. Die jugoslawischen Streitkräfte kapitulieren am 17. April, Griechenland eine Woche später, auch wenn sich die Kämpfe, wie auf Kreta, bis Juni hinziehen.

Sophie schreibt am 10. April nach Hause, sie hoffe, vom Vater eine Einschätzung zu bekommen, »wie hoch man das Stimmungsbarometer wegen der Kapitulation Griechenlands stellen darf. Hier ist's enorm hoch.«[5] Im Klartext: Sie will wissen, wie man im Ausland darüber denkt und wie lange der Krieg aus Sicht des Vaters noch dauern wird.

Schon bevor der erste Monat in Krauchenwies vorbei ist, darf Sophie mit dem Fahrrad die zehn Kilometer nach Sigmaringen fahren, um dort Büromaterial einzukaufen. Solche Ausflüge sind die Ausnahme, weil offiziell noch keine der Frauen das Lager verlassen darf, und sie heben ~~Sophies Stimmung~~, ebenso wie die Spaziergänge im Park von Schloss Krauchenwies.

An Ostern schreibt sie in ihr Tagebuch, wie sehr sie sich danach sehne, allein zu sein. Sie wünsche sich auch, in die Kirche zu gehen, aber nicht in die evangelische, »wo ich kritisch den Worten des Pfarrers zuhöre. Sondern in die andere, wo ich alles erleide, nur offen sein muss und hinnehmen. Ob dies aber das Rechte ist?«[6] Die vielen Gespräche mit Otl Aicher in Ulm und die Bücher, die er ihr empfohlen hat, zeigen Wirkung. Sophie Scholl beschäftigt sich mit der Frage, ob ihr die katholische Kirche nicht eine bessere Heimat bieten könne als die evangelische.

Mitte Mai beginnt die Arbeit im Außendienst. Sophie wird einem Bauernhof zugeteilt und ist sehr zufrieden damit, zumal sie nun jeden Morgen acht Kilometer durch einen schönen Wald radeln kann. Auf dem Hof stehen Pferde und Kühe, es gibt Hühner und einen Hund. In der ersten Zeit muss sie den ganzen Tag Unkraut jäten und Rüben hacken, sodass sie abends wohlig müde ist und keine Schwierigkeiten mit dem Einschlafen mehr hat. Sie muss sich sogar anstrengen, das tägliche Lesepensum zu schaffen, das sie sich selbst verordnet hat, und manche Seite liest sie laut, um zu begreifen, was da steht. An Elisabeth schreibt sie, ihre Arme seien inzwischen so braun und kräftig wie die einer Magd. Mittags würde sie ohne Hemmungen mit den Bauersleuten aus einer Schüssel essen.

Ende Juni bekommt Sophie Besuch von Inge und Otl Aicher, die in einer Krauchenwieser Pension übernachten. Die drei sitzen gerade beim Frühstück zusammen, als das Radio eine wichtige Nachricht bringt: Der deutsch-sowjetische Krieg hat begonnen. Ohne offizielle Kriegserklärung überschreiten drei deutsche Heeresgruppen von Ostpreußen und Polen aus am 22. Juni 1941 die Grenze der Sowjetunion. Diesen Krieg hat Adolf Hitler seit vielen Jahren geplant und unter dem Decknamen »Unternehmen Barbarossa« vorbereiten lassen. Generaloberst Erich Hoepner gibt in einem Aufmarschbefehl die Idee des »Führers« wieder: »Der Krieg gegen Russland ist die zwangsläufige Folge des uns aufgedrungenen Kampfes um das Dasein. Es ist der alte Kampf der Germanen gegen das Slawentum, die Verteidigung europäischer Kultur gegen moskowitisch-asiatische Überschwemmung, die Abwehr des jüdischen Bolschewismus. Dieser Kampf muss die Zertrümmerung des heutigen Russlands zum Ziel haben und deshalb mit unerhörter Härte geführt werden.«[7]

Hitler macht kein Hehl daraus, dass er die völlige »Vernichtung der bolschewistischen Kommissare und der kommunistischen Intelligenz« anstrebt. Dafür befreit er die Wehrmacht von den sogenannten »Zehn Geboten für den deutschen Soldaten«. Diese Regeln untersagen unnötige Grausamkeiten, Gewalt gegen Verwundete oder gegen Feinde, die sich ergeben haben. Sie werden nun aus allen deutschen Soldbüchern herausgerissen. Stattdessen wird ein »rücksichtsloses und energisches Durchgreifen gegen bolschewistische Hetzer, Freischärler, Saboteure, Juden« gefordert. Auch kollektive Gewaltmaßnahmen wie das Niederbrennen von Dörfern zählen dazu. Und schließlich besagt der völkerrechtswidrige »Kommissarbefehl«, dass Soldaten, die einen politischen Auftrag besitzen, »grundsätzlich sofort mit der Waffe zu erledigen« seien. Juden und Intellektuelle zählen automatisch als Bolschewisten, fallen also auch unter den »Kommissarbefehl«, der als Rechtfertigung für massenhafte Ermordungen durch Angehörige der Wehrmacht oder der SS dient.

Mit dem Krieg soll die Sowjetunion als Staat zerschlagen werden, damit ihre Ressourcen für das Deutsche Reich ausgebeutet werden können. Weil die gesamte Wehrmacht und insbesondere das Ostheer – also über 7,2 Millionen Soldaten – mit russischen Nahrungsmitteln versorgt werden sollen, können die Logistiker bereits vor Beginn des Krieges ausrechnen, dass Millionen Russen werden verhungern müssen.

Sophie Scholl schreibt einen Tag nach Beginn des Russlandfeldzuges ironisch an ihren Bruder Hans, sie lebten doch in einer interessanten Zeit. Ab und zu würde sie auch erfahren, was los ist. Sie hätte den ganzen Tag Heu abgeladen und wäre müde, an Ruhe sei jedoch noch nicht zu denken, denn leider würde im Lager auch für ihr geistiges Wohl gesorgt. Damit spielt sie wahrscheinlich auf eine Versammlung an, die am selben Abend auf dem Plan gestanden haben dürfte. »Als sichtbares (nicht allzu sichtbares) Zeichen meiner dauernden Opposition werde ich noch heute Abend eine von Annelieses guten Zigaretten rauchen […] denn auch das ist verboten.«[8]

In den ersten Wochen rücken die Deutschen schnell vor und treffen auf wenig Widerstand. Auch Fritz Hartnagel ist mit seiner Truppe inzwischen in Weißrussland und schreibt Anfang Juli, außer Schlaf fehle es ihm an nichts, aber er würde in der nächsten Zeit vielleicht weniger schreiben können. Fritz glaubt, der Krieg gegen Russland könne wohl noch einige Wochen dauern, es lägen ja auch noch 700 Kilometer bis Moskau vor ihnen. Er hoffe aber auf einen gemeinsamen Urlaub, wenn Sophies Arbeitsdienst vorbei sei. »Ohne diese Hoffnung allerdings wäre alles trostlos.«[9]

Anfang August 1941 freut sich Sophie auf das Ende des Arbeitsdienstes und hofft, zum Wintersemester mit dem Studium in München beginnen zu können. Doch dann erfährt sie aus der Zeitung, alle Mädchen und Frauen müssten im Anschluss an den Arbeitsdienst noch ein weiteres halbes Jahr Kriegshilfsdienst leisten. Enttäuscht schreibt sie ihrem Bruder Hans, sie sei gerne bereit, jede einigermaßen erträgliche Krankheit auf sich zu nehmen, um der Verlängerung des Dienstes zu entgehen, er solle bitte überlegen, wie sie das anstellen könne. Ihrem Bruder Werner, der gerade seinen RAD in Frankreich ableistet, kündigt sie an, sie würde sogar Medizin studieren, falls sie das vom Dienst befreien könne.

Als Fritz Hartnagel von der Verlängerung erfährt, ist er entsetzt. In seinen Augen sind Sophies Probleme schlimmer als sein eigener Alltag in Russland, und er rät ihr, sich nach Hause versetzen zu lassen. Weil die sechzigjährige Lina Scholl gesundheitlich angeschlagen ist – die Ärzte diagnostizieren Magen- und Darmstörungen, Koliken und allgemeine Schwächung –, reicht Sophie Scholl ein Gesuch um Befreiung vom Kriegshilfsdienst ein, da sie im Haushalt der Eltern gebraucht würde. Die Anfrage wird abgelehnt. Auch der Versuch, sich für die Arbeit im väterlichen Büro freistellen zu lassen, schlägt fehl. Fritz Hartnagel geht in seiner Fürsorge so weit, zu sagen, er würde Sophie die Last gerne abnehmen: »Ich würde es gerne tun, wenn Du dadurch in Freiheit kämst, mir würde es auch nicht so viel ausmachen, aber Du musst fliegen können, wohin Dein Herz Dich führt, sonst bist Du keine Sofie mehr.«[10]

Im September bekommt Sophie Scholl eine neue Außendienststelle zugewiesen. Sie führt jetzt den Haushalt einer Familie mit zwei Kindern, badet und füttert das Baby, kümmert sich um die Wäsche und kocht das Mittagessen. Am Nachmittag muss sie spülen, stopfen und putzen, aber sie mag das gemütliche kleine Haus und fühlt sich wohl dort.

Doch jeden Abend kehrt die Niedergeschlagenheit zurück. Der Krieg habe sich inzwischen in ihrer aller Leben ausgebreitet, schreibt sie an Lisa Remppis und fährt fort: »Manchmal schon, besonders in letzter Zeit, empfand ich es als bittere Ungerechtigkeit, in einer solchen vom Weltgeschehen ganz ausgefüllten Zeit leben zu müssen. Aber das ist natürlich Unsinn, und vielleicht sind uns wirklich heute Aufgaben, nach außen und mit der Tat zu wirken, gestellt. Obwohl es scheint, als bestünde unsere ganze Aufgabe darin, zu warten.«[11]

Ein kleiner Lichtblick: In der Arbeitsdienst-Kameradin Gisela Schertling hat sie eine Freundin zum gemeinsamen Musizieren gefunden. Ab und zu holen die beiden jungen Frauen sich den Schlüssel zur katholischen St. Laurentiuskirche von Krauchenwies und spielen vierhändig auf der Orgel. Solche Alleingänge sind natürlich nicht erlaubt, aber das Gefühl, sich davonzustehlen, und sei es nur für eine halbe Stunde, hilft Sophie über die Enttäuschung hinweg, immer noch nicht studieren zu können. Sie schreibt an Fritz: »Aber seltsam, jetzt erst spüre ich so recht, dass mich nichts zwingen wird, ein herrliches Stärkegefühl habe ich manchmal. Und meine Oberen so recht zu hintergehen, meine Freiheit heimlich zu genießen, bereitet mir tiefes Vergnügen.«[12]

Der Austausch von Briefen ist ein anderer Weg, um die unerfreuliche Welt des Arbeitsdienstlagers wenigstens gedanklich zu verlassen. Sophie Scholl ist mit ihrer Familie und den Freunden in einem aktiven Netzwerk verbunden. Alle Scholl-Geschwister korrespondieren miteinander und mit ihren Eltern. Außer Inge ist ja keiner von ihnen mehr in Ulm, Hans studiert in München oder ist an der Front, Werner ist zum Kriegsdienst eingezogen und Elisabeth arbeitet als Familienpflegerin im

Württembergischen Bernau. Sophie Scholl schreibt außerdem täglich an Fritz Hartnagel und oft an Lisa Remppis und Otl Aicher. Meistens fragt sie am Ende eines Briefes, was der andere gerade lese. Jeder Austausch über Literatur, jeder philosophische Gedanke, jede Auseinandersetzung mit wichtigen Lebensfragen vertieft die Verbindung und lässt eine geistige Welt aufleuchten, die den dumpfen Kriegsalltag zurückdrängt: »Bücher bedeuten mir hier mehr, als sie mir überhaupt jemals bedeuteten«[13], schreibt Sophie an Lisa.

Inge Scholl gibt sich besonders viel Mühe, die Geschwister mit Literaturempfehlungen und ermutigenden Überlegungen aufzuheitern. Begeistert berichtet sie von Otl Aichers Idee, der Freundeskreis solle einen Rundbrief erstellen, um den geistigen Austausch weiterführen zu können. Jeder solle etwas zu diesem »Windlicht«, wie der Brief heißen wird, beitragen, einen Aufsatz, ein Gedicht, eine Zeichnung, einen Witz oder eine Buchbesprechung. Inge selbst will das Ganze koordinieren und die  Texte abschreiben. Ohne zu bedenken, wie mühsam es ist, sich nach der harten körperlichen Arbeit noch auf ein Buch oder einen Brief zu konzentrieren, fordert Inge von der Schwester: »Also – Sofielein, nimm Dir manchmal Bleistift und Papier zur Hand und schreib nieder, was Dir so an schönen und klaren Gedanken kommt über die Dinge, die uns wichtig sind. Lass sie nicht einfach wieder fortgehen.«[14]

Auch Otl Aicher glaubt, er müsse Sophie immer wieder darin bestärken, sich anspruchsvollen Themen zuzuwenden. »Dir selber möchte ich den Rat geben, schreib in Deiner freien Zeit viele Aufsätze nur für Dich, oder mühe Dich ab, einen Gedanken, der zu lesen Dir Schwierigkeiten bereitet, klar niederzuschreiben, nachdem Du ihn einigermaßen verdaut hast.«[15]

Arme Sophie, möchte man an dieser Stelle fast sagen: Jeder

will etwas von ihr, und niemand außer Fritz Hartnagel scheint zu begreifen, dass auch ihre Möglichkeiten und Kräfte begrenzt sind.

Die Familie Scholl erfährt nicht erst 1942, wie es oft zu lesen ist, sondern schon im August 1941 Details über die systematische Ermordung von Juden hinter der Ostfront. Beweis dafür ist ein Brief von Lina Scholl an ihren Sohn Hans. Im Telegrammstil berichtet die Mutter vom Besuch eines Bekannten, der gerade aus Russland zurückgekehrt ist: »Er erzählte, dass sie vierzehn Tage lang in Dünaburg sämtliche Juden umgebracht hätten. Die Erwachsenen, männliche und weibliche, wurden alle erschossen, die Kinder bekamen Spritzen. Die Juden [...] hätten geschrien, besonders die jungen Mädchen.«[16] Im Herbst 1941 schreibt Lina Scholl ihrem Sohn Werner, Fritz Hartnagel habe in Russland viel Armut, Gleichgültigkeit und Schmutz gesehen, jedoch keine »Gräueltaten«.

Ausführlich diskutiert werden diese Nachrichten in den Briefen nicht. Sicherlich ist die Erwähnung der Fakten schon gefährlich genug und zweifellos ist die Familie sich in der Bewertung der grausamen Morde einig. Als in diesem Jahr die Sammlungen für das Winterhilfswerk beginnen, beschließt die Familie Scholl, nichts zu spenden. Seit 1933 wird für bedürftige Menschen gesammelt, Kleidung und Geld. Nun sollen vor allem die Soldaten an der russischen Front versorgt werden. Obwohl Fritz Hartnagel erklärt, wie sehr die Soldaten angesichts der Kälte in Russland auf Spenden aus der Bevölkerung angewiesen sind, halten die Scholls dagegen, sie wollten nicht dazu beitragen, den Krieg auf diese Weise zu verlängern.

Auch andere unfassbar schreckliche Nachrichten sickern durch. In ihrem chronologischen Bericht erinnert sich Inge

Scholl an den Herbst 1941: »Verbrennung von Geisteskranken [...] Juden werden in KZ's vergast. Dunkle Tage. Hans hüllt sich in Schweigen, als ich ihm davon erzähle. Hans sagt, in einem Schloss nahe Grafeneck könnten die Geister nimmer zur Ruhe kommen. Nazibonzen, die dort gewohnt hätten, seien vor Grausen geflohen.«[17] Grafeneck ist eine der Tötungsanstalten der Nazis. Über 10 000 Menschen sind dort ermordet worden, weil man ihnen – so die Ausdrucksweise der Nazis – den »Gnadentod« gewährt habe.

Die Nationalsozialisten führen nämlich nicht nur gegen ihre Nachbarn Krieg, sondern auch gegen die eigene Bevölkerung. Nicht nur »Fremdrassige« werden ausgegrenzt, auch kranke und behinderte Menschen. Dass sich die Ernährungslage in Deutschland durch den Krieg verschärft hat, ist nur ein vorgeschobener Grund dafür. Vor allem greift der Wahn von der »Rassenhygiene« weiter um sich. Mit dem völlig unpassenden Begriff »Euthanasie« bezeichnen die Nationalsozialisten eine menschenverachtende Tötungsmaschinerie, die alles andere beschert als einen »schönen Tod«. Die Familie Scholl hat davon erfahren und es hat sie in ihrer Oppositionshaltung gegenüber dem Regime bestärkt.

Etwa 5000 Säuglinge und Kinder, krank oder behindert, werden ermordet. Die »Euthanasie-Aktion« für Erwachsene fordert 70 000 Opfer, von denen die meisten zuvor in Heil- und Pflegeanstalten lebten. Die Vernichtung von »lebensunwertem Leben« funktioniert nach einem genauen Plan: Die Kranken werden erfasst, begutachtet, in eine Tötungsanstalt transportiert, ermordet und verbrannt. Angehörige erhalten dann die Nachricht, der Verwandte sei an einer Blinddarmentzündung, den Folgen einer Lungenentzündung oder Ähnlichem gestorben. Täuschen lassen sich davon nur wenige, aber dagegen zu protestieren, ist äußerst gefährlich. Dennoch wagen es manche Eltern von getöteten Kindern und einzelne Kirchenvertreter, die Morde zu verurteilen. Am bekanntesten sind die durch ihre Prominenz geschützten Geistlichen Clemens August Graf von Galen, Bischof von Münster, und der Theologe Friedrich von Bodelschwingh.

Zum Töten von »lebensunwertem« Leben gehört logischerweise die Verhinderung dieses Lebens. Zwischen 1933 und 1945 wird nach dem *Gesetz zur Verhütung erbkranken Nachwuchses* die Zwangssterilisation bei 400 000 Menschen durchgeführt. Etwa 5000 davon sterben bei dem Eingriff.

Anfang September 1941 wird Fritz Hartnagel nach Weimar versetzt, wo er sich auf den nächsten Einsatz in Afrika vorbereiten und einen Nachrichtenzug aufstellen soll. Was er noch nicht wissen kann: Er wird niemals nach Afrika gehen, sondern ein halbes Jahr fern der Front in Weimar bleiben, wo ihn seine Vorgesetzten offenbar eine Zeit lang vergessen. Auf diese Weise verleben Sophie und er nach sieben Monaten Trennung einen besonders intensiven Herbst und Winter miteinander.

Anfang Oktober 1941 wird Sophie Scholl in das RAD-Lager von Blumberg versetzt. Der kleine Ort liegt am Rand des Schwarzwalds nahe der Schweizer Grenze. Wieder macht ihr vor allem die Kälte zu schaffen. Sie fährt täglich zehn Kilometer mit dem Fahrrad ins Dorf Fürstenberg, wo sie einen Kindergarten leitet. Ende Oktober bekommt sie bereits ein paar Tage Urlaub – auf Antrag von Fritz Hartnagel, der sie als seine Verlobte ausgibt. Da er bereits an der Front gewesen ist, darf er um solche Vergünstigungen bitten.

Sophie und Fritz verbringen nun ein oder zwei Nächte gemeinsam in Augsburg, und was dabei geschieht, löst eine heftige Krise aus. Um es gleich vorwegzunehmen: Nach allem, was sich rekonstruieren lässt, ist nicht mehr geschehen, als dass die beiden miteinander geschlafen haben. Aus heutiger Sicht ist das nicht sonderlich spektakulär, denn die beiden sind schon lange miteinander befreundet, der Krieg verstärkt die Sehnsucht nach Nähe, und wenn auch nur selten von Liebe die Rede gewesen ist, so gibt es auch keine anderen Partner, die verletzt sein könnten. Dennoch haben sich beide danach schuldig gefühlt, und man muss sich Mühe geben, um zu verstehen, was sie selbst an ihrem eigenen Verhalten so entsetzt hat. Erschwerend kommt hinzu, dass wir aus diesen Wochen von Fritz Hartnagel die Briefe kennen, während von Sophie Scholl nur Tagebuchnotizen erhalten sind, die ja nicht den Charakter einer Erklärung haben. Es ist daher auch kein echter Dialog, den wir verfolgen können.

Sophie schreibt am 1. November in ihr Tagebuch: »O ich bin sehr schlecht. Ich habe gar nimmer die Kraft und den Mut bereit zu einer Umkehr [...] Ich gebe ein unwahres Bild und muss so immer lügen.«[18] Offenbar ist Sophie ihren eigenen Ansprüchen nicht gerecht geworden. Welche sind das? Moralisch einwandfreies Handeln? Die Entscheidung, keine sexuelle Beziehung mit Fritz einzugehen? Immer ehrlich zu sein? Es ist schwer zu verstehen, warum Sophie sich selbst immer wieder als schlecht und fehlerhaft bezeichnet. Offenbar hat das Erlebnis in Augsburg ihr Selbstbild zerstört und auch ihre religiösen Gefühle erschüttert. Sie muss vielleicht einsehen, dass sie genauso »schwach« ist, wie sie es früher anderen Mädchen vorgeworfen hat.

Fritz Hartnagel wird in seinem Brief, den er ebenfalls am 1. November verfasst, deutlicher. »Ich glaube, gerade dieser Augsburger Tag mit seinen schrecklichen Verfehlungen, die uns fast verzweifeln ließen, er brachte mich (uns) weiter. Ich kann dir noch nicht genau sagen, warum und wie und wohin. Ich glaube einfach, dass wir den Weg aus diesem Abgrund finden werden.«[19]

Abgrund? Meint Hartnagel damit das, was sie getan haben, oder die Krise, die es ausgelöst hat? »Es ging mir heute Abend plötzlich auf, wir müssen frömmer sein, wenn wir beisammen sind [...] Ja, Sofie, denk dran, wenn uns die Versuchung wieder anfallen sollte [...] wenn wir uns in den Armen halten sollten, dann wirst Du und ich an diese Zeilen hier denken.«[20]

Dieser gut gemeinte Versuch, einen Ausweg aufzuzeigen, löst bei der Freundin aber noch mehr Verzweiflung aus, weil sie jetzt fürchten muss, in seinen Augen moralisch angreifbar zu sein. Vielleicht ist auch ein bisschen Eitelkeit im Spiel. Es gefällt ihr nicht, die Rolle der überlegenen Ratgeberin ganz aufzugeben. Am 4. November schreibt sie in ihr Tagebuch: »Nun erst hat er mich erkannt, damit sich losgemacht von mir ... Dies wollte ich doch und ich bin doch glücklich darüber. Ein lächerlicher Sieg, der mir hier wehtut. Er hat mir ja bloß wieder, ohne sein Wissen, gezeigt, wie schlecht und schwach ich bin.«[21]

Undenkbar für Sophie Scholl ist es, mit einem Außenstehenden über ihre Beziehung zu Fritz zu reden. Sie sei zu ängstlich, um alles zu bekennen, vertraut sie dem Tagebuch an. Daher kann sie niemand in ihrem Unglück trösten.

Fritz schreibt ihr am selben Tag, er sei froh darüber, dass die Erlebnisse in Augsburg ihn nicht von ihr getrennt hätten. Die Erkenntnis, alles Glück zwischen ihnen besitze einen göttlichen Ursprung, habe er wohl nur auf diese Weise finden können: »War es nicht notwendig, dass wir so tief gesunken waren? Und sind wir nicht wenige Stunden danach ein zweites Mal der Versuchung erlegen und wurden in verzweifelte Machtlosigkeit gestürzt, um uns zu zeigen, dass man nur mit Gott oder in Gott Macht hat, zu widerstehen.«[22]

Mit der Zeit hellt sich Sophies Stimmung etwas auf. Ob es Schwäche sei, dass sie plötzlich so sehr an Fritz hänge, fragt sie sich: »Es ist so seltsam und so herrlich für mich, dass er mich liebt. Noch nie sehnte ich mich so danach als jetzt.«[23] Vier Tage später treffen sie sich in Freiburg. Fritz Hartnagel hat zwei Eheringe gekauft, damit sie in einem Gasthof ein Doppelzimmer nehmen können: »Mit Fritz in Freiburg. Schon wieder alles vergebens. Oder doch nicht ganz. Es gehen ihm allmählich Erkenntnisse auf, dass ich glücklich sein müsste.«[24]

Noch sträubt sich Sophie dagegen, in der körperlichen Nähe zu ihrem Freund Glück zu empfinden, ohne es danach zu bereuen. Fritz dagegen hat mit seiner Formel, die Verbindung zwischen ihnen sei mit Gottes Hilfe geknüpft, einen Weg gefunden, sich über ihre Liebe zu freuen. Und er bemüht sich – geschult durch viele Diskussionen mit Sophie –, auch sie von seiner Sichtweise zu überzeugen: »Ich kann nicht glauben, dass dies Schwäche sein soll, die Sehnsucht nach der Liebe des anderen. Wenn wir dazu fähig sind, einen anderen Menschen wirklich zu lieben (gläubig zu lieben), ist dies nicht eine Gabe, die uns von Gott geschenkt wird?«[25]

Er bittet Sophie darum, sich so oft wie möglich mit ihm zu treffen, um die Zeit auszunutzen, bis er wieder in den Krieg muss. Weil er Sorge hat, sie könne ihn vielleicht falsch verstehen, deutet er im nächsten Brief an, er würde an eine Ehe mit ihr denken. »Vielleicht kann man auf diese Weise auch dem Geschlechtlichen einen Sinn geben, von dem ich noch nicht recht weiß, welcher Platz und welche Bedeutung ihm zukommt.«[26]

Zum ersten Mal seit Langem ist die zwanzigjährige Sophie

wieder von ihrem Freund beeindruckt. »Er ist so aufgeschlossen, beinahe verwandelt«, schreibt sie an Lisa Remppis, »ja ich schäme mich immer mehr, dass er mir einmal lästig war, weil er vielleicht nicht so geistreich und eindrucksvoll ist wie andere. Ich glaube, er verwirklicht seine Erkenntnisse, soweit das einem Menschen in seiner Schwachheit möglich ist.«[27]

Zur selben Zeit ringt Sophie mit ihrem christlichen Glauben. Wo ist die Überzeugung, die sie vor einem Jahr noch besaß? Wie selbstbewusst hat sie Fritz damals erklärt, sie wolle die Menschen nur noch in Gott lieben. Das ist genau derselbe Gedanke, den Fritz ihr jetzt verständlich machen will, und offenbar ist er ganz zufrieden mit dieser Idee. Warum kann Sophie es nicht mehr sein? Was fehlt ihr? Warum haben ihr die vielen religiösen Bücher, die sie im vergangenen Jahr gelesen hat, keinen Weg weisen können? Offen bekennt sie Inge gegenüber, sie habe kein Verhältnis zu Gott, nicht einmal eine Ahnung von ihm. In dieser Situation, das wisse sie, könne wohl nur das Beten helfen. Und das wolle sie auch versuchen. Doch die Gebete, die sie in ihr Tagebuch aus Blumberg schreibt, klingen fast alle niedergeschlagen und traurig: »Bloß meine Seele hat Hunger, o das will kein Buch mehr stillen.«[28]

Ein Brief von Lisa Remppis, mit der Nachricht, dass sie in den Weihnachtsferien keine Zeit habe, löst bei Sophie Scholl einen Tränenausbruch aus. Sie fühlt sich abgeschnitten von der Freundin, obwohl Lisa ihr immer zugewandt bleibt, sich in ihren Briefen öffnet und Sophie bei allen Schwierigkeiten Trost zuspricht. Nur möchte Lisa in den Ferien ihren Freund Gustl treffen. Lisa hat es auch nicht besonders leicht. In diesem Jahr muss sie oft für ihre kranke Mutter einspringen und beneidet Sophie um deren große Familie.

In ihrem Antwortbrief klingt Sophies Verzweiflung nicht mehr durch. Sie bräuchten mehr Zeit zusammen, heißt es da lediglich, denn das Band zwischen ihnen bestünde mehr aus einer alten Kinderfreundschaft denn aus gemeinsamen Gedanken oder Zielen. Es ist typisch für Sophie, dass sie die düsteren Gedanken verbergen und sich lieber als vernünftig denkende, positiv gestimmte Frau präsentieren will.

Auch als Otl Aicher im »Windlicht« schreibt, die Natur sei nur ein Schemel für die Menschen, um zu Gott zu gelangen, und wenn das geschehen sei, würde sie wieder ins Nichts versinken, widerspricht Sophie vehement: Das sei ein zu trauriger Gedanke, »ich freue mich doch jeden Morgen an der reinen Luft und dem Himmel, in dem noch Mond und Sterne schwimmen, und wenn es anfänglich auch eine ungerechte Freude ist, weil ich mich vielleicht manchmal berauschen kann, so wird sie doch gut, da sie mir wieder einen richtigen Maßstab gibt«.[29]

Der einzige Mensch, der Sophie Scholl mit all ihren Stimmungen kennt, der sie erschöpft, verwirrt und unzufrieden erlebt hat und sie doch mit allem liebt, was zu ihr gehört, ist

Fritz Hartnagel. Vor ihm spielt Sophie nicht die Starke. Ihre Niedergeschlagenheit macht ihn betroffen, und er schlägt vor, gemeinsam zu beten. Er habe bei ihren Treffen schon öfter ein Buch des Thomas von Aquin dabeigehabt, damit sie es vor dem Einschlafen lesen könnten, aber es sei ja immer anders gekommen, schreibt er.

Auch die Krise im Spätherbst und Winter 1941 hat das Paar also nicht auseinandergebracht. Eher im Gegenteil. Die beiden bereuen vielleicht manches, lassen den anderen aber nicht fallen. Sophie schreibt in ihr Tagebuch: »Daran will ich denken, wie er, eine Stufe unter mir, nachts im Treppenhaus in meine Hände geweint hat, wie etwas in ihm zerbrochen ist und er vor Jammer laut geschluchzt hat. Daran will ich denken, wie lieb er mich hat, wie er sich stumm gewunden hat unter meinen tausend teuflischen Einfällen, die alle ersonnen wurden, ihn zu quälen, meine Macht über ihn zu fühlen, meine Stärke, um nachher umso süßer meine Schwachheit auszukosten. Ich habe ihn umarmt, er aber hat mich geliebt ...«[30]

Zu Weihnachten schreibt Fritz einen besonders liebevollen Brief an die Freundin. Er hat sein inneres Gleichgewicht gefunden. Jetzt schämt er sich nicht mehr für seine Liebe zu Sophie, sie ist im Einklang mit allem, was er fühlt, auch mit seinen religiösen Gefühlen. »So darfst Du nicht glauben, dass ich Gott suche nur Dir zuliebe, sondern ich liebe Dich Gott zuliebe. Ich glaube, nur wenn wir sie so auffassen, ist die Liebe wahrhaft beglückend, dass einem das Herz zerspringen möchte.«[31]

Beschäftigt mit sich und ihren Gefühlen füreinander, nehmen die beiden dennoch alles wahr, was die Welt bedroht. Mitte Dezember treten die USA in den Zweiten Weltkrieg ein. Die mit Deutschland und Italien verbündeten Japaner greifen überraschend am 7. Dezember die in Pearl Harbor auf

Hawaii liegende Pazifikflotte der Vereinigten Staaten an. Daraufhin erklären die USA den Japanern den Krieg und im Gegenzug richten Deutschland und Italien am 11. Dezember eine Kriegserklärung an die USA. Auf der »Arcadia-Konferenz« am 1. Januar 1942 in Washington treten die Vereinigten Staaten der Anti-Hitler-Koalition bei, der bereits fünfundzwanzig Staaten angehören.

Das Silvesterfest 1941/42 verbringen Sophie, Inge und Hans Scholl mit ein paar Freunden auf einer Skihütte. Für Sophie ist es eine Atempause vom RAD. Kurz vor Weihnachten hatte sie eine neue »150 % Führerin« vorgesetzt bekommen, wie sie Lisa Remppis erzählt, »ich aber denke wie Götz von Berlichingen, in zwölf Wochen möchte ich allen noch einmal begegnen«.[32]

Anfang Januar fährt sie für die restlichen Ferien mit Hans nach München und lernt einen neuen Bekannten ihres Bruders kennen, den dreiundsiebzigjährigen Gelehrten und Publizisten Carl Muth. Dieser hatte 1903 die katholische Monatszeitung *Hochland* gegründet, in der theologische Fragen mit großer Offenheit diskutiert wurden. Bis zu ihrem Verbot 1941 hat die Zeitung es geschafft, kein einziges Mal den Namen Adolf Hitler zu erwähnen. Otl Aicher hat den Kontakt zu Carl Muth hergestellt. Seit Beginn seines Studiums sortiert Hans Scholl die große Bibliothek des alten Herrn und darf dafür umsonst bei ihm in der Villa in München-Solln wohnen. Die Familie Scholl bedankt sich für das Arrangement mit Lebensmittelpaketen. Carl Muth schreibt nach dem Besuch der Geschwister im Januar 1942 an Otl Aicher, seinem Eindruck nach scheine Sophie Scholl »ein sehr innerliches und ernstes Mädchen zu sein«.[33]

Im Haus des Gelehrten lernt Hans Scholl eine Reihe weiterer Nazi-Gegner kennen, darunter den katholischen Schriftsteller Theodor Haecker. Und natürlich spricht Hans Scholl mit Carl Muth über die Frage, ob man gegen die Diktatur etwas tun könne. In den Weihnachtsferien hat die Familie Scholl von einem anonymen Absender die Kopie einer regimekritischen Predigt des Münsteraner Bischofs Graf von Galen zugeschickt bekommen. Darin kritisiert der Bischof die Tötung von kranken und behinderten Menschen. Hans Hirzel, Susanne Hirzels jüngerer Bruder, erzählt Inge Scholl später, die Abschriften seien von Ulmer Gymnasiasten gemacht worden. »Hans sieht sie und ist tief beeindruckt«[34], notiert Inge.

Während der letzten Wochen des Arbeitsdienstes in Blumberg treffen sich Sophie Scholl und Fritz Hartnagel an den meisten Wochenenden und quartieren sich in einem Hotelzimmer ein. Dass Sophie sich lieber mit dem Freund trifft, als nach Hause zu kommen, bemerkt die Familie mit Bedauern, lässt es aber geschehen. Fritz ist glücklich darüber. Froh kann er zugeben, sich noch niemals bei einem Menschen so unbeschwert gefühlt zu haben wie bei ihr. Dass die Freundin nicht die gleiche Leichtigkeit empfindet, tut ihm leid: Ob sie seine Umarmung nicht so empfangen könne, dass sie Gott damit näherkomme? »Hast Du es noch nie gespürt bei unserem innigen Verbundensein, wie das eigene Ich zerfließt und etwas ganz Neues, wie von einer fremden Macht, in Dir ist? Dies ist die Macht Gottes, glaube ich.«[35]

Im Februar 1942 wird Robert Scholl von der Gestapo verhaftet. Eine seiner Mitarbeiterinnen hat der Polizei verraten, er habe Adolf Hitler als »größte Gottesgeißel« bezeichnet und sich abfällig über den Russlandfeldzug geäußert. Zwar kommt Scholl wieder frei, muss sich jedoch auf einen Prozess mit unsicherem Ausgang gefasst machen. Lina Scholl schreibt an Sophie, sie und Inge hätten beschlossen, Elisabeth nichts davon zu sagen, weil sie »nicht so stark ist wie Du«[36]. Weiter heißt es: »Wir stehen geschlossen bei Vater und untereinander, es mag kommen, was will. Diese Zeit geht auch vorüber.«[37] Als Hans an einem Wochenende kurz darauf in Ulm sieht, wie Inge und Fritz den Rundbrief »Windlicht« abschreiben, sagt er nachdenklich, man müsste einen Vervielfältigungsapparat haben. Die beiden widersprechen ihm und meinen, ein solches Gerät in der Wohnung würde Robert Scholl noch stärker gefährden. Hans Scholl schweigt daraufhin. [38]

Für Sophie Scholl vergehen die letzten Wochen im Arbeitsdienst rasch. In einem Brief an Lisa zieht sie Bilanz über die Zeit in Blumberg und meint, sie habe als Leiterin des Kindergartens viel Wertvolles gelernt. Sie fährt fort, gerade habe sie im Radio sehr schöne Musik aus der Zeit von Johann Sebastian Bach gehört, es war »ein herrlich klares, stolzes und lebensfrohes Quartett, von solcher Unsentimentalität und wunderbaren Härte [...] Das ist gut. Musik bringt es am ehesten fertig, mein stumpfes Herz in Aufruhr zu bringen.«[39]

Mitte März reist Sophie Scholl ins elsässische Münster, um Otl Aicher zu treffen, der inzwischen einberufen und als Wehrmachtsangehöriger dort in der Nähe stationiert ist. Aicher, ihr wichtigster Gesprächspartner in religiösen Fragen, schreibt in seinem Buch *innenseiten des kriegs* ein eigenes Kapitel über die Begegnung mit Sophie Scholl. Darin heißt es: »aber gott ist fern, sagt sophie, und er ist ungerecht. ich werfe mich auch vor ihm nieder. aber ich ertrage seine ungerechtigkeit nicht. wenn er den menschen liebt, kann er ihn nicht in die ewige verdammnis werfen. wenn er gott ist, kann er nicht zulassen, dass die menschen sich an der natur ein beispiel nehmen, wo das eine das andere auffrisst, mordet und ausrottet. ich fühle die macht gottes, sagt sophie, aber ich weiß nicht, wer er ist.«[40]

Ob neben der intellektuellen Auseinandersetzung auch andere Gefühle Platz haben, darüber hat wohl vor allem Inge Scholl gegrübelt. Als Sophie ihr nach dem Wochenende ein Foto von Aicher schickt, weil sie glaubt, Inge damit eine Freude zu machen, spürt die ältere Schwester eine heftige Eifersucht. Nach außen gibt sie sich zwar tolerant und großzügig, im Tagebuch heißt es dann aber: »Ich muss sagen, ich habe es nicht gerade mit klaren Gefühlen aufgenommen. Mein Stolz regte sich und vielleicht auch etwas anderes. Von Sofie war es jedenfalls lieb und großartig. Ich werde es ihr wiedersenden und dasselbe, das ich besitze, möglichst gut aus meiner greifbaren Nähe tun.«[41]

Fritz Hartnagel erfährt Anfang März, dass er nicht nach Afrika, sondern wieder nach Russland versetzt wird. Ob sie sich überhaupt noch einmal sehen würden, fragt er verzagt: »Ach Sofie, wie soll das nun werden, mir ist angst und bang … ich werde schon durchkommen, auf jeden Fall, habe ich doch nun einen Halt, der mir immer greifbar ist, wenn ich nur will. Und auch Du, Sofie, Du willst mich doch weiterhin gern haben, gelt?«[42]

Zwei Wochen später ist das Ende des Arbeitsdienstes gekommen. Sophie hat die Kinder im Hort ins Herz geschlossen, trotzdem ist sie überglücklich, am 27. März wieder zu Hause in Ulm zu sein. Nun dauert es nur noch einen Monat, bis sie in München mit dem Studium beginnen kann: »Ich freue mich riesig«, hatte sie zuvor an ihre Eltern geschrieben, »ich bin zu allem bereit […] wenn ich nur wieder frei bin.«[43]

Lieber brennenden Durst

Ende April 1942 zieht Sophie Scholl in München bei Carl Muth ein, wo sie bleiben kann, bis sie etwas anderes gefunden hat. Weil sie in München kein Fahrrad besitzt, fährt sie den weiten Weg zur Universität in Schwabing mit der Straßenbahn. Hans hat inzwischen ein Zimmer in der Nähe der Uni gemietet.

Wie verbringt Sophie Scholl ihren einundzwanzigsten Geburtstag am 9. Mai in München? Sicher hat Hans ein paar Freunde zu Kuchen und Wein auf seine »Bude« eingeladen, damit sie mit ihm und seiner Schwester feiern. Manche von ihnen kennt Sophie schon, wie die Medizinstudentin Traute Lafrenz, die schon einmal beim Skilaufen über Silvester mit dabei gewesen ist. Jetzt trifft Sophie auch Alexander Schmorell, der ebenfalls mit Hans Medizin studiert und zur selben Studentenkompanie gehört. Alle männlichen Studenten sind einer Studentenkompanie zugeteilt, die sie während der Semesterferien zu militärischen Übungen oder zum Dienst an der Front verpflichtet. Hans hat Alexander Schmorell, von den Freunden auch Schurik genannt, im Krankenhaus von München-Harlaching kennengelernt, wo sie ihre Famulatur, das Praktikum für Medizinstudenten, ableisten. Da beide gerne wandern, lesen, Konzerte besuchen und über philosophische Themen diskutieren, freunden sie sich schnell an.

Schmorell, 1917 in Russland geboren, ist der Sohn einer Russin und eines Deutschen. Nach dem frühen Tod der Mutter und dem Ausbruch des Bürgerkriegs ziehen der Vater und seine zweite Frau mit Alexander nach München, der Junge ist gerade vier Jahre alt und wird von einer russischen Kinderfrau liebevoll versorgt. In Harlaching kauft der Vater eine schöne Villa und eröffnet eine Arztpraxis. Schmorell wächst in einer russisch geprägten Atmosphäre auf, gehört als Jugendlicher zur HJ, wendet sich aber 1937 vom Nationalsozialismus ab.

Der gut aussehende junge Mann, schmal und groß, mit dunklem, vollem Haar, raucht gerne Pfeife und interessiert sich vor allem für Kunst. Neben dem Studium besucht er die Münchener Zeichenschule »Die Form«, aber seine große Leidenschaft ist die Bildhauerei und an manchen Tagen arbeitet er stundenlang in seinem Atelier in Harlaching. Schmorell hat einen Hang zum ausschweifenden Feiern, wie seine Freunde erzählen, spielt mit Hingabe das russische Zupfinstrument Balalaika, liebt Wodka und das Tanzen. In der Schmorell'schen Villa wird aber auch über Literatur oder Philosophie diskutiert.

In den ersten Wochen ihres Studiums lernt Sophie noch eine Reihe anderer Freunde von Hans kennen, sie treffen sich zum Essen in kleinen, billigen Restaurants, wie dem *Bodega* oder *Lombardi* in Schwabing, oder im *Seehaus* im Englischen Garten, das es heute noch gibt. Oft sitzen sie auch in den verschiedenen Studentenzimmern beim Tee oder gehen im Englischen Garten spazieren.

Was für viele nach einem herrlichen Leben klingt, scheint Sophie Scholl nicht besonders glücklich gemacht zu haben. Wie sie ihren Kummer Fritz Hartnagel gegenüber ausdrückt, wissen wir nicht, aber wir kennen seine Antwort darauf. Er rät ihr dazu, von München wegzufahren, um die Einsamkeit zu suchen, die ihr fehlt. Wie kann das sein? Hatte sie sich während des Arbeitsdienstes nicht so sehr nach dem Studium gesehnt?

Aber es ist natürlich so, dass Sophie ihre Zweifel und Sorgen aus dem Winter noch immer mit sich herumschleppt, und es fällt ihr in der neuen Umgebung ebenso schwer, sich davon zu befreien, wie zuvor im RAD.

Eine Woche später kommt Fritz kurz nach München. Genaueres über diesen Besuch wissen wir nicht, nur, dass Sophie sich während dieser Tage, genaugenommen am 18. Mai, für Biologie und Philosophie einschreibt. Mit beiden Fächern begibt sie sich freiwillig in den Sumpf nationalsozialistischer Ideologie. Gehört doch die Frage, wie man die Überlegenheit der »arischen« Rasse wissenschaftlich nachweisen kann, zu den zentralen Fragen beider Disziplinen.

Als eifrige Biologiestudentin kann man Sophie Scholl nicht bezeichnen, man erfährt wenig über ihre Vorlesungen und Seminare in dem Fach. Das Studium der Philosophie reizt sie offenbar mehr, aber auch das betreibt sie nicht intensiv. Elisabeth Scholl fragt in einem Brief nach, wie die Schwester eigentlich studieren könne, wenn sie doch offenbar ständig mit Gesprächen, Teetrinken oder Segeln beschäftigt sei. Und darin könnte auch eine Antwort auf die Frage liegen, warum Sophie solche Schwierigkeiten hat, sich in München einzugewöhnen. Möglicherweise ist dieses neue Leben einfach sehr strapazierend.

So klingt auch ihr Brief vom 30. Mai an Lisa Remppis, worin sie mitteilt, sie bewohne jetzt ein Zimmer in der Mandlstraße, nahe der Universität. Dann berichtet sie, am Tag zuvor habe sie mit Professor Muth und einem Schriftsteller Tee getrunken, abends ein dreistündiges anstrengendes Gespräch mit Hans und einem Bekannten geführt, den sie nur »den Philosophen« nennen würden. »Hier habe ich jeden Tag etwas Neues zu verdauen […] Eigentlich habe ich eher das Bedürfnis, für mich zu sein, denn es drängt mich danach, durch ein äußeres Tun das in mir zu verwirklichen, was bisher nur als Gedanken, als richtig Erkanntes in mir ist.«[1]

Worum sich viele dieser Gespräche drehen, ist nicht schwer zu erraten. Wie kann man sich als verantwortungsvoller Bürger und Christ im »Dritten Reich« behaupten? Hans Scholl hat durch die Vermittlung von Carl Muth schon einige Professoren, Architekten, Schriftsteller und Theologen kennengelernt, die trotz ihrer vielfältigen Ansichten und Glaubensvorstellungen durch ihre Ablehnung des nationalsozialistischen Systems verbunden sind. Die gemeinsame Idee hebt die Schranken zwischen gesellschaftlichen Schichten, Geschlecht oder Alter auf: Die Älteren vermitteln den Jüngeren wichtige neue Bekanntschaften und die Jüngeren stecken die Älteren mit ihrer Tatkraft an.

Anfang Juni sind Sophie und Hans Scholl zu einer literarischen Abendgesellschaft im Hause des Medizinprofessors Viktor Mertens und seiner Frau Gertrud, einer Sängerin und Pianistin eingeladen. Man bespricht einen religiösen Text, jedoch wendet sich das Gespräch bald anderen Dingen zu. Ein paar Tage zuvor hatten die Engländer Köln bombardiert, dabei wurden Hunderte von Menschen getötet und über tausend verletzt. Im Salon des Professors wird darüber diskutiert, was man tun könnte. Das Gespräch kommt jedoch nur langsam in Gang, viele Menschen sind gehemmt und fragen sich: Sind unter den Gästen vielleicht Gestapo-Angehörige? Oder ihnen nahestehende potenzielle Verräter?

Hans Scholl, zum ersten Mal in dieser Runde, aber darum nicht schüchtern, will provozieren und schlägt vor, man könne sich auf eine Insel im Mittelmeer zurückziehen und dort philosophische Kurse abhalten. Daraufhin stellt einer der Anwesenden klar, man müsse sofort alles tun, um Hitler Einhalt zu gebieten: Es ist Professor Kurt Huber, der an der Münchner Universität Philosophie, Musikpsychologie und Volksliedkunde unterrichtet. Er tarnt seine Ablehnung des NS-Regimes als Dozent klug, aber für aufmerksame Zuhörer sind seine Botschaften eindeutig. Die Geschwister Scholl und viele ihrer Freunde sind bald regelmäßige Hörer von Hubers Vorlesungen.

Hans Scholl ist begeisterungsfähig und schnell entflammbar. Wie er selbst einer Freundin gesteht, lebt er »in großen Spannungen. Ich suche dieses und jenes, finde da und dort endlich das Richtige, quäle mich weiter, und schließlich freue ich mich über das Neue, Notwendige, das ich mir erobert«[2]. Er wisse aber, dass er Stufe um Stufe emporsteigen werde, wenn er die Spannungen aushalte. Obwohl sie Hans' Brief nicht kennen kann, klingt Sophies Urteil über den Bruder ganz ähnlich: »Er taumelt rastlos von einem zum anderen und sucht bei ihnen, was er vielleicht bei sich suchen sollte.«[3] Sophie schreibt dies an ihre Freundin Erika Reiff, die von Hans Scholl schwer enttäuscht ist. Die stetige Suche nach Verständnis, geistiger Nähe und gemeinsamem Erleben macht Hans Scholl zu einem unzuverlässigen Liebhaber. Nichtsdestotrotz laufen ihm die Frauen scharenweise nach. Seine Freunde hingegen schätzen ihn als inspirierenden Gesprächspartner.

Weil auch Hans gerne Menschen um sich versammelt und miteinander ins Gespräch bringt, lädt er nun seinerseits Gleichgesinnte zu Diskussions- und Gesprächsabenden ein und hat dafür auch den idealen Ort gefunden: das Atelier des Münchner Architekten Manfred Eickemeyer in der Leopoldstraße. Eickemeyer reist häufig für längere Zeit nach Polen, wo er ein zweites Architekturbüro leitet. In dieser Zeit überlässt er Hans Scholl den Schlüssel für das Atelier.

Durch Eickemeyer erfahren die Geschwister Scholl und ihre

Freunde Details über die systematische Ermordung polnischer Juden. Hans Scholl wird klar, dass es nicht mehr reicht, die Verbrechen der Nazis zu verurteilen, man muss handeln. Noch vor einem halben Jahr hatte er das anders gesehen. Damals hatte er Hans Hirzel erklärt, es stünde ihnen nicht zu, ins Rad der Geschichte einzugreifen. Das müssten andere tun, Richter oder Bischöfe. Jetzt aber, im Frühsommer 1942, weiß Hans Scholl, dass er selbst aktiv werden muss.

Entsetzliche Dinge gehen auch in Russland vor, wenn man den Berichten Glauben schenkt. Geheimhaltung scheint dabei keine große Rolle mehr zu spielen. Fritz Hartnagel schreibt an Sophie Scholl: »Es ist erschreckend, mit welcher zynischen Kaltschnäuzigkeit mein Kommandeur von der Abschlachtung sämtlicher Juden des besetzten Russland erzählt hat und dabei von der Gerechtigkeit dieser Handlungsweise vollkommen überzeugt ist. Ich saß mit klopfendem Herzen dabei.«[4]

Im Sommer 1942 stößt Christoph Probst zu dem Freundeskreis um Hans und Sophie Scholl. Er wird bald, wie Alexander Schmorell, zu ihren engsten Freunden zählen. Geboren wurde Probst 1919 in Murnau als Sohn eines Privatgelehrten und Sprachforschers, der mit Malern wie Emil Nolde oder Paul Klee befreundet ist, die von den Nazis als »entartet« diffamiert worden sind. Nach der Scheidung von seiner ersten Frau heiratete der Vater eine Jüdin und geriet damit in noch größeren Gegensatz zum NS-Regime.

Christoph Probst besuchte Landschulheime, die nach reformpädagogischen Ideen geführt wurden, und blieb dadurch von der Gehirnwäsche in der Hitlerjugend verschont. Er meldete sich zum Militärdienst bei der Luftwaffe und begann 1939 mit dem Medizinstudium in München, diente jedoch in einer anderen Studentenkompanie als Scholl und Schmorell. Mit einundzwanzig Jahren heiratete Probst, hat 1942 bereits zwei Kinder und wohnt in Lermoos bei Garmisch-Partenkirchen. Auch er ist ein attraktiver Mann mit viel Charme und einem offenen, freundlichen Wesen. Interessant ist, dass seine Schwester Angelika Hans Scholl nicht mag und ihren Bruder bittet, »er solle diesen Fanatiker ja nicht wieder mitbringen«.[5]

Sophies Zimmer in der Mandlstraße ist winzig, aber direkt zwischen Uni und Englischem Garten gelegen. Es gibt eine Couch mit einer orangen Decke, ein Bücherregal, einen Schrank und einen Tisch. Schon vor dem Umzug hat sie Lisa Remppis gefragt, ob sie deren Zelt ausleihen könnte. Oft müssten Hans und sie nämlich mitten in der Nacht einen weiten Heimweg antreten, und es wäre doch schön, wenn sie dort schlafen könnten, wo sie den Abend verbracht hätten, zum Beispiel in Solln bei Carl Muth oder in Harlaching bei Schmorells.

Im Vergleich zu Hans wirkt Sophie auffallend still und zurückhaltend. In Gesellschaft der vielen neuen Bekannten und Freunde bleibt sie lieber im Hintergrund. Anneliese Knoop-Graf, eine Freundin von Hans, die sie in diesem Jahr kennenlernt, erinnert sich, Sophie sei eine liebenswürdige Gastgeberin gewesen, die »mit sanften Bewegungen unentwegt Tee in einem Samowar zubereitete und uns servierte«.[6] Sie selbst habe Sophie nicht richtig eingeschätzt: »Eher schon war es so, dass dieses auf den ersten Blick unscheinbar wirkende Mädchen mit seinem jungenhaften, kindlichen Gesicht und dem unverkennbar schwäbischen Akzent mich nicht sonderlich beeindruckte. Im Gegensatz zu ihrem Bruder.«[7]

Vergleichen wir Sophie Scholls Erscheinung mit der attraktiven Präsenz von Traute Lafrenz oder der Schönheit von Gisela Schertling, so wirkt sie daneben eher blass. Und es ist offenbar schwierig, ihr näherzukommen, wie Anneliese Knoop-Graf hinzufügt: »Ich trage jedenfalls in mir das Bild einer im wahrsten Sinne des Wortes in sich gekehrten und nur selten aus sich herausgehenden Sophie, deren Ernsthaftigkeit meiner ›rheinischen Frohnatur‹ zuweilen entgegenstand. Sie suchte den tiefgehenden Gedankenaustausch und mied das unverbindliche ›Schwätzen‹.«[8] Sophie Scholl kann gut zuhören, und wenn sie etwas sagt, dann klingt ihre Stimme fest und leise. Man »hatte den Eindruck, sie habe es erst dann aussprechen können, als sie sich mit ihrer ganzen Person dazu stellte«.[9]

Im Juni 1942 ist Sophie Scholl besonders unglücklich. Der Krieg zieht sich hin und bedroht nicht nur Fritz Hartnagel, ihre Brüder und Freunde, sondern die halbe Welt mit dem Tod. Die Schizophrenie des Alltags, der Zwang, schweigen zu müssen, obwohl sie ihre Anklagen eigentlich herausschreien möchte, der ständige Druck, den ein grausames diktatorisches System ausübt, machen einem Menschen wie Sophie Scholl schwer zu schaffen. Sie kann die Sorgen nicht verdrängen und nicht vergessen, dass sie durch ihr Schweigen und Erdulden all das stützt, was sie eigentlich hasst.

Im Arbeitsdienst hatte sie gehofft, ihr Leben in München würde leichter und mit sinnvollen Dingen erfüllt sein, aber jetzt muss sie einsehen, dass das NS-System ihr jede Freude nimmt. Stattdessen fühlt sie Angst und Ohnmacht. Am 29. Juni 1942 schreibt sie in ihr Tagebuch: »Lieber unerträglichen Schmerz als ein empfindungsloses Dahinleben. Lieber brennenden Durst, lieber will ich um Schmerzen, Schmerzen, Schmerzen beten, als eine Leere zu fühlen, eine Leere und sie zu fühlen ohne eigentliche Gefühle. Ich möchte mich aufbäumen dagegen.«[10]

Der christliche Glaube bietet keinen Ausweg mehr, keinen Trost, keine Perspektive oder auch nur Ruhe. Doch Sophie bemüht sich weiter darum, eine Beziehung zu Gott aufzubauen, sucht nach einem Ton, um ihn anzusprechen und sich ihm nahe zu fühlen. »Mein Gott, ich kann nichts anderes als stammeln zu Dir«, schreibt sie in ihr Tagebuch, »da ich so schwach bin, dass ich freiwillig nicht Dir zugekehrt bleiben kann, so zerstöre mir, was mich von Dir wendet, und reiß mich mit Gewalt zu Dir.«[11] Sophie Scholl will Gott spüren, die Gewissheit seiner Nähe haben, ein Zeichen sehen, damit sie einen Teil der erdrückenden Verantwortung auf ihn übertragen kann.

Fritz Hartnagel ist inzwischen ins östliche Donezbecken in Russland eingerückt, wo im Moment noch keine Kämpfe stattfinden. Er schreibt am 1. Juli, er würde sich auf einen längeren Feldzug einrichten. Gegen die deprimierende Welt des Krieges beschwört er seine Liebe zu Sophie: »Mein Herz fängt an zu klopfen, als ob ich Dich in meinen Armen halten würde und unsere Gedanken in Liebe sich vereinen, wie in den seligsten Stunden unseres Zusammenseins.«[12]

Dass Sophie ungefähr um dieselbe Zeit an Lisa schreibt, es sei anstrengend, Fritz zu kennen, weil es ihm so schwerfalle, sie loszulassen, weiß er glücklicherweise nicht. Sophie hat sich nämlich ein kleines bisschen in Alexander Schmorell verliebt und möglicherweise fühlt sie sich daher von Fritz' Hingabe bedrückt. Schmorell erwidert ihre Gefühle nicht und daher verläuft die Sache im Sande.

Ein paar Wochen später notiert Sophie in ihrem Tagebuch: »Eben habe ich eine Seite aus dem Heft ausgerissen, weil sie von Schurik (Schmorell) handelte. Warum aber soll ich ihn aus meinem Herzen reißen? Ich will Gott bitten, dass er ihm den richtigen Platz darin anweise. Darum soll er auch in dem Heft stehen, jetzt wieder. Und jeden Abend will ich ihn, ebenso wie Fritz und alle anderen, in mein Gebet einschließen.«[13] Die Biografen haben Sophie Scholls Gefühle für Alexander Schmorell bisher stillschweigend übergangen. Aber sehr viel mehr als das bisher Gesagte ist auch nicht darüber bekannt.

Im Juni 1942 drückt Hans Hirzel in Ulm Inge Scholl ein anonym verfasstes Flugblatt in die Hand. Fassungslos liest sie, wie darin zum Widerstand gegen die Nationalsozialisten aufgerufen wird. Das Blatt steckte in einem Briefumschlag, der in München abgestempelt worden ist, und daher fragt sich Inge sofort, ob ihr Bruder Hans etwas damit zu tun haben könnte. Als sie Sophie mit dem Flugblatt konfrontiert, lacht diese nur: Diese Texte machten bei den Studenten in München gerade die Runde und seien nichts Besonderes.[14] Auch Hans Scholl zeigt keine Nervosität, als er auf das Flugblatt angesprochen wird, lässt sich aber genau berichten, welche Reaktionen es in Ulm hervorgerufen hat. Inge begleitet ihre Geschwister an diesem Wochenende nach München und verbringt den ersten Abend mit ihnen bei Carl Muth, wo auch andere Gäste eingeladen sind. Auch hier werden die Flugblätter diskutiert, und Inge Scholls düstere Vorahnungen verdichten sich: »Angst um Hans. Grauen vor der Ungewissheit, vor dem Nichts.«[15]

Inge Scholls Angst ist berechtigt. Hans Scholl verfasst gemeinsam mit Alexander Schmorell im Frühsommer 1942 vier Texte, die sogenannten *Flugblätter der Weißen Rose*. Die beiden Studenten tippen sie auf Matrizen, speziell beschichtete Vorlagen, die dann bis zu hundertmal durch einen Vervielfältigungsapparat gezogen werden. Das alles passiert im Haus der Familie Schmorell in Harlaching, wo eine Schreibmaschine und ein

Vervielfältigungsapparat stehen, die Alexander aufgetrieben hat. Die Flugblätter werden dort auch in Umschläge gesteckt und an Professoren, Ärzte, Schriftsteller und andere Menschen aus dem bürgerlich-intellektuellen Lager verschickt. Auf diese Weise wollen die beiden Studenten Menschen erreichen, die offen für ihre Gedanken sind. Natürlich schicken sie auch Flugblätter an Freunde und Verwandte, und zuletzt adressieren sie einige Exemplare an Münchner Gasthäuser und Cafés, in der Hoffnung, die Wirte würden die Flugblätter offen auslegen. Aber wer würde sich 1942 noch trauen, in seinem Gasthaus ein Flugblatt herumliegen zu lassen, in dem es heißt:

»Ist es nicht so, dass sich jeder ehrliche Deutsche heute seiner Regierung schämt, und wer von uns ahnt das Ausmaß der Schmach, die über uns und unsere Kinder kommen wird, wenn einst der Schleier von unseren Augen gefallen ist und die grauenvollsten und jegliches Maß unendlich überschreitenden Verbrechen ans Tageslicht treten?«[16]

So steht es im ersten Flugblatt, das Anfang Juni 1942 verschickt wird. Was weiß Sophie Scholl von dieser Aktion? Traute Lafrenz reicht ihr in einer Vorlesungspause ein Exemplar, und sie überfliegt es, während Hans dabeisteht und durch kein Zeichen zu erkennen gibt, dass er mit dem Inhalt vertraut ist. Später sagt sie aus, mit diesen ersten Flugblättern habe sie nichts zu tun gehabt, weder mit der Abfassung noch mit der Verbreitung. Es gibt keinen Grund, an dieser Aussage zu zweifeln.

Dass Sophie Scholl aber sofort nach dem Lesen weiß, aus welchem Umkreis diese Texte stammen, ist völlig unzweifelhaft. Denn wie könnte es in ihrem Kopf anders aussehen als in dem von Traute Lafrenz, die erzählt: »Das erste Mal, dass ich die Flugblätter gesehen habe, war mir klar, dass der Inhalt was mit uns zu tun hatte. Mit unseren Abenden oder unseren Meinungen oder unseren Bekanntschaften.«[17] Noch weiß Traute nicht, dass Hans und Alexander die Verfasser sind, und glaubt, dahinter müsse eine größere Organisation stehen. Aber als sie wenige Wochen später das zweite Flugblatt in der Hand hält, erkennt sie ein Bibelzitat, das sie selbst einmal für Hans aufgeschrieben hat. »Ich fragte daraufhin Hans, er antwortete, es sei falsch, immer nach dem Urheber zu fragen, das gefährde diesen nur, die Zahl der direkt Beteiligten müsse eine ganz kleine bleiben, und es sei besser für mich, wenn ich möglichst wenig wisse. Dabei blieb es. Mir war damit mein Platz zugewiesen, ich nahm ihn an. Sorgte, dass die Blätter weiterverbreitet wurden.«[18]

Auch Jürgen Wittenstein, ebenfalls Medizinstudent und Freund von Scholl und Schmorell, erkennt die »Handschrift« seiner Gefährten: »Es war mir sofort klar aus allem, was vorausging, dass er der Urheber sein muss. Mein Freund Hubert Furtwängler ging auch zum Hans und sagte: ›Sag mal, das muss doch von dir sein.‹«[19] Und Hans Hirzel in Ulm weiß Bescheid, als er im Flugblatt liest, man müsse *eingreifen in das Rad der Geschichte,* denn genau das waren die Worte, die Hans Scholl ein halbes Jahr zuvor benutzt hatte, um zu rechtfertigen, dass er nichts unternehmen wolle.

Wie also sollte Sophie Scholl diese Codes nicht verstehen, da sie ihren Bruder, seine Gedanken und seine Sprache doch besser kennt als alle anderen? Und es sind ja auch ihre eigenen Gedanken, die sie im ersten Flugblatt wiederfindet:

»Daher muss sich jeder Einzelne, seiner Verantwortung als Mitglied der christlichen und abendländischen Kultur bewusst, in dieser letzten Stunde sich wehren, soviel er kann, arbeiten wider die Geißel der Menschheit, wider den Faschismus ... ehe es zu spät ist ... Ver-

gesst nicht, dass ein jedes Volk diejenige Regierung verdient, die es er-
trägt.«[20]

Scholl und Schmorell argumentieren im ersten Flugblatt mit
dem Verweis auf die Klassiker. Sie zitieren Friedrich Schillers
Prosatext *Die Gesetzgebung des Lykurgus und Solon*: *»Der Staat
ist niemals Zweck, er ist nur wichtig als eine Bedingung, unter welcher
der Zweck der Menschheit erfüllt werden kann«*[21,] und sie enden mit
dem Aufruf: *»Freiheit! Freiheit!«*

Das zweite Flugblatt setzt gleich mit einer Provokation ein:
*»Man kann sich mit dem Nationalsozialismus geistig nicht ausein-
andersetzen, weil er ungeistig ist.«*[22] Ein gutes Beispiel dafür sei
Adolf Hitlers Buch *Mein Kampf* und sein übler Inhalt. Aber warum habe sich die negative Kraft des Nationalsozialismus erst
mit der Zeit entfaltet? *»Weil noch gute Kräfte am Werk waren, es
zurückzuhalten.«* Vielleicht ist dieser Satz ein Zugeständnis an
all diejenigen, die dachten, Hitler würde Deutschland guttun,
und ihn deshalb wählten. Nun aber sei klar, dass sein Regime
einem Geschwür gleiche, das den ganzen Körper besudele. Die
Intelligenz des Landes sei in ein Kellerloch geflüchtet, wo sie
ohne Licht und Sonne zu ersticken drohe.

*»Jetzt kommt es darauf an, sich gegenseitig wiederzufinden, auf-
zuklären von Mensch zu Mensch, immer daran zu denken und sich
keine Ruhe zu geben, bis auch der Letzte von der äußersten Notwen-
digkeit seines Kämpfens wider dieses System überzeugt ist.«*

Im zweiten Flugblatt findet sich noch eine andere sehr
wichtige Passage, die Alexander Schmorell zugeschrieben wird.
Es ist einer der ganz wenigen – heute bekannten – öffentlichen
Proteste gegen die Ermordung der Juden:

*»Nicht über die Judenfrage wollen wir in diesem Blatte schreiben,
keine Verteidigungsrede verfassen – nein, nur als Beispiel wollen wir*

die Tatsache kurz anführen, dass seit der Eroberung Polens dreihun-
derttausend Juden in diesem Land auf bestialischste Art ermordet wor-
den sind. Hier sehen wir das fürchterlichste Verbrechen an der Würde
des Menschen, ein Verbrechen, dem sich kein ähnliches in der ganzen
Menschheitsgeschichte an die Seite stellen kann. Auch die Juden sind
doch Menschen – man mag sich zur Judenfrage stellen, wie man will –
und an Menschen wurde solches verübt.«

Interessant ist, dass Schmorell mit der Formulierung »Judenfrage« deutlich macht, dass es überhaupt eine solche Frage in
den Köpfen der Widerstandskämpfer gibt. Ist auch das ein Zugeständnis denjenigen gegenüber, die das Zusammenleben von
Christen und Juden in Deutschland für problematisch halten?
Ob Schmorell, Scholl oder ihre Freunde rassistisch oder an-
tisemitisch gedacht haben, ist eine Frage, die immer wieder
diskutiert wird. Aber nur weil das Thema Judenverfolgung in
ihrer Korrespondenz und auch in den Flugblättern wenig Platz
einnimmt, heißt das nicht, dass die Studenten judenfeindlich
eingestellt waren. Immerhin bezieht Schmorell an dieser Stelle einen klaren Standpunkt, der von seinem Mitstreiter Scholl
auch nicht hinterfragt wird.

Es gibt einen Hinweis darauf, dass Sophie Scholl möglicherweise doch schon frühzeitig in die Flugblatt-Aktion eingeweiht
worden ist. Fritz Hartnagel erinnert sich nach dem Krieg an
ein Gespräch mit ihr im Zug. Demnach hat sie ihn im Frühling
1942 darum gebeten, einen Bezugsschein mit Wehrmachtsstem-
pel für einen Vervielfältigungsapparat zu besorgen. Verwundert
fragte er, was sie damit wollte. An ihre genaue Antwort kann er
sich später nicht mehr erinnern, wohl aber an seine Entgeg-
nung darauf: »Bist du dir im Klaren, dass dies dich den Kopf
kosten kann?« Ihre Antwort lautet Ja. Dann habe Sophie ihn

noch um 1000 Reichsmark für einen guten Zweck gebeten. Dass Fritz Hartnagels Erinnerung in diesem Punkt richtig ist, beweist eine Passage in seinem Brief vom August 1942. Dort schreibt er, den gewünschten Bezugsschein könne er nur unter Schwierigkeiten erhalten, außerdem habe er Bedenken, was den Zweck betreffe, und er frage sich, ob dieser die möglichen Folgen rechtfertige.

Möglicherweise hatte Hans Scholl seiner Schwester also von der Idee erzählt, Flugblätter herzustellen. Aber was auch immer Sophie darüber gewusst hat, in ihrem Sinne ist es allemal, denn auch sie will unbedingt etwas gegen den Krieg und die Herrschaft der Nazis tun.

Warum Scholl und Schmorell ihren Texten die Überschrift *Flugblätter der Weißen Rose* geben, ist nicht bekannt. Hans Scholl sagt Monate später, er habe den Namen willkürlich gewählt. Doch von allen Theorien, die es zu der Namensgebung gibt, ist das wohl die unwahrscheinlichste. Wer Texte formuliert, deren Verbreitung ihn und andere in Lebensgefahr bringen, wählt nicht zufällig einen Titel oder Namen. Möglich ist, dass Scholl mit dieser Aussage diejenigen zu schützen sucht, die man über die wahren Gründe hätte ausfindig machen können. Er sagt auch, der Name könnte sich von Clemens von Brentanos Buch *La Rosa Blanca* herleiten, das er gelesen habe, was auch unwahrscheinlich ist. Daneben gibt es eine Reihe anderer Herleitungen, von denen eine besonders schön ist: 1938 hatte Hans Scholl an seine Schwester Inge geschrieben: »In meiner Brusttasche trage ich die Knospe einer Rose. Ich brauche diese kleine Pflanze, weil das die andere Seite ist, weit entfernt von allem Soldatentum.«[23]

Das dritte Flugblatt der »Weißen Rose« klingt insgesamt sehr akademisch und beginnt mit einem lateinischen Zitat: »*Salus publica suprema lex*«, was so viel bedeutet wie: »Das Wohl des Volkes ist oberstes Gesetz.« Es folgen Erläuterungen verschiedener Staatsformen, bis dann zum passiven Widerstand aufgerufen wird: Mit Sabotage könne man das NS-System in allen Bereichen des täglichen Lebens schwächen, angefangen bei Rüstungsbetrieben bis hin zu Universitäten oder Schulen. Das Flugblatt endet mit einem langen Aristoteles-Zitat.

Im vierten Flugblatt[24] schlagen die Verfasser einen apokalyptischen Ton an:

»*Wer hat die Toten gezählt, Hitler oder Goebbels – wohl keiner von beiden. Täglich fallen in Russland Tausende. Es ist die Zeit der Ernte, und der Schnitter fährt mit vollem Zug in die reife Saat. Die Trauer kehrt ein in die Hütten der Heimat, und niemand ist da, der die Tränen der Mütter trocknet, Hitler aber belügt die, deren teuerstes Gut er geraubt und in den sinnlosen Tod getrieben hat.*«

Weiter heißt es darin, »*Hitlers* [...] *Mund ist der stinkende Rachen der Hölle*«, und schließlich werden die Leser auf ihre christliche Erziehung angesprochen: »*Hat Dir nicht Gott selbst die Kraft und den Mut gegeben zu kämpfen?*«

Gegen Ende erklären die Verfasser, sie stünden weder mit ausländischen Mächten im Bund noch wären die Adressen der Empfänger irgendwo notiert. Damit wollen sie diejenigen beruhigen, die schon durch den Umstand, dass sie das Flugblatt per Post bekommen, in Angst und Schrecken versetzt werden. Scholl und Schmorell schließen: »*Wir schweigen nicht, wir sind Euer böses Gewissen; die Weiße Rose lässt Euch keine Ruhe.*«

Ich will nicht schuldig werden

1942

Kaum ist das letzte Exemplar des vierten Flugblatts verschickt, muss die Widerstandsarbeit unterbrochen werden. Die Studentenkompanie der Freunde Hans Scholl, Alexander Schmorell, Jürgen Wittenstein und Hubert Furtwängler wird nach Russland abkommandiert. Zum Abschiedsabend am 23. Juli im Atelier an der Leopoldstraße ist auch Professor Huber eingeladen und Hausherr Eickemeyer ist auch gerade in München. Die Männer diskutieren darüber, was sie tun sollen, wenn sie dem »Feind« gegenüberstehen? Dürfen sie schießen und Menschen töten? Die Meinungen gehen auseinander.

Mitten in der Debatte erscheint ein neuer Gast, Hans Hirzel aus Ulm. Er weiß zwar, dass er an diesem Abend auf Menschen treffen wird, die dem Regime kritisch gegenüberstehen, doch er erschrickt, als Hans Scholl ihn mit seinem richtigen Namen vorstellt. Die Einführung in einen konspirativen Kreis hat er sich anders vorgestellt. Die Gespräche selbst aber erfüllen eindeutig den Tatbestand des Hochverrats, erinnert sich Hirzel später: »Ich habe das Bild intelligenter, gebildeter Leute, ich kann die Grundeinstellung schildern: *Weg mit dem Regime* und *Leider haben wir keine Panzerarmee und nichts dergleichen, wir haben keine Machtmittel.* Auffällig war die Wut, der Hass von Professor Huber, der meinte, *diese Generäle, die gehören alle an die Wand gestellt.* Aber da waren wir ja eigentlich einig, man konnte es ja gar nicht anders sehen.«[1]

Ob Sophie Scholl und Traute Lafrenz sich an der Diskussion

beteiligen, ist nicht überliefert. Hingegen wissen wir, dass die beiden Frauen das Atelier nach dem Abend aufgeräumt und geputzt haben, was ein Licht auf die traditionelle Rollenverteilung in der Gruppe wirft.

Sophie Scholl fährt am 25. Juli nach Ulm zu ihren Eltern. Zwei Tage später ist sie aber schon wieder auf dem Weg nach München, um gemeinsam mit Traute Lafrenz Hans' Unterlagen zu durchforsten und alle Dinge, die verdächtig wirken könnten, verschwinden zu lassen. Anlass für diese spontane Aktion ist Robert Scholls bevorstehender Prozess wegen des sogenannten Heimtückevergehens. Eine Woche später verurteilt das Gericht Robert Scholl zu vier Monaten Gefängnis. Mit diesem Schuldspruch hat er noch Glück, denn der Richter hätte auch die Todesstrafe verhängen können. Dass beide Söhne Scholls an der Front sind und sein Lebenswandel bisher untadelig gewesen ist, wirkt aber offenbar strafmildernd.

Robert Scholl bittet seinen Kollegen Eugen Grimminger aus Stuttgart darum, die Geschäfte für ihn weiterzuführen. Als er dann die Haft antritt, beschließen Lina, Sophie und Inge Scholl, jeden Abend vor dem Gefängnisgebäude spazieren zu gehen und die *Frankfurter Zeitung* für ihn einzuwerfen. Manchmal nimmt Sophie Scholl eine Blockflöte auf den Spaziergang mit und spielt das Volkslied *Die Gedanken sind frei*.

Werner und Hans Scholl treffen sich wie durch ein Wunder in Russland hinter der Front. Hans erzählt dem jüngeren Bruder von der Verurteilung des Vaters, legt ihm die Hand auf die Schulter und sagt: »Wir müssen das anders tragen als andere. Das ist eine Auszeichnung.«[2] Wer sind die anderen? Sicher nicht die Frauen der Familie, sondern die Menschen, die schwächer sind, mutloser, weicher.

Aber warum muss ein »Scholl« Dinge leichter ertragen als andere Menschen? Welche Fähigkeiten spricht Hans seiner Familie zu, wenn er einen solchen Satz sagt? Und daran schließt sich die Frage an: Ist es denn so? Ertragen die Mitglieder der Familie Scholl die schweren Dinge im Leben leichter als andere? Vielleicht nach außen hin, könnte man vermuten, aber noch nicht einmal das ist der Fall. Und wenn man es genau nimmt, dann hat die Familie Scholl zu diesem Zeitpunkt auch noch nicht mehr zu verkraften als einen Gefängnisaufenthalt des Vaters und den Frontdienst von zwei Söhnen. Angesichts des enormen Leids, das Millionen von Menschen in der Nazi-Zeit erleiden, die Deutschen, aber vor allem die Juden und alle anderen Opfer der NS-Vernichtungspläne, und nicht zu vergessen: die Kriegsgegner, muss man sagen, dass es unzählige Menschen gibt, die ihr Schicksal mit großer Tapferkeit ertragen.

Sophies Tagebucheintragungen beweisen auch nicht, dass sie an den Belastungen leichter trägt als andere, und sie schämt sich dafür, so sehr mit sich selbst beschäftigt zu sein: »Ich vergesse oft die Schmerzen, die mich doch erdrücken müssten, die Schmerzen der Menschen.«[3]

Ein paar Tage später sinnt sie über die Frage nach, ob ihre Epoche die letzte der Weltgeschichte sein könnte. Dafür gebe es genügend Anzeichen, findet sie. Doch kaum hat Sophie Scholl das niedergeschrieben, kommt auch schon wieder die kühle Denkerin in ihr zum Vorschein und fragt sich, ob diese Überlegung für ihr Leben überhaupt eine Bedeutung habe: »Denn muss nicht jeder Mensch, einerlei, in welcher Zeit er lebt, dauernd damit rechnen, im nächsten Augenblick von Gott zur Rechenschaft gezogen zu werden? Weiß ich denn, ob ich morgen früh noch lebe? Eine Bombe könnte uns heute Nacht alle vernichten. Und dann wäre meine Schuld nicht kleiner, als wenn ich mit der Erde und den Sternen zusammen untergehen würde.«[4]

Einen Tag vor dem Haftantritt des Vaters ist eine schreckliche Nachricht im Hause Scholl eingetroffen: Ernst Reden, ein guter Freund der Familie, ist in Russland gefallen. Sophie steht an diesem Tag lange im Erker der Wohnung und starrt nach draußen. Plötzlich sagt sie: »Schluss. Jetzt werde ich etwas tun.«[5]

Fritz Hartnagel schickt ein Gnadengesuch für Robert Scholl und bittet um Haftverkürzung. Er transferiert Geld, um die Familie zu unterstützen, und bietet weitere Hilfe an. Dabei hat er selbst vieles zu verarbeiten. Dass er zum Hauptmann befördert wurde, erfüllt ihn mit zwiespältigen Gefühlen, und der Alltag des Krieges bedrückt ihn täglich mehr: »Es ist so viel Grauenhaftes, dass Stunde und Stunde Millionen von Soldaten auf beiden Seiten in ständiger Gefahr stehen, nur damit beschäftigt, sich gegenseitig zu töten, und nur für diesen Zweck denken und arbeiten wieder Millionen, werden Familien getrennt und in tiefes Leid gestürzt.«[6] Mit Entsetzen verfolgt er das Elend der russischen Bevölkerung, die nun nichts mehr zu essen hat, weil ihre Vorräte von der Wehrmacht einbehalten wurden. Am schlimmsten sei das Los der Gefangenen, die vor Erschöpfung zusammenbrechen und dann erschossen werden, schreibt er an Sophie.

Fritz Hartnagel hat sich innerlich bereits vom Soldatenberuf verabschiedet. Er träumt davon, nach dem Krieg eine Hühnerfarm zu betreiben, weit weg von der Stadt, und er fragt Sophie, welchen Beruf sie sich für ihn vorstellen könnte. Offenbar kommen noch Päckchen bis zur Front durch, jedenfalls bedankt er sich auch für Bücher und Süßigkeiten. Er freue sich auf die Wohnung, die Sophie und Hans Scholl gemeinsam zum

Vor der Abfahrt an die Ostfront: Sophie Scholl mit ihrem Bruder Hans und Christoph Probst, München im Juli 1942

Wintersemester beziehen wollen, und bietet der Freundin an, seinen Sessel und sein »Rauchtischchen« von Ulm mit nach München zu nehmen. Dann fragt er, ob sie wohl wisse, wann er sein letztes Bad genommen habe? Das sei in Freiburg gewesen, damals bei ihrem letzten Zusammensein in der Stadt. Ein kurzes Aufflackern von Intimität und Nähe.

Sophie Scholl leistet seit Ende August den studentischen Kriegshilfsdienst in einer Ulmer Schraubenfabrik ab. Ihre Arbeit beschreibt sie als geist- und leblos. Abgesehen davon sei

ihr der ganze Rüstungsbetrieb zuwider, der ständige Lärm, das Geheul der Sirene, das entwürdigende Bild des Menschen. Als hätte die Maschine den Menschen im Griff, nicht umgekehrt. Dagegen sei die Arbeit eines Bauern, Handwerkers, sogar eines Straßenkehrers etwas Schönes. Sophie ist fasziniert von der Freundlichkeit der russischen Zwangsarbeiterinnen, die neben ihr am Fließband arbeiten, und sie teilt ihr Pausenbrot täglich mit einem sechzehnjährigen Mädchen.

An Lisa Remppis schreibt sie, über ihren Vater im Gefängnis mache sie sich wenig Sorgen, »wenn es mir auch oft wehtut, ihn dort zu wissen, aber dass dies zu seinem Allerbesten dient, und wie glücklich dieses Wissen macht, wenn man diesen Satz so recht bedenkt: zu seinem Besten! Da hätte ihm ja gar nichts Besseres widerfahren können.« Wie soll man das verstehen? Will sie sagen, der Vater würde durch die Erfahrung im Gefängnis reifen? Als »echter« Scholl, der sich erst unter schwierigsten Bedingungen richtig bewähre? Oder meint sie, Robert Scholl habe Glück gehabt, weil ihm nichts Schlimmeres geschehen sei? Vielleicht gibt es noch eine andere Deutungsmöglichkeit: Sophie Scholl glaubt, die Nazis seien am Ende, bald würde eine neue Zeit beginnen, und vielleicht würde es eines Tages als Ritterschlag gelten, unter Hitler im Gefängnis gesessen zu haben.

Darum kann sie sich dem Vater gegenüber als gute Tochter erweisen, die das Familienmotto »Allen Gewalten zum Trutz sich erhalten« perfekt verinnerlicht hat. Sie schreibt ihm, sie höre an seiner Stelle gewissenhaft Nachrichten und oft stehe sie vor der Karte Europas. Nur Eingeweihte wissen, dass sie ihm damit zu verstehen gibt, sie würde ausländische Sender hören. Und sie schließt: »Du spürst doch, dass du nicht allein bist, denn unsere Gedanken, die reißen die Schranken und Mauern entzwei: die Gedanken – !«[7]

Fritz Hartnagel ist inzwischen in der Nähe von Stalingrad und richtet sich darauf ein, den Winter in Russland zu verbringen. Seine Briefe klingen zunehmend müde und erschöpft. Der Anblick von zerlumpten und verhungerten Flüchtlingen aus Stalingrad deprimiert ihn. Und er entschuldigt sich dafür, dass seine Gedanken nicht immer den Weg in Sophies Alltag fänden. Ob sie ihm eine Blockflöte und ein Lehrbuch dazu schicken würde, damit er manchmal Musik machen könne?

Werner Scholl schreibt der Schwester – ebenfalls aus Russland –, er sei verzagt, teilnahmslos, angeekelt. Vielleicht sind es die Briefe von der Front, die den Ausschlag geben: Sophie Scholl entscheidet sich jetzt, zu handeln, auch wenn Hans noch nicht zurück ist. Während sie in Ulm arbeitet, geht sie in der Mittagspause häufig zu Familie Hirzel und trifft dort Susannes jüngeren Bruder Hans, der ja in München schon bei Gesprächen über einen möglichen Widerstand dabei war. Sophie Scholl fragt ihn, ob er einen zweiten Vervielfältigungsapparat kaufen würde, denn sie weiß inzwischen, dass Fritz Hartnagel keinen besorgen kann. Hirzel kauft das Gerät, wahrscheinlich mit dem Geld, das Fritz Hartnagel seiner Freundin »für einen guten Zweck« gegeben hatte.

Schon im Sommer hatte sich Hans Hirzel selbst auf die Suche nach Mitstreitern gemacht, wie sein Freund Franz Müller erzählt: »Wir tranken zum ersten Mal Wein, und während wir in bester Stimmung waren, zog der Hans Hirzel plötzlich ein Blatt Papier heraus und las vor, und das war das Flugblatt Nr. 1 der Weißen Rose. Und wir wurden schnell nüchtern. Ich wusste, das ist das Todesurteil, wenn wir da einsteigen. Das war klar, das war ganz klar, dass wir dem nicht lebend entkämen, und zur gleichen Zeit war es das tiefe Durchatmen. Endlich eine öffentliche Stimme, die die Wahrheit sagt. Hans sagt, wer macht mit? Heinz Brenner sagt: Mit einem ehemaligen Hitlerjugendführer mach ich nicht Widerstand. Und ich hab gesagt, ich komme jetzt demnächst zum Reichsarbeitsdienst, und wenn ich zurückkomme, werde ich mich entscheiden, aber ich glaube, ich mache mit.«[8]

Am 19. September endet Sophies Dienst in der Schraubenfabrik und ihr bleiben bis zum Anfang des Semesters im November noch sechs Wochen Ferien. Sie verbringt ein paar Tage allein in München und nutzt die Zeit, um manches für sich selbst zu klären. Dazu gehört, sich über ihre Gefühle für Alexander Schmorell Rechenschaft abzulegen. »Ich hatte vor Monaten noch gedacht, meine Zuneigung zu Schurik sei größer als zu manchen anderen«, schreibt sie in ihr Tagebuch. »Aber wie verlogen war dieser Wahn von Anfang an. Bloß meine Eitelkeit wünschte es, einen Menschen zu besitzen, der in den Augen anderer etwas wert war. O es ekelt mir vor mir selbst! Wie lächerlich verzerre ich mein Bild, und − nein, ich wünsche die Möglichkeit herbei, um mich anders bewähren zu können.«[9]

Am selben Tag steckt sie einen Brief an Lisa Remppis in den Briefkasten. Darin beschwört sie die Tage im vergangenen Herbst herauf, als sie mit den Kindergartenkindern friedlich in der warmen Herbstsonne gespielt habe. Auch dieser Herbst 1942 sei wunderschön, fährt sie fort, obwohl schreckliche Dinge geschehen würden. Trotzdem spüre sie eine Ahnung von Gott, den die unschuldigen Kreaturen loben würden. »Deshalb eigentlich kann nur der Mensch hässlich sein, weil er den freien Willen hat, sich von diesem Lobgesang abzusondern. Und jetzt könnte man oftmals meinen, er brächte es fertig, diesen Gesang zu überbrüllen mit Kanonendonner und Fluchen und Lästern. Doch dies ist mir im letzten Frühling aufgegangen, er kann es nicht, und ich will versuchen, mich auf die Seite der Sieger zu schlagen.«[10]

Am 23. Oktober wird Robert Scholl vorzeitig aus dem Gefängnis entlassen und die Familie ist überglücklich. Doch kurz darauf stellt sich heraus, dass man ihm Berufsverbot erteilt hat und er seine Steuerberaterpraxis nicht weiterführen darf. Wütend schickt er seine Zulassung zurück. Sophie Scholl schildert Fritz Hartnagel die Situation und ist jetzt bereit, sein Angebot, ihre Familie weiterhin finanziell zu unterstützen, anzunehmen. Der Vater könne nur noch als Buchhalter arbeiten und sich eigentlich weder studierende Kinder noch eine große Wohnung leisten. Angesichts des nahen Kriegsendes wolle er aber die Wohnung nicht aufgeben.

Wie wir heute wissen, dauert der Krieg noch bis Mai 1945, und daher muss man die Frage stellen, warum die Familie Scholl, die eigentlich immer gut informiert ist, mit dieser Einschätzung so falsch liegt. Aber die Zeichen deuten im Winter 1942 tatsächlich auf ein mögliches Kriegsende hin: Am 8. November landen alliierte Truppen in Casablanca und Algier und nehmen die deutschen und italienischen Truppen des Afrika-Corps in die Zange. Viele Menschen in Deutschland deuten diese Niederlage als Vorboten eines endgültigen Sieges der Alliierten.

Anfang November wird Hans Scholl von seinem Fronteinsatz zurückerwartet. Sophie ist deshalb nach Ulm gefahren und bereitet das Adventspäckchen für Fritz vor. Während im Hause Scholl alle voller Vorfreude sind, wirkt Sophies Stimmung gedämpft. »Die Unsicherheit, in der wir heute dauernd leben, die uns ein fröhliches Planen für den morgigen Tag verbietet und auf alle die nächsten kommenden Tage ihren Schatten wirft, bedrückt mich Tag und Nacht und verlässt mich eigentlich keine Minute«[11], schreibt sie an Fritz.

Sie weiß, dass es nun weitergehen muss mit den Aktionen des Widerstands und dass sie eine wichtige Rolle dabei spielen wird. Sie sehnt es herbei und fürchtet es zugleich. Das spricht sie dem Freund gegenüber nicht aus, aber sie deutet an, sie sei nervös, weil große Herausforderungen vor ihr lägen. Bei der Vorstellung, was alles zu tun und zu bedenken, zu wagen und zu befürchten sein wird, kriecht ein Gefühl der Erschöpfung in ihr hoch. Jedes Wort müsse man hin und her wenden, bevor man es auszusprechen wage, schreibt sie ihm, und alle Beziehungen seien von Vorsicht statt von Vertrauen geprägt.

Sophie Scholl ist keine furchtlose Heldin. Sie gibt ehrlich zu, sie fühle sich wie eine Versinkende, die von unheimlichen Schlingarmen auf dem Meeresgrund festgehalten werde, »weil ich Angst in mir habe und nichts als Angst und mich nur nach dem sehne, der mir diese Angst abnimmt«.[12] Sie bittet Fritz darum, er solle für sie beten, sie wolle es auch für ihn tun. Aber – und das ist das Großartige und Bewundernswerte an Sophie Scholls Persönlichkeit – sie findet immer wieder die Kraft, die dunklen Ahnungen abzustreifen, zuversichtlich zu sein und damit auch den Freund zu unterstützen. Am Ende des

Briefes versichert sie Fritz, sie lasse sich ihren Mut durch nichts nehmen.

Hans Scholl und seine Freunde Alexander Schmorell, Jürgen Wittenstein und Hubert Furtwängler haben während ihres Einsatzes an der Front einen weiteren Gleichgesinnten gefunden, den Medizinstudenten Willi Graf. Er ist vierundzwanzig Jahre alt, genau wie Hans Scholl, stammt aus einer streng katholischen Familie in Saarbrücken und gehörte dem katholischen Schülerbund Neudeutschland an, der sich in der Tradition der Wandervögel sah. Als das Saarland sich 1935 dem Deutschen Reich anschloss, wurde der Schülerbund aufgelöst und alle Mitglieder dazu aufgefordert, in die Hitlerjugend einzutreten. Willi Graf weigerte sich und strich in seinem Adressbuch alle Freunde durch, die zur HJ wechselten. 1938 wurde er wegen bündischer Umtriebe vorübergehend inhaftiert, durfte aber später das Abitur machen, obwohl er nicht in der HJ war.

Kaum ist Hans Scholl im November aus dem Krieg zurück, fährt er zusammen mit Alexander Schmorell nach Chemnitz, um Falk Harnack zu treffen. Die Freunde der »Weißen Rose« wollen über Falk Harnack eine Verbindung zu dessen Bruder Arvid Harnack bekommen. Dieser zählt zu einem Berliner Widerstandskreis, gemeinsam mit Harro Schulze-Boysen. Doch das umfangreiche Netz der sogenannten Harnack-Schulze-Boysen-Gruppe, von den Nazis »Rote Kapelle« genannt, ist zu diesem Zeitpunkt bereits aufgeflogen, 117 Verdächtige wurden verhaftet, 46 hingerichtet, darunter, im Dezember 1942, auch Arvid Harnack. Sein Bruder Falk lehnt eine Zusammenarbeit mit der »Weißen Rose« daher zunächst ab. Nun wenden sich Scholl und Schmorell an Eugen Grimminger, der Robert

Scholls Steuerbüro während dessen Gefängnisaufenthalt weiterführte. Wahrscheinlich ist die Anregung dazu von Sophie Scholl gekommen, denn sie hat Grimminger während der Semesterferien häufig in Ulm gesprochen und dabei gemerkt, dass er ihren Ideen nahesteht. Grimminger hat ihr auch bereits größere Mengen Briefumschläge zukommen lassen.

In diesem November fährt Traute Lafrenz nach Hamburg, um dort ebenfalls Mitstreiter für die Verbreitung von Flugblättern zu gewinnen, und Jürgen Wittenstein versucht dasselbe in Berlin.

Die Nachrichten von der Front in Russland alarmieren die Widerstandsgruppe. Am 19. November 1942 beginnt die Gegenoffensive der Roten Armee bei Stalingrad. Drei Tage später ist die deutsche sechste Armee eingekesselt. Adolf Hitler besteht darauf, die Abwehrmanöver von seiner Kommandozentrale auf dem Obersalzberg bei Berchtesgaden aus selbst zu leiten, doch er verschlimmert die Katastrophe damit nur. Die sechste Armee soll über eine Luftbrücke versorgt werden, was nicht gelingt. Trotzdem wird jeder Ausbruchsversuch bei Todesstrafe verboten. Fritz Hartnagel ist einer von über 230 000 eingekesselten Soldaten, die bald unter Hunger, Kälte, Krankheiten und Erschöpfung leiden.

Sophie Scholl fährt am 28. November zurück nach München, um ihr Studium fortzusetzen. Gemeinsam mit Hans bezieht sie eine kleine Hinterhaus-Wohnung in der Schwabinger Franz-Joseph-Straße 13, nahe der Leopoldstraße. Dort finden in den nächsten Tagen Gespräche über neue Aktionen gegen die Nazis statt, diesmal sind auch Christoph Probst und Willi Graf dabei. Graf notiert in seinem Tagebuch am 1. Dezember: »Bei Hans sitzen wir spät und lange zusammen, denn Christl

(Spitzname für Christoph Probst) wird jetzt wegfahren. Gespräche über den Aufbau, manche Gedanken sind mir neu.«[13] Die Gruppe einigt sich darauf, Christoph Probst aus allen Aktionen herauszuhalten, weil er eine Frau und Kinder hat. Hans bittet ihn aber darum, einen Entwurf für ein Flugblatt anzufertigen.

Ob Sophie Scholl bei diesen Gesprächen anwesend ist? Wahrscheinlich nicht, denn Graf unterscheidet im Tagebuch genau, ob er »bei Hans« oder »bei Scholls« sitzt. Am 4. Dezember heißt es: »Abends sitzen Anneliese und ich bei Scholls, wir sprechen von Büchern und den Menschen, deren Leben dahintersteht.«[14] Eine knappe Woche später schreibt er: »Am Abend bin ich bei Hans. Wir reden und planen, was zu tun sei.«[15] Er fügt hinzu: »Balalaika- und Klampfenspiel. Die Nacht ist schön.« Die Studenten haben auch angesichts ihrer gefährlichen Pläne die Lebensfreude offenbar nicht verloren.

Dass Sophie Scholl ebenso wenig wie die anderen Frauen ihres Freundeskreises »gleichberechtigt« an allen Gesprächen teilnimmt, hat in erster Linie mit der Vorstellung zu tun, Frauen müssten geschützt werden, ebenso wie die Familie von Christoph Probst. Dennoch ist Sophie durch ihren Bruder in die meisten Pläne eingeweiht. Das kann auch gar nicht anders sein, denn das Zentrum der Aktivitäten hat sich von der Schmorell'schen Villa in die Wohnung der Scholls nach Schwabing verlagert. Alex Schmorell bekommt deshalb einen eigenen Haustürschlüssel für die Franz-Joseph-Straße, kann kommen und gehen, wie er will, und übernachtet auch häufig dort.

Am 3. Dezember fahren Sophie und Hans Scholl mit dem Zug nach Stuttgart. Während Hans zu einer Verabredung mit Eugen Grimminger eilt, trifft sich Sophie mit ihrer Freundin Susanne Hirzel, die an der Musikhochschule studiert. In Susannes Studentenbude berichtet Sophie von dem Plan, neue

Flugblätter herzustellen und diese in einem größeren Umkreis als bisher zu verteilen. Dann spazieren sie durch die Innenstadt, und Susanne Hirzel erinnert sich später daran, wie unerschrocken Sophie geklungen hat: »Als wir zusammen die Römerstraße hinunterschritten, meinte sie: ›Ich bin entschlossen, etwas zu tun. Wenn jeder nur eine Meinung hat gegen dieses System, aber nicht handelt, so macht er sich schuldig. Diese ganze Katastrophe ist nur möglich, weil keiner schreit und die Soldaten draußen wie die Leute drinnen brav arbeiten und dadurch ihr Leben einsetzen für diesen Staat. Ich jedenfalls will nicht schuldig werden […] Wenn jetzt Hitler daherkäme und ich eine Pistole hätte, würde ich ihn erschießen. Wenn es die Männer nicht machen, muss es eben eine Frau tun.‹«[16]

Susanne Hirzel wendet ein, neben Hitler gebe es ja auch noch Himmler und andere mächtige Nationalsozialisten, aber sie spürt, dass ihre Bedenken die Freundin nicht erreichen. Sophie habe sich nur noch ihrem Gewissen gegenüber verpflichtet gefühlt und dabei auch die Möglichkeit einbezogen, für ihren Widerstand sterben zu müssen.

Einen ganz anderen Eindruck hat Hans Hirzel nach einem Gespräch mit Hans Scholl. Auf die Frage, was zu tun sei, wenn man bei einer Aktion gegen das NS-Regime erwischt würde, habe Hans Scholl von diesem Gedanken gar nichts wissen wollen und nur gesagt, »es ist das Wesen des passiven Widerstandes, sich nicht erwischen zu lassen«. Ein andermal habe er aber erklärt, »wenn es schiefgeht, werde ich mich über die Grenze nach Jugoslawien schlagen und mitmachen als Partisan«[17]. Kann es sein, dass Hans Scholl die Frage nach dem Preis, den er für seinen Kampf gegen das Regime vielleicht wird zahlen müssen, nicht zu Ende denkt? Dafür spricht auch eine Erinnerung von Birgit Weiß-Huber, der Tochter des Münchner Professors Karl

Huber. Sie verfolgt damals ein Gespräch ihres Vaters mit Hans Scholl: »Scholl sagte enthusiastisch, jung, frisch, wie er war: Ja, Herr Professor, wir wollen aber einen unblutigen Widerstand. Und mein Vater sagte sehr, sehr ernst: Ohne Blut geht's nie.«[18]

In Stuttgart treffen Sophie und Susanne im Café auf einen gut gelaunten Hans Scholl. Bei Kaffee und Kuchen verrät er ihnen, Grimminger habe ihm 500 Reichsmark zugesichert, damit könne man eine Menge Flugblätter drucken und verschicken. Scholl freut sich: »Bald werden es die Spatzen von den Dächern pfeifen, dass wir von Verbrechern regiert werden. Wenn es viele, sehr viele einsehen, könnte daraus eine Tat entstehen, und die Fackel, die wir werfen, könnte neue Fackeln entzünden.«[19]

Susanne Hirzel hingegen ist skeptisch. Zwar versteht sie, dass Hans Scholl und seine Freunde um der Ehre und Moral willen ein Zeichen setzen und aus der Düsternis von Schweigen und Untätigkeit herausfinden möchten – das möchte sie selbst ja auch –, aber sie kann die Zuversicht der Geschwister nicht nachempfinden. Als die beiden wieder nach München abgereist sind, redet Susanne Hirzel mit ein paar Freunden über die neuen Pläne. Die meisten von ihnen könnten sich zwar vorstellen, mitzumachen, glauben aber nicht daran, mit Flugblättern etwas bewirken zu können. Stattdessen müsse man warten, bis die Amerikaner die Deutschen befreien würden.

Susanne und Hans Hirzel versuchen aber trotz ihrer Zweifel weiterhin, Gleichgesinnte zu finden, um die neue Flugblatt-Aktion ihrer Freunde zu unterstützen. Hans Hirzel spricht seinen Schulkameraden Albert Riester an, von dem er glaubt, er sei den Nazis gegenüber kritisch eingestellt. Riester informiert jedoch sofort die Gestapo, was Hans Hirzel erfährt. In der folgenden Nacht wirft er den Vervielfältigungsapparat, den er auf Sophies Bitte hin gekauft hatte, in die Donau. Er trifft sich erneut mit Riester, um das vorherige Gespräch als Experiment abzutun.

Zurück in München, bekommen die Scholls Besuch von Willi Graf und seiner Schwester Anneliese, die seit diesem Semester Lehramtsstudentin an der Ludwig-Maximilians-Universität ist. Willi Graf hat Sophies altes Zimmer in der Mandlstraße übernommen, dort wird demnächst auch eines für seine Schwester frei. Vier Tage vor dem Umzug zieht Anneliese Graf zu Scholls in die Franz-Joseph-Straße. Dies ist die Zeit, von der sie später berichtet, sie habe Sophie nur gekannt, nicht »erkannt«. Sie erfährt überhaupt nichts von den Aktivitäten der »Weißen Rose«, ist aber dabei, wenn man sich zu Leseabenden trifft, ins Konzert geht oder Tee trinkt. Später wird sie bedauern, nicht die Größe und den Mut von Sophie Scholl gespürt zu haben.

Die einundzwanzigjährige Sophie Scholl ist nicht mehr die junge, übermütige Frau, die in der Donau nackt gebadet hat, wild tanzte und sich provozierend in der hintersten Schulbank räkelte. Alle, mit denen sie in München befreundet ist, beschreiben sie als ernst und zurückhaltend. Nur Gisela Schertling, die Freundin aus dem Arbeitsdienst, erlebt sie anders. Sie studiert ebenfalls seit dem Wintersemester in München. Beinahe täglich trifft sie sich mit Sophie an der Uni, und da sie jetzt mit Hans Scholl liiert ist, kommt sie häufig zu ihnen in die Franz-Joseph-Straße.

Fritz Hartnagel schreibt aus dem Kessel von Stalingrad: »Doch was auch kommen mag, ich will es frohen Herzens auf mich nehmen, im Bewusstsein eines Besitzes, den keine Macht dieser Erde nehmen kann.«[20] Schon sind 80 000 deutsche Soldaten tot, über die Hälfte von ihnen verhungert. Die Rote

Armee erlebt ein ähnliches Elend, und auch wenn man Tote nicht gegeneinander aufrechnen kann und nicht alle Deutschen diesen Krieg gewollt haben, so hat Fritz Hartnagels Sohn Thomas recht, wenn er darauf hinweist, dass die Rote Armee diese Katastrophe deshalb durchleidet, weil sie ihr eigenes Land verteidigt. Die Deutschen hingegen haben die Sowjetunion überfallen.

Weder Fritz' Weihnachtsgruß an Sophie kommt pünktlich an noch ihr Weihnachtsbrief an ihn. Sie stellt ihm darin in Aussicht, die Zeit sei nicht mehr fern, da er wieder Herr über seine Zeit und Handlungen sei. Ihr Schlusssatz klingt wie eine Fürbitte: Er solle doch bitte gesund zurückkommen. Alle anderen Wünsche, die sie für ihn habe, würde er ja kennen.

Kurz vor Weihnachten besucht Sophie Otl Aicher im österreichischen Bad Hall, wo er sich von der Gelbsucht erholt. Sie ist immer noch davon überzeugt, Otl Aicher sei einer der wertvollsten Menschen, die sie kenne. »Man spürt in ihm das Wirken des Geistes, wie ich es von keinem anderen erlebt habe«[21], schreibt sie einem Freund. Dass Aicher seinerseits über Sophie Scholl sagt, sie »misstraute Worten, großen Worten. Sie misstraute Gedanken, großen Gedanken, und sie misstraute Theorien«[22], mag aus heutiger Sicht verwundern. Zieht man aber das zeitbedingte Pathos ab, das die Briefe der Menschen zu Sophie Scholls Zeit prägt, wirken ihre Worte neben denen von Inge Scholl oder Otl Aicher durchaus schlicht.

Auf dem Balkon vor seinem Sanatoriumszimmer baut Aicher aus Matratzen einen gemütlichen und gut versteckten Sitzplatz, sodass sein Besuch lange über die erlaubte Zeit hinaus bei ihm bleiben kann. Dort tauschen sich die beiden über den Krieg aus, vor allem über Stalingrad. Sophie hält den baldigen

Einmarsch der Amerikaner für möglich, er glaubt das nicht. Hat sie ihm von der Flugblatt-Aktion berichtet? Unbegreiflicherweise streitet Otl Aicher jahrelang ab, davon gewusst zu haben. Nun ist die Historikerin Barbara Beuys auf einen Brief von Aicher an Carl Muth gestoßen, in dem es heißt: »Sie hat mir in Bad Hall alles dargelegt.«[23] Es wäre auch unverständlich, warum Sophie Scholl ausgerechnet Otl Aicher, der ja schon immer ein Gegner der Nazis gewesen ist und von dem sie so viel hält, nichts über die Widerstandsaktionen gesagt haben sollte.

Der Besuch in Bad Hall hat ein Nachspiel, denn diesmal ist Inge Scholl richtig wütend. Erstens hat sie Aicher, der immerhin *ihr* fester Freund ist, noch nicht einmal selbst im Sanatorium besucht. Zum anderen hat sie erfahren, dass Aicher ihrer Schwester Gebetshefte gezeigt hat, in denen Inge ganz persönliche Texte notiert hatte, ein Vertrauensbruch, der sie schwer trifft. Weil sie es vor sich selbst nicht vertreten kann, auf die geliebte Schwester eifersüchtig zu sein, bietet sie dem Freund an, sich zugunsten von Sophie zurückzuziehen. Doch weder Otl Aicher noch Sophie Scholl wollen füreinander mehr als Freunde sein. Die Geschichte löst sich in Wohlgefallen auf, wirft aber ein Licht darauf, wie wenig Sophie sich in dieser Angelegenheit in die Gefühle ihrer Schwester hineinversetzen kann – und umgekehrt.

Kurz nach Weihnachten schreibt Sophie Scholl an Fritz Hartnagel: »In Gedanken bin ich jetzt so viel bei Dir, dass ich oft meine, wir müssten uns begegnen. Doch frage ich mich immer wieder mit Sorge, wie es Dir jetzt ergehen mag. Du weißt, wie schwer ein Menschenleben wiegt, und man muss wissen, wofür man es in die Waagschale wirft.«[24]

In der Wand tickt eine unsichtbare Uhr

1943

Am 8. Januar 1943 fährt Sophie Scholl zurück nach München. Hans holt sie am Bahnhof ab und begleitet sie in ein Konzert mit Werken von Beethoven und Brahms. Danach trifft sich der Freundeskreis im Atelier an der Leopoldstraße. Willi Graf hält an diesem Abend im Tagebuch fest: »Später sitzen wir noch lange im Atelier als Gäste und reden viel, fast zu viel.«[1] Die Studenten sind nervös. Ihre nächste Aktion steht bevor, und weil sie diesmal viel mehr Menschen erreichen wollen, wissen sie, dass sie auch mehr riskieren müssen. Natürlich gibt es keine Aufzeichnungen über ihre Planungstreffen und erst recht nicht über Strategien der Geheimhaltung. Dass die Gruppe aber nicht leichtsinnig ist, lässt sich aus vielen Kleinigkeiten schließen: Sie weihen kaum jemanden außer ihrem engsten Kreis ein und verstecken verdächtige Indizien gewissenhaft. Aber: Ist eine Gruppe von Studenten, die kaum Erfahrung in derartigen geheimen Missionen besitzt, nicht auf Dauer doch damit überfordert, sich vor kriminaltechnisch geschulten Gestapo-Beamten zu schützen?

Hans Scholl und Willi Graf besuchen am nächsten Tag Professor Kurt Huber in dessen Haus in Gräfelfing, am westlichen Stadtrand von München, und führen ein »grundsätzliches« Gespräch, bei dem Huber wahrscheinlich in die Pläne eingeweiht wird. Sophie ist nicht dabei, aber Hans hat nicht mehr vor, sie von gefährlichen Informationen abzuschirmen. Er weiß, dass ihre Mitarbeit dringend benötigt wird, und so übernimmt Sophie drei wichtige Aufgaben: Sie führt die Kasse, besorgt Umschläge und Briefmarken und wird als Kurier durch Süddeutschland reisen, um Stapel von Flugblättern an Verbindungsleute zu übergeben oder diese zur Post zu bringen.

Als Manfred Eickemeyer am 12. Januar wieder für längere Zeit nach Polen fährt, zieht der Ulmer Glasmaler Wilhelm Geyer in das Atelier an der Leopoldstraße. Er ist seit vielen Jahren ein Freund der Familie Scholl und hat gerade einen großen Auftrag für ein Glasfenster von einer Münchner Firma bekommen. Während der Woche will er in München arbeiten und am Wochenende nach Hause fahren. Geyer muss daher zumindest teilweise in die Pläne eingeweiht werden. Hans organisiert ein Willkommensfest für ihn, an dem »mancher gute Gedanke [...] geboren«[2] wird, schreibt Willi Graf. Zwei Tage später heißt es dann: »Besuch bei Hans, auch am Abend bin ich noch dort, der Stein kommt ins Rollen.«

Das nächste Flugblatt beruft sich zwar nicht mehr auf »Die Weiße Rose«, es hat sich jedoch eingebürgert, alle Flugblätter aus dem Umkreis von Hans Scholl chronologisch durchzunummerieren, und deshalb trägt es die Nummer fünf. Wird Sophie Scholl nach ihrer Meinung zum Inhalt gefragt? Zu beweisen ist es nicht, aber es spricht viel dafür, dass sie den Entwurf gelesen hat. Die beiden Geschwister wohnen zusammen, sie verbringen die meisten Abende mit ihren Freunden gemeinsam, Hans weiß, dass die Schwester klug argumentieren und präzise formulieren kann. Deshalb haben er, Inge und Otl Aicher ihre Textentwürfe für das »Windlicht« auch oft zuerst an Sophie geschickt, um ihre Meinung einzuholen.

Das fünfte Flugblatt nimmt Vorder- und Rückseite eines Blattes ein, wie die vorherigen auch, ist allerdings mit einem größeren Zeilenabstand geschrieben und weist ein paar Hervorhebungen durch gesperrt getippte Wörter oder Zeilen auf. Insgesamt beinhaltet das Flugblatt durch die übersichtliche Aufteilung weniger Text, wirkt dafür aber eindringlicher. Auch die Überschrift *Aufruf an alle Deutsche!* passt dazu. An Stelle eines Verfassers wird eine *Widerstandsbewegung in Deutschland* genannt. Mit diesem Flugblatt will die Gruppe das Image der kleinen konspirativen Zelle ablegen und sich den Anschein einer großen, deutschlandweit operierenden Organisation geben:

»Der Krieg geht seinem sicheren Ende entgegen [...] Hitler kann den Krieg nicht gewinnen, nur noch verlängern! [...] Was aber tut das deutsche Volk? Es sieht nicht und es hört nicht. Blindlings folgt es seinen Verführern ins Verderben [...] Deutsche! Wollt Ihr und Eure Kinder dasselbe Schicksal erleiden, das den Juden widerfahren ist? Wollt Ihr mit dem gleichen Maß gemessen werden wie Eure Verführer? Sollen wir auf ewig das von aller Welt gehasste und ausgestoßene Volk sein? Nein! Darum trennt Euch von dem nationalsozialistischen Untermenschentum! Beweist durch die Tat, dass Ihr anders denkt! Ein neuer Befreiungskrieg bricht an. Der bessere Teil des Volkes kämpft auf unserer Seite. Zerreißt den Mantel der Gleichgültigkeit, den Ihr um Euer Herz gelegt! Entscheidet Euch, eh es zu spät ist!«[3]

Der Stil des fünften Flugblatts unterscheidet sich deutlich von dem der ersten vier. Diesmal wird mit rhetorischen Fragen gearbeitet, mit knappen, prägnanten Ausrufen, mit plakativen Bildern. Es geht nicht mehr darum, eine akademisch gebildete Leserschaft mit subtilen Argumenten umzustimmen, sondern jedem Deutschen klarzumachen, er müsse jetzt die Chance zum Handeln ergreifen. Zum Schluss heißt es:

»Freiheit der Rede, Freiheit des Bekenntnisses, Schutz des einzelnen Bürgers vor der Willkür verbrecherischer Gewaltstaaten, das sind die Grundlagen des neuen Europa.«

Alexander Schmorell hat wieder einen Vervielfältigungsapparat organisiert, Sophie und Hans Scholl kaufen Umschläge, Matrizen und Briefmarken, einmal geht auch Traute Lafrenz dabei mit. Da kriegsbedingt alles rationiert ist, auch Papierwaren, müssen sie immer wieder in andere Geschäfte oder Postämter gehen, um die Vorräte zusammenzubekommen, ohne Verdacht zu erregen.

Bald haben sie 10 000 Blatt Papier, 2000 Briefumschläge, 1000 Briefmarken und 20 Matrizen gehamstert. Um den Kreis der Adressaten ausweiten zu können, gehen Sophie, Hans und Alexander häufig ins Deutsche Museum, wo alle Telefonbücher des Deutschen Reiches ausliegen. Stundenlang schreiben sie Adressen in Notizbücher oder auf Zettel ab, um sie später auf die Briefumschläge zu übertragen. Diesmal sollen die Flugblätter auch nach Augsburg, Stuttgart, Frankfurt, Salzburg, Linz und Wien verschickt werden. Ulm wird ausgespart, um die Familie Scholl nicht in Verdacht zu bringen.

Es braucht viele Stunden, um 9000 Flugblätter herzustellen, einzutüten, Briefmarken auf die Umschläge zu kleben und – was am längsten dauert – Adressen zu tippen. Die Studenten arbeiten bis in die tiefe Nacht, denn tagsüber müssen sie zur Tarnung ihr normales Leben weiterführen, Vorlesungen besuchen, Freunde treffen, essen gehen und den verlorenen Schlaf nachholen.

Sophie schreibt am 12. Januar in ihr Tagebuch: »Meinen freien Willen fühle ich, wer kann ihn mir beweisen?«[4] Es scheint, dass die Arbeit, so anstrengend sie auch ist, sie beflügelt, ihr für kurze Momente ein glückliches, stolzes Gefühl gibt. Aber immer dann, wenn sie die Arbeit unterbricht, kippt ihre Stimmung: »Sobald ich allein bin, verdrängt eine Traurigkeit jede Lust zu einer Tätigkeit in mir. Wenn ich ein Buch zur Hand nehme, dann nicht aus Interesse, sondern so, als ob es ein anderer täte. Über diesen entsetzlichen Zustand kann nur eines helfen. Die schlimmsten Schmerzen, und wären es bloß körperliche, sind mir tausendmal lieber als diese leere Ruhe.«[5]

Willi Graf schreibt in sein Tagebuch: »Viel Zeit geht damit vorbei, dass ich mich mit dem Plan beschäftige. Ob das der richtige Weg ist? Manchmal glaube ich es, manchmal zweifle ich daran. Aber trotzdem nehme ich es auf mich, wenn es auch noch so beschwerlich ist.«[6]

Weil es teurer ist, die Post von München aus in andere Städte zu schicken, plant die Gruppe, viele Briefe möglichst vor Ort in die Briefkästen zu werfen. Sophie bittet Hans Hirzel darum, Adressen aus Stuttgart herauszusuchen und schon einmal Umschläge zu beschriften. Diese Absprachen zu treffen, ist kompliziert, denn seit dem Prozess des Vaters müssen die Geschwister Scholl befürchten, dass sie von der Gestapo überwacht werden. Hirzel schickt seine Nachrichten für Sophie Scholl daher an Gisela Schertling und fügt das Codewort »Zollhaus« hinzu, damit Gisela den Brief ungeöffnet an Sophie weiterreicht.

Am Nachmittag des 13. Januar findet im Deutschen Museum anlässlich des 470. Geburtstags der Ludwig-Maximilians-Universität eine Feier statt. Für alle Studenten ist das Erscheinen Pflicht. Wer nicht da ist und keinen Anwesenheitsstempel bekommt, wird mit Ausschluss vom nächsten Sommersemester bedroht. 1200 männliche Studenten sitzen unten im Saal, die 300 Studentinnen hat man nach oben auf die Empore geschickt.

Der Münchner Gauleiter Paul Giesler, der ranghöchste NSDAP-Funktionär in der Stadt, freut sich über den Anblick so vieler Soldaten unter den Studenten. Mit Blick auf die Empore ruft er, die Damen jedoch würden hoffentlich bald die Universität verlassen und ihr Glück als Mutter finden. Höhere Töchter wollten sich mit einem Studium nur vor ihren Pflichten drücken. Höhnisch fährt er fort: »Wenn einige Mädels nicht hübsch genug sind, einen Freund zu finden, werde ich gern jeder einen von meinen Adjutanten zuweisen, und ich kann ihr ein erfreuliches Erlebnis versprechen.«[7]

Die Studentinnen quittieren diese Unverschämtheit mit wütendem Protest, pfeifen, trampeln auf den Boden und drängen zu den Türen. Der Münchner Polizeipräsident gibt seinen Leuten den Befehl, die aufgebrachten Frauen zu verhaften. Doch inzwischen bewegen sich auch die Studenten zum Ausgang, um ihren Kommilitoninnen beizustehen. Es kommt zu einem chaotischen Gerangel und zu vielen Festnahmen. Nach dem Verhör werden jedoch alle wieder freigelassen. Der Polizeipräsident vermutet eine Widerstandsgruppe hinter dem Tumult. Dass die abschätzigen Äußerungen des Gauleiters allein ausgereicht haben, um die Proteste auszulösen, kann er sich nicht vorstellen.

Längst nicht alle der 3788 Münchner Studenten, die zum Wintersemester 1942/43 an der Münchner Universität eingeschrieben sind, haben die Veranstaltung im Deutschen Museum besucht. Auch Hans und Sophie Scholl, Alexander Schmorell und Willi Graf sind zu Hause geblieben. Sie haben in der Zeit an der Fertigstellung der Flugblätter gearbeitet und Wilhelm Geyer auf dessen Nachfrage erklärt, falls es bei der Veranstaltung zu »Unstimmigkeiten« kommen sollte, wären sie sofort als Urheber im Verdacht, denn sie seien sicher, dass die Gestapo sie inzwischen beobachte. Weil das Flugblatt schon in der Vervielfältigungsphase ist, wird der Eklat im Deutschen Museum darin auch nicht erwähnt.

Eine kleine Ruhepause gönnen sich die vier Hauptakteure, als sie am 19. Januar in die Berge fahren. Hans Scholl schreibt danach an Otl Aicher, er sei voll des Mutes. Seine Schwester hingegen kann die Sorgen nicht abschütteln. Sie schreibt – ebenfalls an Aicher –, sie sei nicht recht beieinander und habe Kopfschmerzen. In einem Brief an Lisa gibt sie aber zu, die Kopfschmerzen seien nicht der Grund für ihre Zerstreutheit.

Von Fritz Hartnagel hat sie eine niederschmetternde Nachricht erhalten. Sein Bataillon sei aufgelöst, die Lage aussichtslos, nur noch Tod oder Gefangenschaft würden ihn erwarten. Acht Tage hätten sie bei minus 30 Grad im Freien verbracht und er habe beide Hände erfroren. Er lasse Sophie in inniger Liebe grüßen und bitte sie darum, seine Familie zu grüßen, falls er selbst nicht mehr dazu komme. »Ich bleibe Dein Fritz.«[8]

Wie muss es sich für Sophie Scholl anfühlen, nächtelang Flugblätter zu drucken, in Briefumschläge zu stecken und an völlig fremde Menschen zu schicken, während Fritz solche Qualen durchmacht? Kann sie noch an ihre Sache glauben? Fragt sie sich, ob ihre Aktion noch einen Sinn hat? Aber es gibt in diesem Moment keine Alternative, und das Sinnvollste, was sie tun kann – so muss sie sich gesagt haben –, ist es, die angefangene Arbeit zu Ende zu bringen.

Am 25. Januar steigt sie in einen Zug nach Augsburg. In ihrem Koffer liegen 250 fertige Briefe mit Augsburger Adressen und außerdem 2000 Flugblätter. In Augsburg angekommen, kauft sie Marken zu 8 Pfennigen und frankiert die Briefe, was viel Geld spart, denn von München aus hätte jeder Brief nach Augsburg mit 12 Pfennig frankiert werden müssen. Sophie Scholl geht durch Augsburg und wirft die Briefe in verschiedene Briefkästen. Dann fährt sie nach Ulm, wo sie am Abend mit Hans Hirzel verabredet ist, aber er kommt nicht zum Treffpunkt. Also geht sie zum Pfarrhaus und hofft, auf dem Weg dorthin niemand Bekanntes zu treffen. Sie übergibt Hirzel die Flugblätter, geht zum Bahnhof zurück und fährt wieder nach München. Es ist die erste sehr riskante Aktion von Sophie Scholl.

Hans Hirzel muss nun zusehen, wie er in kürzester Zeit 600 Flugblätter in die für Stuttgart adressierten Kuverts steckt und frankiert. Gemeinsam mit Franz Müller erledigt er die Arbeit auf der Orgelempore der Ulmer Martin-Luther-Kirche, für die Hirzel als Organist einen Schlüssel besitzt. Schon zwei Tage später sind alle Briefe fertig, Hirzel will sie in Stuttgart einwerfen, schafft es aber nicht mehr selbst. Deshalb klingelt er am 27. Januar spätabends bei seiner Schwester Susanne, kippt einen Koffer voller Briefe auf ihr Bett, schärft ihr ein, vorsichtig zu sein, wenn sie die Briefe einwirft, und fährt zurück nach Ulm.

Susanne Hirzel öffnet sofort einen der Briefe, liest das fünfte Flugblatt und ist außer sich: »Die sind Wahnsinnige, alle werden geschnappt werden, wir sind tot, tot! Aber das Flugblatt ist großartig«[9], denkt sie. Von Angst überwältigt, schlägt sie mit den Fäusten gegen die Wand, um die Anspannung loszuwerden. Sie spielt kurz mit dem Gedanken, den ganzen Haufen Papier zu verbrennen, doch dann verbringt sie die halbe Nacht damit, immer wieder von ihrem Zimmer aus mit einer gefüllten Mappe loszugehen und die Briefe in verschiedene Kästen einzuwerfen. Warum dieser Aufwand? Zum einen sind die Briefkästen rasch voll, wenn mehrere Hundert Briefe eingeworfen werden. Außerdem erregen größere Sendungen von Briefen, die alle in ähnlichen Umschlägen stecken und mit derselben Schreibmaschine beschriftet worden sind, zu leicht Verdacht. Ein übereifriger Postangestellter könnte einen Brief öffnen und das Flugblatt der Gestapo melden.

Am 26. Januar fährt Alexander Schmorell mit einem Koffer voller Briefe nach Österreich. Er wirft in Salzburg und Linz je 200 Briefe ein, in Wien 1000. So wirkt es, als habe die Organisation auch eine Außenstelle in Österreich. Nach Frankfurt fahren die Studenten nicht, denn die Fahrkarte dorthin wäre teurer als das höhere Porto, das man für einen Brief von München nach Frankfurt zahlen muss.

Hans Scholl und Alexander Schmorell werfen in der Nacht vom 28. Januar die Post für München ein. Jeder hat außerdem noch 500 Flugblätter, die sie in Hauseingängen, Hinterhöfen und Toreinfahrten auslegen. Sophie Scholl ist nicht dabei, aber sie beginnt damit, gefährliche Alleingänge zu unternehmen. Immer hat sie ein paar Flugblätter in ihrer Studienmappe, die sie bei Gelegenheit in Telefonzellen zwischen die Seiten der Bücher legt oder auf parkende Autos. Weil niemand dabei ist, der Wache hält, sind diese Aktionen am helllichten Tag äußerst gewagt.

Die Gestapo steht vor einem Rätsel. Schon im Sommer 1942 hat sie erfolglos versucht, die Verfasser der ersten *Flugblätter der Weißen Rose* zu entlarven. Als nach dem vierten Flugblatt keine weiteren folgten, hatte man das Ganze als unbedeutende Aktion abgetan und die Ermittlungen eingestellt. Ende Januar aber taucht das fünfte Flugblatt innerhalb weniger Tage in sieben deutschen und österreichischen Städten und in der Münchner Innenstadt auf. Über 1300 Blätter werden von wütenden oder ängstlichen Empfängern bei der Polizei abgegeben.

Der Münchner Gestapo-Chef Oswald Schäfer bestellt Kriminalsekretär Robert Mohr zu sich und befiehlt ihm, alle anderen Aufgaben liegen zu lassen, um sofort mit der Fahndung nach den Verfassern des fünften Flugblatts *Aufruf an alle Deut-*

sche! zu beginnen. Nach einer Woche sind die ersten Ergebnisse da: Die Labortechnik hat herausgefunden, dass die Matrizen für alle Flugblätter auf einer einzigen Maschine geschrieben worden sind und dass sowohl das Papier als auch die Briefumschläge aus München stammen. Die Gestapo vermutet, auch die Flugblätter Nummer eins bis vier vom Sommer 1942 seien auf derselben Maschine getippt worden. Der Kern der Gruppe müsse in München sitzen, habe jedoch Helfer in anderen Städten.

Welche Gefühle mögen Sophie Scholl in diesen Tagen bewegt haben? Ist sie erleichtert, weil die aufreibenden Nächte mit Vervielfältigen, Eintüten, Adressieren und Verteilen vorbei sind? Viel Zeit zum Durchatmen gibt es nicht, schon plant die Gruppe das nächste Flugblatt.

Ihrem Bruder Werner schreibt sie am 29. Januar, die kleine Wohnung sei voller Gäste: Elisabeth Scholl ist für zwei Wochen auf Besuch in München, Wilhelm Geyer kommt jeden Tag vorbei, Gisela Schertling wohnt praktisch bei ihnen und Alexander Schmorell und Willi Graf sind ebenfalls Dauergäste. Und zuletzt fügt sie hinzu: »Wir sind alle sehr hoffnungsvoll, was die Kriegsdauer betrifft. Bleib so lange noch gesund und lass Dir's gut gehen.«[10]

Wie es in ihrem Inneren wirklich ausschaut, würde Sophie dem Bruder niemals an die Front schreiben, nur der Freundin Lisa gewährt sie am 2. Februar Einblick: »Draußen tropft's auf den Fenstersims, in der Wand tickt eine unsichtbare Uhr, eine Geisteruhr sozusagen. Denn sie lässt sich nur selten vernehmen, meistens um Mitternacht, und dann läuft sie einmal langsam, dann wieder schneller und schneller, bald scheint es, sie wolle es aufgeben. Bald scheint es, als würden viele Uhren durcheinanderticken. Dann wieder geht es stundenlang schön gleichmäßig, wie sich's einer gutbürgerlichen Uhr geziemt.«[11]

Das Bild von der Uhr beschreibt Sophies inneren Zustand: Mal dehnt sich die Zeit unerträglich aus, dann wieder rast sie davon und stürzt sie in Angst und Panik. Mal spürt Sophie nur ihren eigenen Rhythmus, dann aber – wenn alle Uhren durcheinanderticken – weiß sie, dass für Fritz oder Werner die Zeit völlig anders verläuft.

Jetzt, da sie Fritz nicht mehr mit ihren Sorgen belasten kann, schreibt sie Lisa, was sie wirklich fühlt: »Ich bin oft von einer Traurigkeit, beinahe dauernd, befallen, die mir fast schon lieb zu werden droht.« Mehr Geständnisse gibt es aber nicht, und sie ruft sich auch selbst sogleich zur Ordnung: »Es ist ein gefährlicher Zustand, eine Sünde sogar, wenn man seinen eigenen Schmerz pflegt.« Sie müsste sich fast für diesen Brief schämen, fährt sie fort, und daher solle Lisa ihn vernichten. Zum Schluss berichtet sie noch von Fritz' letztem Gruß aus Stalingrad und hat den Brief bereits beendet und zugeklebt, da öffnet sie ihn noch einmal für einen erleichterten Nachsatz: Gerade habe sie erfahren, Fritz sei im Lazarett, er werde wohl mehrere Finger verlieren, aber sein Leben sei gerettet.

Fritz Hartnagel gehört zu den wenigen, die Stalingrad noch kurz vor der endgültigen Niederlage verlassen können. 100 000 deutsche Soldaten sind bereits im Kessel gestorben, 42 000 werden ausgeflogen. Die restlichen 90 000 Soldaten sollen nach dem Willen Adolf Hitlers bis zu ihrem Tod weiterkämpfen, doch Generalfeldmarschall Friedrich Paulus kapituliert am 31. Januar und rettet ihnen damit vorerst das Leben. Sie gehen in russische Kriegsgefangenschaft, die aber nur etwa 5000 von ihnen überleben. Wenn man die Zahl der im Kampf um Stalingrad Gefallenen beider Lager zusammenzählt, kommt man auf die unfassbare Zahl von 700 000 Toten.

Am 3. Februar 1943 wird im deutschen Radio die Katastrophe von Stalingrad verkündet, und zunächst heißt es, alle Soldaten seien im Kampf gestorben. Christoph Probst schreibt seinen Flugblattentwurf unter dem Eindruck dieser Nachricht: »Stalingrad! 200 000 deutsche Brüder wurden geopfert für das Prestige eines militärischen Hochstaplers [...] Hitler verbot den Eingekesselten, sich zu den rückwärtigen Truppen zurückzuziehen. Nun klagt das Blut von 200 000 dem Tod geweihten Soldaten den Mörder Hitler an [...] Hitler und sein Regime muss fallen, damit Deutschland weiterlebt. Entscheidet Euch [...] dann handelt.«[12]

Hans, Sophie und Elisabeth Scholl sind an diesem Abend zu einem Konzert in das Hotel *Bayerischer Hof* gegangen, von dort begleitet Hans die Schwestern nach Hause, verlässt sie aber sofort danach wieder. Er behauptet, bei einer Entbindung in der Frauenklinik assistieren zu müssen, in Wirklichkeit trifft er sich mit Alexander Schmorell und Willi Graf. In dieser Nacht schreiben die drei zum ersten Mal mit Hilfe einer Schablone und Teerfarbe Parolen an Hauswände: »Nieder mit Hitler« und »Freiheit« wird am nächsten Morgen am Hauptgebäude der Universität und an einigen anderen offiziellen Gebäuden in der Münchner Innenstadt zu lesen sein.

Es ist sicher kein Zufall, dass Sophie Scholl in derselben Nacht mit ihrer Schwester Elisabeth noch ein Stück im Englischen Garten spazieren geht und sagt, »jetzt müsste man Mauerinschriften machen«.[13] Sie habe einen Bleistift dabei, sagt Elisabeth, aber Sophie winkt ab und meint, dafür brauche man Teerfarbe. Das sei gefährlich, gibt die Schwester zu bedenken, worauf Sophie meint, »die Nacht ist des Freien Freund«. Als die

Schwestern wieder in die Wohnung kommen, klingelt das Telefon. Hans trägt ihnen auf, eine Flasche Wein zu besorgen, er habe gerade 50 Mark in seiner Tasche gefunden. »Dann kamen die drei so richtig aufgedreht und wir haben miteinander den Wein getrunken«[14], erinnert sich Elisabeth Scholl.

Am nächsten Morgen begleitet sie Sophie in die Leibniz-Vorlesung von Professor Huber. Die beiden Frauen merken sofort, dass etwas vorgefallen sein muss, denn vor dem Hauptgebäude stehen Studenten in kleinen Gruppen herum und reden auffällig leise miteinander. Dann entdecken sie die in großen Buchstaben geschriebenen Worte an der Wand der Universität. Solange Elisabeth dabei ist, stellt sich Sophie Scholl unwissend, aber später sagt sie Hans auf den Kopf zu, das sei ja wohl sein Werk, was er lachend zugibt. Sophie bittet ihn, sie beim nächsten Mal mitzunehmen, aber Hans Scholl schüttelt den Kopf. Solche Aktionen seien nichts für Mädchen, meint er.

Wie perfekt die Gruppe ihre gefährlichen Aktionen tarnt, erkennt man daran, dass Elisabeth Scholl überhaupt nichts davon mitbekommt, obwohl sie gerade in dieser besonders betriebsamen Zeit zu Besuch in München ist. Nur einmal wundert sie sich, warum Sophie sich über eine Zugfahrkarte aufregt, die Alexander Schmorell auf dem Tisch hatte liegen lassen.

Als Sophie Scholl über Frau Hartnagel Fritz' Lazarett-Adresse in Lemberg in der Ukraine erhält, schreibt sie ihm am 10. Februar sofort dorthin. Seit Stalingrad hat sie keine Post mehr von ihm bekommen, aber sie ist voller Hoffnung: »Und nun ist dies Wiedersehen, das uns bevorsteht, für mich so anders als alle anderen. So als würdest Du zurückkehren, um ganz dazubleiben. Und wenn ich bisher zu müde war zum Plänemachen, weil sie ja doch durch den Krieg alle zu Schanden wurden, so schießen sie jetzt empor wie Urwaldblumen nach einem langen, warmen Regen, so bunt und ungeheuerlich. Doch sie wollen mir gar nicht ungeheuerlich vorkommen, sondern alle durchführbar.«[15] Ob sie zu ihm fahren solle, fragt sie ihn. Fritz erhält den Brief jedoch nicht rechtzeitig, um darauf zu antworten. Und ebenso wenig wird Sophie seine Briefe aus dem Lazarett bekommen.

Die Münchner Gestapo hat inzwischen eine Großfahndung eingeleitet, um die »Wandbeschmierer« zu finden. Auch in den Nächten vom 8. und 15. Februar sind Parolen an die Häuser gemalt worden und noch immer tappt die Polizei im Dunkeln, auch bei der Suche nach den Verfassern der Flugblätter. Dabei werden die Studenten nicht nur mutiger, sondern auch unvorsichtiger.

Willi Graf reist zweimal mit dem Zug quer durch Deutschland, zwar in Uniform, aber ohne Marschbefehl, also ohne Genehmigung. Würde er erwischt und sein Gepäck durchsucht, fielen der Polizei Hunderte von Flugblättern in die Hände. Einmal hat er sogar einen Vervielfältigungsapparat dabei. Ziel seiner Fahrten ist es, möglichst viele seiner früheren Freunde und Bekannten als Mitstreiter zu gewinnen, doch nur wenige, wie die Freunde Heinz und Willi Bollinger in Saarbrücken, sind bereit, die damit verbundenen Gefahren auf sich zu nehmen. Traute Lafrenz reist zur gleichen Zeit in ihre Heimatstadt Hamburg, um auch dort Flugblätter an Freunde zu verteilen, Jürgen Wittenstein unternimmt dasselbe in Berlin.

Sophie Scholl fährt am 14. Februar 1943 von Ulm, wo sie der kranken Mutter im Haushalt geholfen hat, zurück nach

München. Hans berichtet ihr von zwei Treffen mit Falk Harnack, einmal waren auch Alexander Schmorell, Willi Graf und Kurt Huber dabei. Der Professor hat einen neuen Entwurf mitgebracht, den er unter dem Eindruck der Stalingrad-Berichte verfasst hat. Die jungen Widerstandskämpfer sind mit seinem Text einverstanden, nur einen Satz im Manuskript lehnen sie ab. Huber spricht darin von der »herrlichen Wehrmacht«, was die Studenten angesichts ihrer Fronterlebnisse nicht akzeptieren können. Also haben sie die Stelle gestrichen und am 12. Februar mit dem Vervielfältigen des sechsten Flugblatts begonnen. Als Sophie das Blatt zum ersten Mal liest, liegt es bereits 3000-mal vor:

»Kommilitoninnen! Kommilitonen! Erschüttert steht unser Volk vor dem Untergang der Männer von Stalingrad. Dreihundertdreißigtausend deutsche Männer hat die geniale Strategie des Weltkriegsgefreiten sinn- und verantwortungslos in Tod und Verderben gehetzt. Führer, wir danken Dir!

Es gärt im deutschen Volk: Wollen wir weiter einem Dilettanten das Schicksal unserer Armeen anvertrauen? Wollen wir den niedrigsten Machtinstinkten einer Parteiclique den Rest der deutschen Jugend opfern? Nimmermehr!

Der Tag der Abrechnung ist gekommen.«[16]

Eindeutig geben sich die Verfasser des Flugblattes als Studenten, als junge Deutsche zu erkennen.

»Im Namen der ganzen deutschen Jugend fordern wir von dem Staat Adolf Hitlers die persönliche Freiheit, das kostbarste Gut des Deutschen zurück, um das er uns in der erbärmlichsten Weise betrogen hat. In einem Staat rücksichtsloser Knebelung jeder freien Meinungsäußerung sind wir aufgewachsen. HJ, SA, SS haben uns in den fruchtbarsten Bildungsjahren unseres Lebens zu uniformieren, zu revolutionieren, zu narkotisieren versucht. ›Weltanschauliche Schulung‹ hieß

die verächtliche Methode, das aufkeimende Selbstdenken und Selbst-
werten in einem Nebel leerer Phrasen zu ersticken.«

Dies alles hätte genauso aus der Feder von Hans oder Sophie Scholl stammen können, weniger von Schmorell und Probst, die ja nicht in der HJ gewesen sind. Hans Scholl hatte Professor Huber darum gebeten, den Text aus Sicht der Studenten zu formulieren. Als dessen Frau Clara ihm beim Schreiben über die Schulter schaut und Teile davon liest, ist sie entsetzt und ruft: »Um Gottes willen, was fällt dir denn ein! So was sollst du nicht einmal denken!«[17]

Am 15. Februar treffen sich Hans und Sophie Scholl mit Alexander Schmorell im Atelier von Eickemeyer, um die Kopien des Flugblatts Nummer sechs in Kuverts zu stecken. Die Wohnung ist dafür gerade kein guter Ort, weil dort zu viele Menschen ein- und ausgehen, die nicht eingeweiht werden sollen. Mittags essen sie in der Franz-Joseph-Straße, von Gisela Schertling bekocht. Die beiden Männer machen danach mit der Arbeit weiter. Sophie und Gisela gehen mit Otl Aicher spazieren, der zu Besuch in München ist und bei Carl Muth wohnt. Erst um 22 Uhr verlassen Aicher und Gisela Schertling die Scholl'sche Wohnung, dann machen die anderen dort weiter, tippen Adressen und verstecken Schreibmaschine und Vervielfältigungsapparat später im Atelier. Um 23 Uhr gehen die Männer in die Innenstadt und werfen etwa 1000 Briefumschläge bei verschiedenen Postämtern ein. Dann malen sie wieder Parolen an Hauswände, diesmal auch an die Bayerische Staatskanzlei. An die Wand der Buchhandlung Hugendubel schreiben sie »Hitler Massenmörder«.

Die Anspannung durch die ständige Gefahr, das Doppelleben und den permanenten Schlafentzug erschöpfen die

Gruppe sichtlich. Manfred Eickemeyer fragt Hans Scholl einmal, ob er eigentlich nie schlafe. Hans antwortet darauf, er würde sich und seiner Schwester Spritzen geben, um wach bleiben zu können. Diese Bemerkung hat viele Vermutungen ausgelöst, darunter die Frage, ob die Geschwister Scholl drogenabhängig gewesen seien, was sicher nicht der Fall gewesen ist.[18] Dass Hans Scholl als Medizinstudent nicht nur Kenntnisse über Aufputschmittel hat, sondern auch weiß, wie man sie beschafft, ist natürlich keine Frage. Dass er sich und Sophie damit über Phasen der Schwäche bringen wollte, scheint sogar wahrscheinlich. Daraus folgt jedoch nicht, dass das, was in den folgenden Tagen geschieht, mit Drogensucht erklärt werden kann. Im Gegenteil wirken die Verschwörer in ihren Briefen und Tagebüchern ausgesprochen klar und bewusst in ihrer Entscheidung. In einem Brief an eine Freundin schreibt Hans Scholl: »Aber weil ich die Gefahr selbst gewählt habe, muss ich frei, ohne Bindung, dorthin steuern, wo ich es haben will.«[19]

Was man angesichts solcher Äußerungen aber leicht vergisst, ist die Tatsache, wie jung die Studentengruppe gewesen ist. Zu jung vielleicht, um ihre Widerstandsaktionen bis ins Allerletzte zu planen und sich Ausreden für alle möglichen Verhörsituationen zu überlegen. Dass sie sich aber zu sicher oder gar unverwundbar gefühlt hätten, kann man nicht behaupten, denn sie vermuten ja bereits, von der Gestapo beobachtet zu werden. Trotzdem sind sie davon überzeugt, mit ihren Aktionen wichtige Zeichen zu setzen, und das rechtfertigt die Gefahr in ihren Augen.

Am 16. Februar 1943 schreibt Sophie während einer Vorlesung einen Brief an Fritz und versichert ihm, ihre Gefühle für ihn seien immer von Dankbarkeit und Liebe geprägt. Nach der

Vorlesung trifft sie Gisela und Hans zum Mittagessen. Nachmittags holt sie 50 Briefe mit Flugblättern aus der Wohnung und wirft sie in Schwabing ein, während Gisela die Klappe des Briefkastens aufhält. Sie kaufen in einem Postamt an der Leopoldstraße noch Briefmarken zu 8 Pfennig. Gisela fährt dann in ihre eigene Wohnung, Sophie geht nach Hause und schreibt an diesem Tag noch einen zweiten Brief an Fritz. Sie habe sich eine wunderschöne Blume gekauft, die jetzt vor ihrem Fenster stehe, und sie hoffe, Fritz würde sie noch sehen, bevor sie verblüht sei. »Wann wirst Du nur kommen?«[20], fragt sie ihn und fügt hinzu: »Vielleicht können wir bald zusammen irgendwo anfangen!«[21] Bevor sie das Kuvert verschließt, legt sie für Fritz ein paar lilafarbene Blütenblätter hinein.

Am Abend geht Wilhelm Geyer gegen 18 Uhr zu den Geschwistern Scholl, um die Atelierschlüssel abzuholen, wie jede Woche. Geyer wundert sich, dass auf sein Klingeln niemand öffnet, und drückt auf die Klinke. Die Tür geht auf, im Dunkeln sieht er schemenhaft Sophie und Hans im Flur stehen. »Ach, es ist ja Herr Geyer«, sagt Sophie Scholl erleichtert. Gemeinsam essen sie im Lokal *Bodega*. Von dort geht Sophie zu einem Konzert, während Hans Scholl und Wilhelm Geyer noch im Atelier zusammensitzen. Wenn der Krieg vorbei sei, sagt Hans, wolle er daran mitarbeiten, eine freie Presse aufzubauen. Sophie kommt nach dem Konzert noch auf eine Tasse Kaffee vorbei, und dabei sagt sie: »Es fallen so viele Menschen für dieses Regime, es ist Zeit, dass jemand dagegen fällt.«[22]

Freiheit!

1943

Mittwoch, 17. Februar 1943. In der Münchner Gestapo-Zentrale wird fieberhaft gearbeitet. Seitdem das sechste Flugblatt erschienen ist, wissen die Ermittler, dass sie die Täter im Umfeld der Universität suchen müssen. Robert Mohr bittet den Altphilologen Professor Richard Harder darum, ein Gutachten über die letzten beiden Flugblätter zu erstellen. »Zusammenfassend stellt sich der Verfasser als ein begabter Intellektueller dar, der seine Propaganda auf akademische Kreise, insbesondere die Studentenschaft, abstellt [...] Wenn sie auch nicht den Ton eines verbitterten Einsamen haben [...] so sind sie doch nicht der Ausfluss einer machtpolitisch aktiven Gruppe: Dazu ist ihre Sprache zu abstrakt; sie will (und kann) in breiteren Kreisen der Soldaten oder Arbeiter keinen Widerhall finden.«[1]

Währenddessen sitzt Sophie Scholl an ihrem Schreibtisch in der Franz-Joseph-Straße. »Ich lasse mir gerade das *Forellenquintett* vom Grammofon vorspielen«, schreibt sie an Lisa Remppis, »am liebsten möchte ich da selbst eine Forelle sein [...] man kann ja nicht anders als sich freuen und lachen, so wenig man unbewegten oder traurigen Herzens die Frühlingswolken am Himmel und die vom Wind bewegten knospenden Zweige in der glänzenden jungen Sonne sich wiegen sehen kann. O ich freue mich wieder so sehr auf den Frühling.«[2]
Etwa zur selben Zeit wird Hans Hirzel in Ulm verhört. Zwar kann er die Beamten täuschen und den Verdacht, er gehöre

einer Widerstandsgruppe an, zerstreuen, doch wird er mehrfach auf die Familie Scholl angesprochen. Hans Hirzel geht deshalb direkt nach dem Verhör zum Münsterplatz 33 und versucht, Inge Scholl zu überreden, nach München zu fahren, um ihre Geschwister zu warnen. Inge ruft jedoch lediglich bei Carl Muth in München an und lässt sich mit Otl Aicher verbinden, der gerade dort zu Besuch ist. Ihm trägt sie auf, die Warnung von Hans Hirzel an ihren Bruder weiterzugeben. Otl Aicher verabredet sich telefonisch mit Hans Scholl für den folgenden Tag, den 18. Februar, um 11 Uhr in der Franz-Joseph-Straße. Er habe etwas Wichtiges mitzuteilen, deutet Aicher an.

Warum warnt er Scholl nicht deutlicher? Vielleicht befürchtet er, das Telefon würde abgehört, vielleicht glaubt er aber auch, die Warnung komme auch auf diese Weise bei seinem Freund an, was ja auch wahrscheinlich ist. In einigen Büchern ist zu lesen, es habe einen verabredeten Code gegeben. Wer den anderen vor der Gestapo habe warnen wollen, hätte nur sagen müssen: »Das Buch Machtstaat und Utopie ist vergriffen.« Doch Elisabeth Scholl zweifelt heute daran, dass es einen solchen Code wirklich gegeben hat.

Am Donnerstag, dem 18. Februar, gehen Sophie und Hans Scholl gegen halb elf mit einem Koffer und einer Aktentasche zur Universität, um dort die restlichen 1500 Exemplare des Flugblatts Nummer sechs auszulegen. Es ist ein Alleingang, der nicht mit den anderen abgesprochen wurde. Zwar hat es mit Schmorell und Graf Gespräche über eine größere Aktion in der Universität gegeben, auf einen konkreten Plan haben sie sich jedoch nicht verständigt.

Als Traute Lafrenz und Willi Graf die Vorlesung von Professor Huber zehn Minuten vor Schluss verlassen, um rechtzeitig

bei ihrer nächsten Veranstaltung in der Uniklinik sein zu können, begegnen sie den Geschwistern Scholl vor dem Eingang
des Hauptgebäudes. Traute Lafrenz wundert sich über den Koffer. Es ist Donnerstag und eigentlich wollen die beiden erst
am Freitag nach Ulm fahren, mit Traute zusammen. »Macht ihr
heute schon blau?«, fragt sie. Doch für ein Gespräch ist keine
Zeit, alle vier Studenten sind in Eile. Sie verabreden sich für
den Nachmittag, und Sophie ruft der Freundin noch zu: »Ja, die
Skistiefel, wenn ich heute Nachmittag nicht zu Hause bin, die
Skistiefel, die stehen hinten auf der Ablage, die kannst du dann
einfach mitnehmen.«[3]

Sophie und Hans betreten das Hauptgebäude der Universität. Noch sind die Vorlesungen nicht vorbei und daher ist niemand auf den Fluren zu sehen. Hans öffnet den Koffer und
die Aktentasche, Sophie nimmt Packen von Flugblättern heraus
und legt diese vor den Hörsälen und auf den Treppenstufen des
Innenhofes ab. Sie arbeiten schnell, es ist kurz vor elf und in ein
paar Minuten werden Scharen von Studenten durch die Gänge
strömen.

Endlich erreichen sie den Hinterausgang des Gebäudes an
der Amalienstraße, wo Hans noch rasch einen Packen Flugblätter auf die Treppe legt. Jetzt ist der Augenblick gekommen,
um aus der Uni zu verschwinden, aber noch immer liegen
Flugblätter im Koffer. Sophie und Hans wechseln einen kurzen
Blick und gehen zurück zum Lichthof im vorderen Teil des
Hauptgebäudes. Sie laufen die Treppe hinauf, legen dort Blätter
aus, hasten zum zweiten Stock, wo Sophie einen Stapel auf der
Brüstung der Galerie deponiert.

Und dann passiert das, was der Nachwelt bis heute ein unlösbares Rätsel aufgibt. Es dauert nur eine Sekunde, es ist nur
ein winziger Bruchteil der Weltgeschichte und doch reicht sei-

ne Wirkung bis in unsere Gegenwart. Ein einziger Moment, an den sich Fragen und Tränen, Bedauern und Fassungslosigkeit knüpfen. Was passiert? Sophie Scholl gibt einem der Blätterstapel auf der Brüstung einen Stoß. Die Blätter flattern herab in den Lichthof. Hausschlosser Jakob Schmid, der genau in diesem Moment unterhalb der Galerie steht, sieht den Blätterregen und braucht nur nach oben zu schauen, um zu wissen, wer dafür verantwortlich ist. So schnell er kann, steigt er die Treppen hinauf und erreicht die Geschwister, als Hans gerade den Koffer ausgeleert hat. »Ich verhafte Sie!«, brüllt Schmid. Dann führt er Sophie und Hans Scholl zum Leiter der Universitätsverwaltung. Sie leisten keinen Widerstand.

Warum? Warum haben Sophie und Hans Scholl die Universität nicht verlassen, als noch Zeit war? Warum sind sie zum Lichthof zurückgekehrt, wo man sie so leicht entdecken konnte? Warum hat Sophie Scholl die Blätter von der Brüstung gestoßen? Warum sind sie dem Hausschlosser gefolgt und haben nicht versucht zu fliehen?

Fragen, die niemals mehr eindeutig beantwortet werden können, obwohl es viele Versuche gegeben hat. War die Aktion in der Universität nur spontan oder eher leichtsinnig? Hatten sie einfach Pech? Oder haben sie vielleicht ein Zeichen setzen wollen und gehofft, dass jemand sie entdeckt? Die letzte Frage kann man getrost mit Nein beantworten. Beide Geschwister glaubten an ein nahes Ende des Krieges, beide freuten sich auf ein Leben im Frieden – ohne Nationalsozialismus. Und wenn sie es darauf angelegt hätten, erwischt zu werden, dann hätten sie alle Spuren in ihrer Wohnung zuvor beseitigt.

Die Geschwister Scholl warten im Zimmer des Verwaltungschefs der Universität auf die Gestapo. Robert Mohr, Leiter der Sonderkommission, trifft kurz darauf ein. Auf seinen Befehl hin werden alle Eingänge verriegelt und die Studenten festgehalten, bis die Gestapo die Lage sondiert hat. Mit Schrecken entdeckt Hans Scholl in seiner Manteltasche den Flugblattentwurf von Christoph Probst, den ihm der Freund am 31. Januar zugesteckt hatte. Er zerreißt den Zettel unauffällig, doch als er versucht, die Schnipsel loszuwerden, wird er von Hausschlosser Schmid daran gehindert. Die Gestapo nimmt die Papierfetzen an sich und setzt sie später zusammen.

Als Sophie und Hans zum Ausgang geführt werden, sieht Hans seine Freundin Gisela Schertling zwischen den anderen Studenten stehen und sagt laut, aber ohne sie anzusehen: »Geh nach Haus und sag Alex, wenn er da ist, er soll nicht auf mich warten.«[4] Die Gestapo verhaftet daraufhin sofort den Studenten, der in Hans Scholls Nähe steht, lässt ihn aber bald wieder gehen, als sie merkt, dass die Botschaft nicht für ihn gedacht war. Gisela kann die Uni problemlos verlassen. Sophie und Hans werden mit dem Auto zur Gestapo-Leitstelle in der Brienner Straße gefahren. Dort sperrt man sie in verschiedene Zellen im Keller.

Von diesem Moment an gibt es nur noch wenige Menschen, die berichten können, was weiter passiert. Eine zuverlässige Quelle ist Else Gebel, fünfunddreißig Jahre alt und wegen ihrer Verbindung zu kommunistischen Widerstandsgruppen schon seit Längerem in der Brienner Straße inhaftiert. Sie hat die Aufgabe, weibliche Häftlinge zu betreuen, weil es bei der Gestapo keine Frauen gibt, die Leibesvisitationen durchführen könnten. Nach dem Krieg schreibt Else Gebel ihre Erinnerungen an die Begegnung mit Sophie Scholl auf.[5] Als die Studentin in der Brienner Straße eintrifft, wirkt sie »ruhig, gelassen, fast heiter über all die Aufregung«. Else Gebel flüstert ihr zu: »Wenn Sie irgendein Flugblatt bei sich haben, vernichten Sie es jetzt, ich bin selbst Häftling.«Vielleicht vermutet Sophie darin eine Falle, denn sie reagiert nicht. Nach ein paar Minuten ist Else Gebel sicher, die Gestapo müsse sich bei der Verhaftung dieser jungen Frau gründlich getäuscht haben. Es erscheint ihr unvorstellbar, dass sich »dieses liebe Mädel mit dem offenen Kindergesicht bei solch waghalsigen Unternehmungen beteiligt« habe.

Sophie Scholl bekommt eine besondere Zelle, die sich von den anderen durch ein größeres Fenster unterscheidet, einen Spind und weißgetünchte Wände. Else Gebel wird mit in die Zelle verlegt und soll ein Auge auf sie haben. Sie erzählt, seit wann und warum sie im Gefängnis ist. Daraufhin sagt Sophie Scholl, für sich selbst rechne sie mit nichts Gutem, sie sei vermutlich ein schwerer Fall. Auf den Tipp, sie solle bloß nichts zugeben, was nicht bewiesen werde könne, reagiert Sophie nachdenklich. Sie habe nichts zugegeben, meint sie, aber es gebe doch manches, was die Gestapo finden könne.

Robert Mohr, der Sophie Scholl mehrfach verhören wird, ist der zweite Zeitzeuge, der nach dem Krieg über ihre Haft berichtet. Anders als Else Gebel gehört er aber zu ihren Gegnern, und sein freundlicher, respektvoller Bericht könnte durchaus mit dem Ziel geschrieben worden sein, sich selbst von Schuld reinzuwaschen. Dies muss man bedenken, wenn man die Erinnerungen von Robert Mohr heranzieht. Von den Verhören selbst gibt es Protokolle[6], die jedoch zwei Fehlerquellen bergen: Zum einen geben sie nicht den genauen Wortlaut des Gesprochenen wieder, vor allem nicht die Formulierungen des Verhafteten. Die Protokolle spiegeln immer die Sprache des Verhörers, nicht die des Verhörten. Zum anderen hatten die Verhörten selten die Gelegenheit, Erklärungen oder Korrekturen, die ihnen wichtig waren, in das Protokoll aufnehmen zu lassen.

Um 15 Uhr werden die Geschwister Scholl zum ersten Mal verhört, natürlich jeder für sich. Zunächst leugnen sie die Verantwortung für die Flugblätter. Sie haben sich vorher eine plausible Geschichte zurechtgelegt und tragen sie überzeugend vor.

Demnach seien sie an diesem Vormittag nur zur Uni gegangen, um Gisela Schertling, mit der sie zum Mittagessen verabredet waren, abzusagen. Anders als ursprünglich geplant, hätten sie nämlich schon am Donnerstag nach Ulm fahren wollen statt am Freitag, weil sie dann im selben Zug wie ihr Freund Otl Aicher hätten reisen können. Der leere Koffer, den sie bei sich gehabt hätten, sei für frische Wäsche von zu Hause gedacht.

Im Hauptgebäude der Universität angekommen, hätten sie gesehen, dass die Vorlesung von Gisela Schertling noch nicht zu Ende gewesen sei, daher habe Sophie Scholl ihrem Bruder das Psychologische Institut im zweiten Stock zeigen wollen, wo sie manchmal Vorlesungen besuche. Auf dem Weg dorthin hätten sie die Flugblätter auf den Treppenstufen bemerkt, auch eines aufgehoben, flüchtig gelesen und in die Tasche gesteckt. Im zweiten Stock angekommen, habe Sophie Scholl dann einem Stapel Flugblätter auf dem Marmorgeländer einen Stoß gegeben, sodass sie in den Lichthof geflattert seien. »Ich sehe nun ein, dass ich durch mein Verhalten eine Dummheit gemacht habe, die ich bereue, aber nicht mehr ändern kann«[7], gibt sie zu. Robert Mohr ist in diesem Moment davon überzeugt, dass sie die Wahrheit sagt.

Das Einzige, das nicht zum Bild vom unschuldigen Mädchen passt, betrifft ihre politische Haltung. Sophie Scholl sagt ganz deutlich, sie wolle »mit dem Nationalsozialismus nichts zu tun haben«. Der Grund dafür liege zum einen in der Verhaftung ihrer Geschwister, und »als weiteren und schließlich als hauptsächlichsten Grund für meine Abneigung gegen die Bewegung möchte ich anführen, dass nach meiner Auffassung die geistige Freiheit des Menschen in einer Weise eingeschränkt wird, die meinem inneren Wesen widerspricht«.[8]

Um 18 Uhr ist das Verhör beendet. Sophie Scholl wird zurück in ihre Zelle gebracht, und man stellt ihr in Aussicht, noch am selben Abend mit Hans zusammen nach Ulm fahren zu können. Sie sollen sogar noch etwas zum Abendessen bekommen, aber plötzlich wird der Befehl geändert: Kein Essen für die Geschwister Scholl. Beide noch einmal ins Verhör.

Die Gestapo hat inzwischen die Wohnung in der Franz-Joseph-Straße auf den Kopf gestellt und jede Menge belastendes Material gefunden, darunter einen ganzen Bogen Briefmarken, Adressen aus Augsburg und eine Reiseschreibmaschine. Als das Verhör um 19 Uhr weitergeht, gibt es viele neue Anhaltspunkte, nach denen Mohr fragen kann: Namen, Adressen, Gegenstände. Otl Aicher, der sich wie verabredet um 11 Uhr in der Wohnung eingefunden hatte, ist verhaftet worden und verbringt die Nacht des 18. Februar im Gefängnis, bevor er am nächsten Morgen wieder auf freien Fuß gesetzt wird.

Am Münsterplatz in Ulm weiß man von diesen Vorgängen nichts. Tagsüber hatte sich zwar ein Gestapo-Beamter nach Briefen von Sophie und Hans Scholl erkundigt, aber die Familie macht sich erstaunlicherweise deshalb keine Sorgen. Und weder Inge noch ihre Eltern sitzen abends am Radio, als Joseph Goebbels' Rede im Berliner Sportpalast übertragen wird. »Wollt ihr den totalen Krieg?«, fragt er die 14 000 Menschen und sie antworten mit einem fanatisch gebrüllten »Ja!«.

Für Hans und Sophie Scholl geht das Verhör indessen bis tief in die Nacht weiter. Um vier Uhr morgens gibt Hans Scholl das Leugnen auf. Zu belastend sind die Beweise, mit denen man ihn konfrontiert. Die Gestapo hat inzwischen den zerrissenen Flugblattentwurf von Christoph Probst zusammengesetzt und durch Schriftvergleiche mit Briefen aus Hans' Wohnung auch den Namen des Verfassers herausbekommen.

Hätte Hans Scholl weiterhin geleugnet, wäre Probst allein für die letzten beiden Flugblätter verantwortlich gemacht worden. Christoph Probst aber muss als Familienvater – so ist es immer oberstes Gebot der Gruppe gewesen – mit allen Mitteln geschützt werden. Daher gibt Hans Scholl zu, die beiden Flugblätter Nummer fünf und sechs allein verfasst zu haben. Über die Rolle seiner Schwester Sophie sagt er nur, sie habe ihm beim Austeilen der Flugblätter geholfen, mit der Abfassung habe sie nichts zu tun gehabt.

Als Sophie erfährt, dass Hans nicht mehr leugnet, sieht sie keinen Sinn mehr darin, selbst auf ihrer Unschuld zu beharren. Zuerst jedoch – so berichtet Robert Mohr – will sie wissen, ob Hans nicht zu einem Geständnis gezwungen oder gar gefoltert worden ist. Mohr öffnet daher die Tür zum Nebenzimmer und lässt Sophie einen Blick auf ihren Bruder werfen. Das habe sie beruhigt, erzählt Robert Mohr Jahre später. Möglicherweise hat er sich diese Geschichte ausgedacht. Denn Anton Mahler, der Gestapo-Beamte, der Hans Scholl verhört, wird nach dem Krieg wegen der Misshandlung von Gefangenen angeklagt. Die nachgewiesenen Fälle haben zwar erst 1944 stattgefunden, aber wird es dadurch unwahrscheinlicher, dass Anton Mahler Druck auf Hans Scholl ausgeübt haben könnte? Niemand kann diese Frage heute mehr beantworten.

Sophie Scholl gesteht: »Es war unsere Überzeugung, dass der Krieg für Deutschland verloren ist und dass jedes Menschenleben, das für diesen verlorenen Krieg geopfert wird, umsonst ist.«[9] Im Sommer 1942 hätten sie und ihr Bruder Hans gemeinsam darüber beratschlagt, was man tun könne, um den Krieg zu beenden. Sie hätten gehofft, mit Flugblättern auf ihre deutschen Mitbürger einzuwirken. Ihr gemeinsamer Freund Alexander Schmorell sei in ihre Pläne eingeweiht gewesen, zunächst jedoch nur als »Mitwisser und Zuhörer«[10]. Dass sie an der Abfassung der letzten beiden Flugblätter beteiligt gewesen sei, gibt Sophie ebenfalls zu. Sie und Hans hätten außerdem Papier, Umschläge, Matrizen und Briefmarken gekauft, die Schreibmaschine habe Schmorell ihnen zur Verfügung gestellt.

Dann erläutert sie die einzelnen Schritte zur Versendung der Flugblätter, wobei Schmorell nur eine kleine Rolle zugeteilt bekommt und Willi Graf ebenso wie Christoph Probst gar keine. Weiter heißt es im Verhörprotokoll: »Ich war mir ohne Weiteres im Klaren darüber, dass unser Vorgehen darauf abgestellt war, die heutige Staatsform zu beseitigen und dieses Ziel durch geeignete Propaganda in breiten Schichten der Bevölkerung zu erreichen […] Wenn die Frage an mich gerichtet wird, ob ich auch jetzt noch der Meinung sei, richtig gehandelt zu haben, so muss ich hierauf mit Ja antworten, und zwar aus den eingangs angegebenen Gründen.«[11]

Freitag, 19. Februar 1943. Erst am Morgen bringt man Sophie Scholl zurück in ihre Zelle. Else Gebel erwartet sie nervös: »Mir ist bange, in welcher Verfassung du herunterkommen wirst, und ich traue meinen Augen nicht, als du gegen acht Uhr wohl etwas angegriffen, aber so vollkommen ruhig da stehst.« Bevor Sophie sich hinlegt, erzählt sie der Zellengenossin kurz von dem Verhör, dann schläft sie ein paar Stunden. Am Abend sprechen die beiden Frauen darüber, dass der Krieg womöglich in wenigen Wochen zu Ende sein könnte. Weil Else Gebel schon seit Monaten im Gefängnis ist, ohne dass ihr etwas geschehen sei, schöpft Sophie Scholl daraus leise Hoffnung. Sie sagt aber auch, sie wisse, dass sie die Flugblatt-Aktionen vielleicht mit dem Leben bezahlen müsse.

In Ulm erfährt die Familie Scholl auch am Freitag noch nichts von der Verhaftung. Traute Lafrenz kommt wie geplant zu Besuch, erklärt aber das Fernbleiben von Sophie und Hans mit einer Urlaubssperre. Otl Aicher ist dabei und schweigt. Erst als Werner Scholl am Samstag, dem 20. Februar, überraschend vor der Tür steht, weil er ein paar Tage Urlaub bekommen hat, berichtet Traute ihm, Inge und den Eltern Scholl, was passiert ist. Die Familie beschließt, niemanden in München anzurufen, um keinen Verdacht auf andere zu lenken. Auch Elisabeth, die gerade als Familienpflegerin in einer Familie im Schwarzwald arbeitet, wird nicht eingeweiht.

Am Samstagmorgen wird Sophie Scholl zum nächsten Verhör aus der Zelle geholt. Hans hat inzwischen gestanden, auch die ersten vier Flugblätter, die mit *Flugblätter der Weißen Rose* überschrieben sind, verfasst zu haben. Sophie Scholl bestreitet, mit dieser Aktion etwas zu tun zu haben. Sie wiederholt auf Nachfrage, Willi Graf habe nichts von den Flugblättern gewusst, und seine Schwester Anneliese bezeichnet sie als »völlig unpolitisch«, was natürlich nur eine Behauptung zu deren Schutz ist.

Inzwischen hat die Gestapo im Atelier von Manfred Eickemeyer die Reste der Schablonen mit den Parolen »Nieder mit Hitler« und »Freiheit« gefunden. Sophie Scholl wird danach befragt, außerdem nach weiteren Mitwissern und Geldgebern. Sie stellt es so dar, als hätten Hans und sie alles alleine geplant, durchgeführt und finanziert, mit kleinen Hilfen von außen. In diesem Zusammenhang erwähnt sie auch ihren Freund: »Mit Fritz

Hartnagel verbindet mich seit 1937 ein Liebesverhältnis, und wir hatten auch die Absicht, uns später einmal zu heiraten.«[12]

Am Ende des Verhörs will Robert Mohr wissen, ob Sophie Scholl nicht doch glaube, sich der Gemeinschaft, insbesondere den im Osten kämpfenden Truppen gegenüber, eines Verbrechens schuldig gemacht zu haben, für das sie streng bestraft werden müsse? Laut Protokoll entgegnet sie: »Von meinem Standpunkt muss ich diese Frage verneinen. Ich bin nach wie vor der Meinung, das Beste getan zu haben, was ich gerade jetzt für mein Volk tun konnte. Ich bereue deshalb meine Handlungsweise nicht und will die Folgen, die mir aus meiner Handlungsweise erwachsen, auf mich nehmen.«[13]

Sie unterschreibt ihr Geständnis und wird in die Zelle zurückgebracht. Else Gebel erklärt ihr, bis Montagmorgen würde sie nun bestimmt in Ruhe gelassen, was Sophie Scholl gar nicht gefreut habe, denn sie habe die Vernehmungen »anregend, interessant« gefunden. Das ist erstaunlich, denn der Druck, der bei den Verhören auf ihr lastet, muss groß gewesen sein. Wie ein Schachspieler muss sie hochkonzentriert bei jeder Antwort im Voraus berechnen, welche Folgen ihre Aussage haben könnte. Sie darf sich nicht in Widersprüche verwickeln und muss bei allen Lügen, die sie dem Gestapo-Beamten präsentiert, vollkommen glaubwürdig wirken. Auf der anderen Seite bieten die Verhöre zum ersten Mal die Möglichkeit, mit dem politischen Gegner zu diskutieren, Argumente auszutauschen und den eigenen Standpunkt zu rechtfertigen.

Als im Gefängniskeller das Gerücht aufkommt, ein weiterer Hauptbeteiligter sei gefasst worden, fürchtet Sophie Scholl, es könne sich dabei nur um Alexander Schmorell handeln. Else Gebel, die erfahren hat, wer der neue Häftling ist, glaubt, sie überbringe eine gute Nachricht, als sie sagt, es sei nicht Schmorell, sondern ein gewisser Christoph Probst. Sophie erstarrt vor Schreck: »Zum ersten Mal sehe ich dich fassungslos«, erinnert sich Else Gebel später an diesen Moment. Christoph Probst ist bei seiner Studentenkompanie in Innsbruck verhaftet worden und gesteht jetzt, er habe den Flugblattentwurf, den Hans Scholl bei sich getragen habe, verfasst. Als Entschuldigung führt er an, er sei durch die Erkrankung seiner Frau nach der Geburt des dritten Kindes in eine »psychotische Depression« geraten.

Gauleiter Paul Giesler frohlockt über die Verhaftung der Studenten und will sich für den peinlichen Protest beim Universitätsjubiläum rächen. Es gelingt ihm, das höchste deutsche Gericht, den Ersten Senat des Volksgerichtshofes in Berlin, für den Fall zu interessieren. Gerichtspräsident Roland Freisler selbst will am Montag, dem 22. Februar, die Verhandlung in München führen. Giesler hegt keinen Zweifel über den Ausgang des Verfahrens: Er bittet darum, dass die »Aburteilung in den nächsten Tagen hier und die Vollstreckung alsbald darauf vorzunehmen«[14] sei. Niemand denkt daran, den Inhaftierten die Gelegenheit zu geben, einen Verteidiger zu bestellen oder wenigstens ihre Verwandten von dem bevorstehenden Prozess zu verständigen.

Am Sonntag, dem 21. Februar, wird Sophie Scholl dem Haftrichter vorgeführt. Weil sie bei ihrer Aussage bleibt, lautet der Haftbefehl: »Die Beschuldigte ist der gemeinschaftlichen Vorbereitung eines hochverräterischen Unternehmens, der gemeinschaftlichen Feindbegünstigung und der gemeinschaftlichen Wehrkraftzersetzung verdächtigt. Ein Haftbefehl wird erlassen, weil bei der Schwere der Straftat Fluchtgefahr besteht.« Hans Scholl und Christoph Probst erhalten einen gleichlautenden Haftbefehl. Die Hauptverhandlung wird auf den nächsten Tag angesetzt.

Um die Mittagszeit dieses Sonntags kommt Robert Mohr mit Obst, Keksen und Zigaretten in Sophies Zelle. Gegen 15 Uhr wird ihr die Anklageschrift zugestellt. Nervös beginnt Sophie Scholl zu lesen, dann wird sie ruhiger. Alexander Schmorell hat offenbar fliehen können und die meisten anderen Freunde werden gar nicht erwähnt, weder Professor Huber noch Willi Graf oder die Freunde in Stuttgart und Ulm. Ohne dass es jemand merkt, schreibt Sophie Scholl auf die Rückseite der Anklageschrift zweimal das Wort »Freiheit«. Dort steht es heute noch. Eine kleine unmissverständliche Botschaft an die Nachwelt.

Ein Pflichtverteidiger betritt die Zelle, doch hat er weder eine Strategie für die Verhandlung anzubieten noch kann er ihr Hoffnung machen. Sophie will deshalb auch nur wissen, wie der Tod aussehen wird. Werden sie durch Erhängen oder durch das Fallbeil sterben? Hat Hans als Wehrmachtsangehöriger ein Recht darauf, erschossen zu werden? Der junge Anwalt ist unangenehm berührt und verabschiedet sich schnell. Robert Mohr kommt noch einmal und rät ihr, Briefe an die Familie zu schreiben. Es wird jedoch kein Brief von Sophie Scholl jemals das Gestapo-Gefängnis verlassen.

Mit Else Gebel spricht Sophie am Abend über das Sterben. Es seien so viele Soldaten auf den Schlachtfeldern gestorben, sagt sie, und »wenn durch unser Handeln Tausende von Menschen aufgerüttelt und geweckt werden«, komme ihm doch eine Bedeutung zu. Sie hoffe, die Studenten würden eine Revolte beginnen. Es ist nach 22 Uhr, als Sophie Scholl und Else Gebel sich auf den schmalen Pritschen in ihrer Zelle schlafen legen. Das Licht dürfen sie nicht löschen.

Montag, 22. Februar 1943. Sophie erzählt Else Gebel von ihrem Traum. An einem strahlenden Sonnentag trug sie ein

Kind in einem langen, weißen Kleid zur Taufe. Der Weg führte steil auf einen Berg hinauf und sie hielt das Kind fest an sich gedrückt. Plötzlich tat sich eine Gletscherspalte vor ihr auf. Sophie konnte das Kind noch gerade auf die sichere Seite legen, bevor sie selbst in die Tiefe stürzte. Das Kind sei die Idee, für die sie gekämpft habe und für die sie nun sterben müsse, sagt sie. Die Idee würde überleben.

An dieser Stelle enden Else Gebels Erinnerungen an Sophie Scholl.

Um dieselbe Zeit sitzen Lina und Robert Scholl mit ihrem Sohn Werner und Traute Lafrenz im Zug nach München. Erst am Abend zuvor haben sie von dem Verhandlungstermin erfahren. Am Hauptbahnhof wartet Hans' Freund Jürgen Wittenstein und begleitet sie zum Justizpalast in der Prielmayerstraße. Wie die Eltern Scholl es schaffen, in den Gerichtssaal 216 hineinzukommen, weiß später niemand mehr. Die Öffentlichkeit ist von diesem Prozess ausgeschlossen, nur NS-Angehörige sind zugelassen. Der einzige unabhängige Augenzeuge des Prozesses ist Gerichtsreferendar Leo Samberger.

Sophie Scholl, Hans Scholl und Christoph Probst sehen sich vor Gericht zum ersten Mal wieder. Sie werden in Handschellen in den Saal geführt. »Was mich erschütterte«, schreibt Leo Samberger später, »war, dass die Angeklagten, obwohl ich sie nicht persönlich kannte, mir wohlvertraute Gesichter waren aus den Münchner Konzertsälen, in denen gerade in jenen Jahren so viele Menschen bei der Musik Haydns, Mozarts und Beethovens Stärke und Zuflucht suchten. Die Haltung der Angeklagten machte wohl nicht nur mir einen tiefen Eindruck. Da standen Menschen, die ganz offensichtlich von ihren Idealen erfüllt waren. Ihre Antworten auf die teilweise unverschämten

Fragen des Vorsitzenden, der sich in der ganzen Verhandlung nur als Ankläger aufspielte … und nicht als Richter zeigte, waren ruhig gefasst, klar und tapfer.«[15]

Volksgerichtspräsident Roland Freisler gebärdet sich während der Verhandlung tobend und brüllend, bis seine Stimme sich überschlägt, und er springt immer wieder auf. Als der Staatsanwalt die Todesstrafe für alle drei Angeklagten fordert, steht Robert Scholl auf, geht nach vorne zum Verteidiger und beginnt, auf ihn einzureden. Leo Samberger: »Er machte einige weitere verzweifelte Ansätze, sich Gehör zu verschaffen. Als Freisler die für ihn störende Situation erkannte, verbot er den anwesenden Eltern … die weitere Anwesenheit und ließ sie hinausführen.«[16]

Nach einer kurzen Beratungspause werden alle drei Studenten zum Tode verurteilt: »Die Angeklagten haben im Kriege in Flugblättern zur Sabotage der Rüstung und zum Sturz der nationalsozialistischen Lebensform unseres Volkes aufgerufen, defätistische Gedanken propagiert und den Führer aufs Gemeinste beschimpft und dadurch den Feind des Reiches begünstigt und unsere Wehrkraft zersetzt. Sie werden deshalb mit dem Tode bestraft. Ihre Bürgerehre haben sie für immer verwirkt.«

Sophie Scholl wird gefragt, ob sie noch etwas zu sagen hat, aber sie schweigt. Sicher überliefert ist das nicht, aber das Verweigern eines letzten Satzes passt besser zu ihr als eine große Geste. Überliefert ist hingegen, dass Hans Scholl die Verhandlung als »Affentheater« bezeichnet. Ein Gestapo-Beamter notierte sich diesen Zwischenruf.[17]

Die Verurteilten werden vom Gerichtsgebäude direkt in das Gefängnis München-Stadelheim gebracht. Lina und Robert Scholl geben im Vorzimmer des Generalstaatsanwalts ein Gnadengesuch ab. Dann fahren auch sie nach Stadelheim. Was eigentlich unmöglich ist: Die Eltern und Werner dürfen Sophie und Hans Scholl noch einmal sehen.

Es hat eine Menge Gerüchte über die letzten Stunden der drei Verurteilten gegeben. Werner Scholls Brief an Otl Aicher, der erst seit Kurzem zugänglich ist, bringt ein wenig Licht in das Dunkel.

Hans Scholl sagt den Eltern zum Abschied: »Ich bin jetzt ganz fertig mit dem Leben.« Sophie lächelt nur. Lina Scholl greift in ihre Manteltasche und bietet ihren beiden Kindern Plätzchen an, die sie ihnen am Vorabend gebacken hat. Hans lehnt ab, aber Sophie nimmt sie gerne an. Sie habe ja auch noch gar nichts gegessen, sagt sie. Die Eltern haben Fotos von der Familie und einen Brief von Fritz mitgebracht. Lina Scholl sagt zum Abschied zu ihrer Tochter: »Aber gelt, Jesus«, und Sophie antwortet: »Ja, aber du auch.« Sie umarmen sich, dann müssen die Eltern gehen. Lina Scholl wird am nächsten Tag an Fritz schreiben: »Sofie und Hans waren so gefasst und abgeschlossen mit dem Leben, dass man selbst getröstet war. Sofie lehnte leicht und lächelnd an der Heizung und hatte einen Glanz in ihren Augen, den ich sonst nicht kannte. Sie ließ gar nichts mehr an sich herankommen, sie hatte wohl in diesen Tagen alles niedergekämpft […] Hans war sehr abgemagert. Aber seine Augen waren leuchtend, und er versicherte uns, dass ihm das Scheiden keinen Schmerz mache, alle sollen wir grüßen, dazu gehören auch Sie. Das Göttliche war ihnen Tröstung und Willkommen. Sofie hatte den Wunsch, Sie in Lemberg zu besuchen.«[18]

Um 15 Uhr taucht Robert Mohr im Gefängnis auf. Zum ersten Mal sieht er Sophie Scholl weinen. Sie entschuldigt sich dafür und sagt: »Ich habe mich gerade von meinen Eltern verabschiedet und Sie werden begreifen.«

Das Abendmahl dürfen die drei Verurteilten nur getrennt empfangen. Dann wird ihnen mitgeteilt, ihre Gnadengesuche seien abgelehnt worden, die Vollstreckung des Urteils werde um 17 Uhr stattfinden. Die Gefängniswärter erzählen später, sie hätten die drei verbotenerweise noch einmal zusammengeführt, damit sie eine Zigarette zusammen rauchen konnten.

Über die Vollstreckung des Todesurteils sind wir genau informiert, denn die Gefängnisverwaltung hat darüber ein Protokoll angelegt und so können wir die letzte Minute in Sophies Leben nachvollziehen. Um 17 Uhr wird sie von zwei Gefängnisbeamten in den Hinrichtungsraum geführt. Die sogenannte Fallschwertmaschine ist mit einem schwarzen Vorhang verdeckt. »Die Verurteilte war ruhig und gefasst«, heißt es im Protokoll. Ihre Identität wird festgestellt. Dann führen die Gehilfen des Scharfrichters Sophie Scholl an die Fallschwertmaschine heran. Nach 6 Sekunden ist alles vorbei. Haupt und Körper werden in den bereitstehenden Sarg gelegt. Vom Verlassen ihrer Zelle bis zu ihrem Tod sind 48 Sekunden vergangen. Zwei Minuten später wird Hans Scholl in denselben Raum geführt. Kurz bevor das Fallbeil fällt, ruft er: »Es lebe die Freiheit!« Wiederum drei Minuten später wird das Todesurteil an Christoph Probst vollstreckt.

Fritz Hartnagel öffnet an diesem Tag Sophie Scholls letzten Brief an ihn. Lilafarbene Blütenblätter fallen heraus.

Noch weiß niemand, dass die Todesurteile bereits vollstreckt worden sind. Inge Scholl und Otl Aicher fahren am nächsten Tag, dem 23. Februar, nach München, um die Geschwister zu besuchen. Im Justizpalast erfahren sie vom Tod der beiden. Auch Werner hört es erst an diesem Tag, genau wie Lina und Robert Scholl. Am brutalsten trifft die Nachricht Elisabeth Scholl. Sie ist von der Familie noch gar nicht in die dramatischen Vorgänge der letzten Tage eingeweiht worden und sitzt am Dienstag in einem Ingolstädter Café, wo sie auf einen Zug wartet. Dann liest sie plötzlich in der Zeitung: »Der Volksgerichtshof verurteilte am 22. Februar 1943 im Schwurgerichtssaal des Justizpalastes den 24 Jahre alten Hans Scholl, die 21 Jahre alte Sophia Scholl, beide aus München, und den 23 Jahre alten Christoph Probst aus Aldrans bei Innsbruck wegen Vorbereitung zum Hochverrat und wegen Feindbegünstigung zum Tode und Verlust der bürgerlichen Ehrenrechte. Das Urteil wurde am gleichen Tag vollzogen.«[19]

Elisabeth Scholl sagt später, »ich habe mir damals einfach nur gewünscht, ich sei verrückt, ich würde mir das alles nur einbilden, es würde bestimmt nicht wahr sein«.[20]

Am Mittwoch, dem 24. Februar 1943, werden Christoph Probst und die Geschwister Scholl auf dem Friedhof Perlacher Forst in München beerdigt. Zuvor muss Robert Scholl der Friedhofsverwaltung eine eidesstattliche Erklärung darüber abgeben, dass die Verstorbenen weder Volljuden noch Dreivierteljuden im Sinne der Nürnberger Gesetze waren.

Werner Scholl bleibt noch ein paar Tage in München und packt die Sachen seiner Geschwister zusammen. Dann fährt er nach Ulm und weiter an die Front nach Russland. Von dort wird er niemals zurückkehren.

Willi Graf wird noch am 18. Februar verhaftet, Alexander Schmorell am 24. Februar, nachdem ihn jemand in einem Luftschutzkeller erkannt und denunziert hatte. 1000 Reichsmark Belohnung waren für Hinweise auf seinen Aufenthaltsort ausgesetzt worden. Am 26. Februar verhaftet die Gestapo Professor Kurt Huber. Roland Freisler verurteilt Graf, Schmorell und Huber im April 1943 zum Tod.

Eugen Grimminger aus Stuttgart wird zu zehn Jahren Zuchthaus verurteilt, seine jüdische Frau Jenny deportiert und in Auschwitz ermordet. Hans Hirzel bekommt fünf Jahre Haft, Traute Lafrenz und Gisela Schertling ein Jahr und Susanne Hirzel ein halbes Jahr Gefängnis. Viele andere erhalten ähnliche Strafen. Roland Freisler wirft während einer dieser Verhandlungen ein Strafgesetzbuch durch den Saal und schreit: »Wir brauchen kein Gesetz!«

Am 27. Februar 1943 werden auch Lina, Robert, Inge und Elisabeth Scholl in Ulm verhaftet. Die Firma WMF, der das Haus am Münsterplatz 33 gehört, kündigt der Familie Scholl die Wohnung. Als Weltfirma könne man nicht an Angehörige von Hochverrätern vermieten, heißt es in der Begründung[21]. Im Oktober 1943 erscheint im Nazi-Hetzblatt Ulmer Sturm der Artikel *Wie lange noch Scholl? – eine berechtigte Frage* mit dem Untertitel *Das zersetzende Vorbild des Vaters stürzte die ganze Familie ins Verhängnis*. Ernst Gruele, Robert Scholls erster Sohn, bringt Lebensmittel für die Familie ins Gefängnis und besorgt ihnen eine notdürftige Wohnung im Schwarzwald.

Fritz Hartnagel erfährt von den Ereignissen durch ein Telefonat mit Werner Scholl. Er reist sofort nach Ulm und unterstützt die Familie. Im Spätsommer 1943 geht er wieder an die Front. Als er 1944 ins Führerhauptquartier abkommandiert werden soll, weigert er sich, den Dienst dort anzutreten.

Drei Monate vor Kriegsende, am 29. Januar 1945, wird der Hamburger Student Hans Konrad Leipelt hingerichtet, weil er das sechste Flugblatt verbreitet hat.

Ihr sollt nicht umsonst gestorben sein ...

Epilog

Haben Sophie Scholl und ihre Freunde die Welt verändert? Ja, das haben sie. Auch wenn sie die Nationalsozialisten nicht verjagen, kein Konzentrationslager befreien und den Krieg nicht verkürzen konnten, würden wir heute in einer anderen Welt leben, wenn wir sagen müssten: »Damals hat von den Deutschen niemand gegen die Nazis aufbegehrt.« Glücklicherweise war es aber nicht so. Es hat eine ganze Reihe von deutschen Frauen und Männern gegeben, die den Größenwahn und die primitive Gesinnung der Nationalsozialisten durchschaut haben und die zudem genügend Mut besaßen, sich der Diktatur zu widersetzen. Ob sie ein Attentat auf Hitler planten oder einen Menschen vor der Gestapo versteckten – wichtig ist, dass sie sich dazu entschlossen haben, etwas gegen die Diktatur zu tun.

Neben der »Weißen Rose« zählen der Kreisauer Kreis, die Männer des 20. Juli und die Harnack-Schulze-Boysen-Gruppe wohl zu den bekanntesten Widerstandskämpfern. Aber es gab noch andere Gruppen und vor allem auch viele Einzelkämpfer, die es wagten, sich für die Freiheit und das Leben anderer einzusetzen. Viele von ihnen haben ihren Mut mit dem Leben bezahlt und von anderen kennen wir bis heute nicht einmal die Namen. Aber alle diese Menschen haben Geschichte geschrieben, ihnen verdanken wir die Tatsache, dass jedes Buch über die Geschichte des Nationalsozialismus auch ein Kapitel über den Widerstand enthält.

Damit wird die Schuld der Täter und der schweigenden

Mitläufer nicht geringer. Aber für alle ist es tröstend, zu wissen, dass es in Deutschland auch in dieser finsteren Stunde noch Menschen gegeben hat, die an Freiheit und Nächstenliebe geglaubt haben.

Während die nationalsozialistische Hetzpresse den »raschen und ehrlosen Tod« der Münchner Studenten und ihres Professors verteidigte, formulierte der Schriftsteller und Nobelpreisträger Thomas Mann im US-amerikanischen Exil seine monatliche Rundfunkansprache für den englischen Sender BBC. Wie immer wandte er sich darin ausdrücklich an die deutschen Hörer, und im Mai 1943 erinnerte er an den Mut der Münchner Widerstandsgruppe: »Brave, herrliche Leute! Ihr sollt nicht umsonst gestorben, sollt nicht vergessen sein.«

So dachte auch die britische Regierung. Sie ließ einen eigenen Aufruf drucken, nannte ihn *Ein deutsches Flugblatt* und zitierte darin Scholls, Schmorells und Hubers letzten Text mit dem Satz: »*Der Tag der Abrechnung ist gekommen, der Abrechnung unserer deutschen Jugend mit der verabscheuungswürdigen Tyrannei, die unser Volk erduldet hat.*« Dem Zitat vorangestellt war folgender Kommentar: »Wir werden den Krieg sowieso gewinnen. Aber wir sehen nicht ein, warum die Vernünftigen und Anständigen in Deutschland nicht zu Worte kommen sollen. Deswegen werfen die Flieger der Royal Air Force zugleich mit ihren Bomben jetzt dieses Flugblatt, für das sechs junge Deutsche gestorben sind […] in Millionen von Exemplaren über Deutschland ab.«

Erst nach Kriegsende formierte sich in Deutschland wieder eine freie Presse, die nun auch versuchte, die wahre Geschichte der Geschwister Scholl zu recherchieren. Die neu gegründete *Süddeutsche Zeitung* druckte am 23. Oktober 1945 den Artikel *Helden gegen Hitler. Die Münchner Studentenrevolte / Erster authentischer Bericht*. Darin wurde das Verteilen der Flugblätter in der Münchner Universität im Februar 1943 als Verzweiflungstat und Opfer geschildert, eine Sichtweise, gegen die Robert Scholl immer heftig protestiert hat. Auch als naiv und weltfremd wollte er seine ermordeten Kinder nicht bezeichnen lassen.

Seine Tochter Inge Scholl veröffentlichte im Jahr 1947 ihr bis heute berühmtes Buch *Die Weiße Rose* und gab damit den Anstoß zu einer neuen Auseinandersetzung mit der Widerstandsgruppe. Auch wenn das Buch mittlerweile in manchen Teilen überholt ist, nimmt es in der Literatur über die Geschwister Scholl und ihre Mitstreiter einen wichtigen Platz ein.

Inge Aicher-Scholl hat 1946 in Ulm eine der ersten deutschen Volkshochschulen ins Leben gerufen und sie bis 1974 auch geleitet. Nach ihrer Heirat mit Otl Aicher im Jahr 1952 gründete sie gemeinsam mit ihrem Ehemann und mit Max Bill die Hochschule für Gestaltung in Ulm.

Otl Aicher, der nach dem Krieg an der Akademie der Bildenden Künste in München studierte, arbeitete viele Jahre als Dozent für Visuelle Kommunikation. International bekannt wurde er durch seine Entwürfe von Piktogrammen und Corporate-Identity-Konzepten unter anderem für Lufthansa, die Olympischen Spiele oder das ZDF.

Fritz Hartnagel und Elisabeth Scholl heirateten im Oktober 1945, nachdem Hartnagel aus der Kriegsgefangenschaft entlassen wurde. Er studierte Jura und war später Vorsitzender Richter am Landgericht Stuttgart. Ebenso wie die Familie Aicher-Scholl engagierte sich auch die Familie Hartnagel aktiv in der bundesdeutschen Friedensbewegung.

In den letzten siebzig Jahren ist viel geschehen, um die Geschichte der Weißen Rose zu erforschen und sie den Menschen in aller Welt nahezubringen. Es gibt zahlreiche Bücher, Aufsätze, Filme, Gedenkstätten, eine Stiftung und sogar eine spezielle Rosenzüchtung mit dem Namen Sophie Scholl. Im Hauptgebäude der Ludwig-Maximilians-Universität in München gedenkt eine Dauerausstellung der Geschwister Scholl und ihrer Freunde. In der Ulmer Volkshochschule kann man die Lebensgeschichten der Ulmer Mitglieder der Weißen Rose nachvollziehen.

Sophie Scholl wäre heute über neunzig Jahre alt. Was würde sie angesichts der zunehmenden Gewalt von rechts sagen? Dass die Szene der Neonazis in Deutschland wächst, dass es so viele junge Menschen gibt, die nationalsozialistische Symbole und Ideen verbreiten und aus rassistischen Gründen Morde begehen, scheint unfassbar, wenn man bedenkt, wie viele Opfer das NS-Regime gefordert hat. Daran zu verzweifeln, wäre nicht im Sinn von Sophie Scholl. Wenn wir ihr Erbe und das der Weißen Rose lebendig bewahren wollen, dürfen wir uns nicht damit begnügen, es zu verstehen, sondern wir müssen die Ideen von Frieden und Freiheit auch weitergeben und verteidigen.

Inge Scholl

Zeittafel

1921   Sophie Scholl wird am 9. Mai in Forchtenberg geboren. Nach Inge, Hans und Elisabeth ist sie das vierte Kind von Lina und Robert Scholl, dem Bürgermeister der Stadt. Es folgen noch zwei jüngere Geschwister, Werner und Tilde. Auch ihr Halbbruder Ernst Gruele wohnt in der Familie.

1930   Umzug der Familie Scholl nach Ludwigsburg, Sophie Scholl besucht dort die Grundschule.

1932   Umzug der Familie Scholl nach Ulm. Robert Scholl wird Teilhaber eines Steuerberatungsbüros.

1933   Machtübertragung an die Nationalsozialisten: Adolf Hitler wird Reichskanzler. Deutschland wird gleichgeschaltet, die persönliche Freiheit jedes Einzelnen eingeschränkt und die ersten Maßnahmen gegen jüdische Mitbürger eingeleitet. Austritt Deutschlands aus dem Völkerbund.

Inge und Hans Scholl treten der Hitlerjugend (HJ) bei. Sophie Scholl besucht das Gymnasium. Bücherverbrennungen in ganz Deutschland, auch in Ulm.

1934   Sophie Scholl wird Mitglied bei den HJ-Jungmädels. »Röhmputsch«: Hitler lässt 200 unliebsame Gegner aus der SA ermorden.

1935   Sophie Scholl wird Jungmädelschaftführerin. Reichsparteitag der Freiheit: Die Nazis erlassen die Nürnberger Gesetze, mit denen die jüdischen Mitbürger endgültig zu Menschen zweiter Klasse gestempelt werden.

1936   Besetzung des entmilitarisierten Rheinlands. Bei Neuwahlen im »Dritten Reich« entfallen 98,9 Prozent auf Adolf Hitler. Hans Scholl wird als Fähnleinführer abgesetzt. Er wendet sich der bündischen Jugend zu, bleibt aber in der HJ. Sophie Scholl übernimmt eine Gruppe von 40 Mädchen in Ulm-Söflingen als Jungscharführerin.

1937   Sophie Scholl wird in HJ-Uniform konfirmiert und beginnt mit dem Tagebuchschreiben. Im Herbst lernt sie den vier Jahre älteren Fritz Hartnagel kennen, der als Berufssoldat in Augsburg stationiert ist.

Im November verhaftet die Gestapo Inge, Werner und Hans Scholl vorübergehend wegen »bündischer Umtriebe«.

1938 Sophie und Elisabeth Scholl werden als Jungmädelscharführerinnen abgesetzt. Beide wechseln in den BDM, wo Sophie Scholl bis 1941 bleibt.

Österreich wird an Deutschland »angeschlossen«. Die Sudetenkrise wird ausgelöst. Am 9. November kommt es in der Reichspogromnacht zu brutalen Gewaltaktionen gegen Juden und jüdische Einrichtungen.

1939 Umzug der Familie Scholl an den Ulmer Münsterplatz 33. September: Überfall deutscher Soldaten auf Polen, Beginn des Zweiten Weltkriegs. Fritz Hartnagel wird in den Schwarzwald abkommandiert.

1940 Sophie Scholl macht Abitur und beginnt eine Ausbildung als Kindergärtnerin. April: Die Wehrmacht besetzt Dänemark und greift Norwegen an. Mai: Beginn des Westfeldzugs, Einmarsch der Wehrmacht in Paris. Fritz Hartnagel ist in Nordfrankreich stationiert. Sommer: Beginn des Luftkriegs um England. Herbst: Beziehungskrise von Sophie Scholl und Fritz Hartnagel.

1941 gemeinsame Ferien von Sophie und Fritz, Neubeginn ihrer Freundschaft. März: Sophie Scholl schließt ihre Ausbildung ab und beginnt im April, den Reichsarbeitsdienst (RAD) in Krauchenwies abzuleisten. Sommer: Beginn des Russlandfeldzuges, auch Fritz Hartnagel marschiert mit. Die Familie Scholl erfährt von der Ermordung der Juden hinter der Ostfront und von der systematischen Tötung von kranken und behinderten Menschen (»Euthanasie-Programm«). Herbst: Verlängerung des RAD, Sophie Scholl wird nach Blumberg versetzt. Fritz Hartnagel wird nach Weimar abkommandiert. Häufige Treffen von Sophie und Fritz in Freiburg, erneute tiefe Beziehungskrise.

1942 Kriegseintritt der USA. April: Sophie Scholl zieht nach dem Ende des RAD nach München und schreibt sich für Philosophie und Biologie an der Universität ein. Hans Scholl, der dort bereits Medizin studiert, und sein Kommilitone und Freund Alexander Schmorell verfassen die ersten vier *Flugblätter der Weißen Rose* und verschicken sie an Münchner Adressen. Sophie Scholl fasst den Entschluss, sich gegen die Diktatur zu engagieren. Herbst: Die deutsche Wehrmacht, auch Fritz Hartnagel, wird bei Stalingrad eingekesselt.

Winter: Die Widerstandsgruppe *Weiße Rose* formiert sich: Neben Sophie und Hans Scholl gehören Alexander Schmorell, Willi Graf, Christoph Probst und Professor Karl Huber zum engsten Kreis. Unterstützt werden sie u. a. von Susanne und Hans Hirzel, Jürgen Wittenstein, Hubert Furtwängler, Traute Lafrenz. Herbst: Sophie Scholl leistet ihren Kriegsdienst in einer Ulmer Schraubenfabrik ab und beginnt damit, auf eigene Faust weitere Flugblatt-Aktionen vorzubereiten. Verhaftung von Robert Scholl, Entzug seiner Zulassung als Steuerberater.

1943   Januar: Die Weiße Rose verfasst zwei weitere Flugblätter und verbreitet sie in mehreren deutschen Städten. Die Studenten schreiben nachts Parolen wie »Nieder mit Hitler« an Hauswände in der Münchner Innenstadt. 18. Februar: Sophie und Hans Scholl werden beim Auslegen von Flugblättern im Hauptgebäude der Münchener Universität beobachtet und von der Gestapo verhaftet. 22. Februar: Die Geschwister Scholl und Christoph Probst werden vom Volksgerichtshof unter dem Vorsitz von Roland Freisler zum Tode verurteilt. Das Urteil wird am selben Tag vollstreckt.

Bibliografie

Zeitzeugenberichte, Materialien

Inge Jens (Hrsg.), Hans und Sophie Scholl, *Briefe und Aufzeichnungen*, Frankfurt: Fischer Taschenbuch Verlag 2005

Thomas Hartnagel (Hrsg.), Sophie Scholl, Fritz Hartnagel. *Damit wir uns nicht verlieren. Briefwechsel 1937–1943*, Frankfurt: Fischer Taschenbuch Verlag 2008

Inge Scholl, *Die Weiße Rose*, Erweiterte Neuausgabe, Frankfurt: Fischer Taschenbuch Verlag 2009

Susanne Hirzel, *Vom Ja zum Nein. Eine schwäbische Jugend 1933 bis 1945*, Tübingen: Silberburg-Verlag 2000

Otl Aicher, *innenseiten des kriegs*, Frankfurt: Fischer Taschenbuch Verlag 2004

Anneliese Knoop-Graf, *Das wird Wellen schlagen – Erinnerungen an Sophie Scholl*, Berlin: Gedenkstätte Deutscher Widerstand 2002

Anneliese Knoop-Graf, Inge Jens (Hrsg.), Willi Graf, *Briefe und Aufzeichnungen*, Frankfurt: Fischer Taschenbuch Verlag 2004

Christiane Moll (Hrsg.), Alexander Schmorell – Christoph Probst, *Gesammelte Briefe*, Berlin: Lukas Verlag 2011

Literatur

Barbara Beuys, *Sophie Scholl*, München: Carl Hanser Verlag 2010

Fred Breinersdorfer (Hrsg.), *Sophie Scholl. Die letzten Tage*, Frankfurt: Fischer Taschenbuch Verlag 2006

Michael H. Kater, *Hitler-Jugend*, Darmstadt: Primus Verlag 2005

Martin Klaus, *Mädchen im 3. Reich. Der Bund Deutscher Mädel*, Köln: PapyRossa Verlag 1998

Arno Klönne, *Jugend im Dritten Reich. Die Hitlerjugend und ihre Gegner*, Köln: PapyRossa Verlag 2008

Rudi Kübler, *Ulm 1933. Die Anfänge der nationalsozialistischen Diktatur*, Ulm: Klemm & Oelschläger 2009

Silvester Lechner, *Ulm im Nationalsozialismus. Stadtführer*, Ulm: DZOK-Manuskripte 4, 1997

Dagmar Reese (Hrsg.), *Die BDM-Generation. Weibliche Jugendliche in Deutschland und Österreich im Nationalsozialismus*, Berlin: Verlag für Berlin-Brandenburg 2007

Hermann Vinke, *Das kurze Leben der Sophie Scholl*, Ravensburg: Ravensburger Buchverlag 1987

Filme

Michael Verhoeven, *Die Weiße Rose*, Deutschland, 1982

Marc Rothemund, *Sophie Scholl. Die letzten Tage*, Deutschland 2005

Katrin Seybold, *Die Widerständigen. Zeugen der Weißen Rose*, Deutschland 2008

Fotonachweis

Quellenverzeichnis

Die Brävste bin ich nicht

[1] Elisabeth Hartnagel in einem Interview mit der Autorin am 3.2.2011 in Stuttgart

[2] Elisabeth Hartnagel in einem Interview mit der Autorin am 3.2.2011

[3] Sophie Scholl, *Kleine und große Feste im Jahreslauf*, Hausarbeit für die Schule, 1937, Institut für Zeitgeschichte (IfZ): ED 474, Bd. 82

[4] Sophie Scholl, Briefblatt vom 24.6.1942, in: Inge Jens (Hrsg.): Hans Scholl, Sophie Scholl, *Briefe und Aufzeichnungen*. Frankfurt: Fischer Taschenbuch Verlag 2005, S. 259

[5] Elisabeth Hartnagel in einem Interview mit der Autorin am 3.2.2011

[6] Sophie Scholl, zitiert nach: Hermann Vinke, *Das kurze Leben der Sophie Scholl*. © 1987 Ravensburger Buchverlag Otto Maier GmbH, Ravensburg, S. 26

[7] Inge Scholl, zitiert nach Hermann Vinke, a. a. O., S. 17 f.

[8] Inge Scholl, *Tagebuch*, 11.12.1932, IfZ: ED 474, Bd. 35

Ein Riss geht durch die Familie

[1] Inge Scholl, *Die Weiße Rose*. Erweiterte Neuausgabe, Frankfurt: Fischer Taschenbuch Verlag 2009, S. 13

[2] ebenda

[3] ebenda, S. 14

[4] zitiert nach Rudi Kübler, *Ulm 1933, Die Anfänge der nationalsozialistischen Diktatur*. Ulm: Klemm & Oelschläger 2009, S. 10

[5] *Ulmer Sturm* am 1.4.1933, zitiert nach: Rudi Kübler, a. a. O., S. 59

[6] Inge Scholl, Tagebuch, IfZ: ED 474 Bd. 35

[7] ebenda

[8] Sophie Scholl, *Kleine und große Feste im Jahreslauf*, a. a. O.

[9] zitiert nach Rudi Kübler, a. a. O., S. 84

[10] Inge Scholl, Tagebuch, 15.7.1033, IfZ: ED 474, Bd. 35

[11] Inge Scholl, zitiert nach Hermann Vinke, a. a. O., S. 45 f.

[12] Inge Scholl, Die Weiße Rose, a. a. O., S. 14

[13] ebenda

[14] ebenda

[15] Inge Scholl, Tagebuch, IfZ: ED 474, Bd. 35

Jungmädel wollen wir sein

[1] zitiert nach: Gisela Miller-Kipp, *Auch Du gehörst dem Führer*. Weinheim und München: J. G. Herder-Bibliothek Siegerland 2001, S. 321

[2]Susanne Hirzel, *Vom Ja zum Nein, Eine schwäbische Jugend 1933 bis 1945*. Tübingen: Silberburg-Verlag 2000, S. 49

[3]zitiert nach Arno Klönne, *Jugend im Dritten Reich, Die Hitlerjugend und ihre Gegner*. Köln: PapyRossa Verlags GmbH 2008, S. 87

[4]zitiert nach Michael H. Kater, *Hitler-Jugend*. Darmstadt: Primus Verlag 2005, S. 71

[5]zitiert nach Arno Klönne, a. a. O., S. 87

[6]Arno Klönne, a. a. O., S. 58

[7]Susanne Hirzel, a. a. O., S. 51

[8]Elisabeth Hartnagel in einem Interview mit der Autorin am 3.2.2011

[9]zitiert nach: Ulmer Geschichte im Netz: www.ulm.de/sixcms/media.php/29/VVB-4-2-9.pdf

[10]Eva Amann, zitiert nach Irmgard Klönne, *Kontinuitäten und Brüche: Weibliche Jugendbewegungen und Bund Deutscher Mädel*. In: Dagmar Reese (Hrsg.), *Die BDM-Generation, Weibliche Jugendliche in Deutschland und Österreich im Nationalsozialismus*. Berlin: Verlag für Berlin-Brandenburg 2007, S. 74

[11]Inge Scholl, zitiert nach Hermann Vinke, a. a. O., S. 28

[12]Susanne Hirzel an Ricarda Huch, zitiert nach Barbara Beuys, *Sophie Scholl*, © 2010 Carl Hanser Verlag München, S. 102 f.

[13]Inge Scholl, IfZ ED 474, Bd. 1

[14]*Jugend voran! Aufmarsch des BDM mit ihren Wimpeln*. Zitiert nach: Martin Klaus, *Mädchen in der Hitlerjugend*. Köln: Pahl-Rugenstein Verlag 1980, S. 53

[15]zitiert nach Barbara Beuys, *Sophie Scholl*, a. a. O., S. 105

[16]Susanne Hirzel, a. a. O., S. 59

[17]Martin Klaus, *Mädchen im 3. Reich. Der Bund Deutscher Mädel*. Köln: PapyRossa Verlags GmbH 1998, S. 13

[18]Inge Scholl, *Die Weiße Rose*, a. a. O., S. 15

[19]ebenda, S. 17

[20]Barbara Beuys, a. a. O., S. 121

[21]zitiert nach Barbara Beuys, a. a. O., S. 111

Dass wir den Schwur nicht brechen

[1]Inge Scholl, zitiert nach Hermann Vinke, a. a. O., S. 44

[2]Eva Amann, zitiert nach Irmgard Klönne, *Kontinuitäten und Brüche*, a. a. O., S. 73

[3]Inge Scholl, zitiert nach Herman Vinke, a. a. O., S. 52

[4]Helmut Stellrecht, *Glauben und Handeln. Ein Bekenntnis der jungen Nation*. Berlin 1938, zitiert nach Peter Aley, *Jugendliteratur im Dritten Reich*. Hamburg: Verlag für Buchmarkt Forschung 1967, S. 199

[5]zitiert nach: Barbara Beuys, a. a. O., S. 114 f.

[6]Rainer Maria Rilke, *Die Weise von Liebe und Tod des Cornets Christoph Rilke*. Frankfurt: Insel Verlag 1965, S. 105

[7]Rainer Maria Rilke in einem Brief vom 4.11.1925 an Paule Lévy, zitiert nach Bettina Krüger, *Die Weise von Liebe und Tod des Cornets Christoph Rilke. Buch-*

kult und Kultbuch in den Weltkriegen. In: http://parapluie.de/archiv/unkultur/cornet/

[8]Susanne Hirzel an Ricarda Huch, zitiert nach Barbara Beuys, a. a. O., S. 104

[9]*Ulmer Tagblatt* vom 19.3.1936, zitiert nach Barbara Beuys, a. a. O., S. 113

[10]Eva Amann, zitiert nach Irmgard Klönne, *Kontinuitäten und Brüche*, a. a. O., S. 73

[11]ebenda, S. 74

[12]Susanne Hirzel, a. a. O., S. 49

[13]Inge Scholl, *Die Weiße Rose*, a. a. O., S. 16 f.

[14]Elisabeth Hartnagel in einem Interview mit der Autorin am 3.2.2011

[15]Eva Amann, zitiert nach Irmgard Klönne, *Kontinuitäten und Brüche*, a. a. O., S. 74

[16]ebenda

[17]ebenda

[18]Barbara Beuys, a. a. O., S. 127

[19]Inge Scholl, zitiert nach Hermann Vinke, a. a. O., S. 44 f.

[20]Inge Scholl, zitiert nach Hermann Vinke, a. a. O., S. S. 45

[21]IfZ: ED 474, Bd. 3

[22]Sophie Scholl, Brief an Lisa Remppis vom 16.10.1936, IfZ: ED 474, Bd. 70

[23]Inge Scholl, zitiert nach Hermann Vinke, a. a. O., S. 30

[24]Sophie Scholl in einem Schulaufsatz, IfZ: ED 474, Bd. 82

[25]ebenda

[26]ebenda

[27]Reichsgesetzblatt 1936 Teil 1, S. 993

[28]Heinz Schreckenberg, *Ideologie und Alltag im Dritten Reich*. Frankfurt: Verlag Peter Lang 2003, S. 227

[29]Adolf Hitler, 1938, zitiert nach: *Die tödliche Utopie. Bilder, Texte, Dokumente, Daten zum Dritten Reich*. Hrsg. von Volker Dahm u. a., München: Veröffentlichungen des Instituts für Zeitgeschichte zur Dokumentation Obersalzberg 2008, S. 272

[30]zitiert nach: *Die tödliche Utopie*, a. a. O., S. 275

Und ich warte Tag für Tag auf etwas …

[1]zitiert nach Barbara Beuys, a. a. O., S. 137

[2]Gustav Frenssen, *Der Glaube der Nordmark*. Stuttgart: Karl Gutbrod Verlag 1936, S. 82

[3]zitiert nach: Hans Rothfels, *Deutsche Opposition gegen Hitler*, hrsg. v. Hermann Graml, IfZ. Frankfurt: Fischer Taschenbuch Verlag 1978, S. 88

[4]Susanne Hirzel, a. a. O., S. 70

[5]Sophie Scholl, Tagebuch vom 28.5.1937, IfZ: ED 474 Bd. 82; hier auch die folgenden Zitate.

[6]Brief v. 10.11.1938 an Lisa IfZ: ED 474 Bd. 70

[7]Sophie Scholl, Tagebuch, September 1937, IfZ: ED 474 Bd. 82

[8]Adolf Ziegler, zitiert nach: www.hausderdeutschenkunst.de/geschichte/entar-tete-kunst.html

[9]Elisabeth Hartnagel in einem Interview mit der Autorin am 3.2.2011

[10]Inge Scholl, zitiert nach Hermann Vinke, a. a. O., S. 54

[11]Sönke Zankel, *Mit Flugblättern gegen Hitler. Der Widerstandskreis um Hans Scholl und Alexander Schmorell*. Böhlau Verlag, Köln u. a. 2008, S. 55

[12]Brief von Hans Scholl am 18.12.1937 in: Hans Scholl und Sophie Scholl, *Briefe und Aufzeichnungen*, a. a. O., S. 16 f.

[13]Sophie Scholl, Erstes Vernehmungsprotokoll vom 18.2.1943, zitiert nach IfZ: ED 474 Bd. 182

[14]zitiert nach Hermann Vinke, a. a. O., S. 56

[15]Robert Scholl, zitiert nach Barbara Beuys, a. a. O., S. 169

[16]zitiert nach Herman Vinke, a. a. O., S. 57

[17]Sophie Scholl, Fritz Hartnagel, *Damit wir uns nicht verlieren. Briefwechsel 1937–1943*. Frankfurt: Fischer Taschenbuch Verlag 2008, S. 35

[18]*Damit wir uns nicht verlieren*, a. a. O., S. 36

[19]Sophie Scholl, Tagebuch, IfZ: ED 474 Bd. 82

[20]ebenda

[21]die folgenden 4 Briefzitate: *Damit wir uns nicht verlieren*, a. a. O., S. 41, 42, 45 und 47

[22]Susanne Hirzel, a. a. O., S. 103

[23]zitiert nach Susanne Hirzel, a. a. O., S. 103 f.

[24]Sophie Scholl, Erstes Vernehmungsprotokoll vom 18.2.1943, zitiert nach IfZ: ED 474 Bd. 182

[25]ebenda

Zu wissen, dass jemand da ist

[1]Hans Scholl und Sophie Scholl, *Briefe und Aufzeichnungen*, a. a. O., S. 21

[2]zitiert nach: *Anschluß 1938. Eine Dokumentation,* hrsg. v. Dokumentationsarchiv des österreichischen Widerstandes, Wien: 1988, S. 335–341

[3]Hans Scholl und Sophie Scholl, *Briefe und Aufzeichnungen*, a. a. O., S. 21

[4]Sophie Scholl, Brief an Lisa Remppis vom 4.6.1938, IfZ ED 474 Band 70

[5]ebenda

[6]Sophie Scholl, Brief an Inge Scholl, zitiert nach Hans Scholl und Sophie Scholl, *Briefe und Aufzeichnungen*, a. a. O., S. 154

[7]*Damit wir uns nicht verlieren*, a. a. O., S. 54

[8]Sophie Scholl, Brief an Lisa Remppis vom 16.9.1938 IfZ ED 474 Band 70

[9]*Damit wir uns nicht verlieren*, a. a. O., S. 66

[10]Sophie Scholl, Brief an Lisa Remppis ohne Datum, mit Bleistift wurde 1940 nachgetragen, aber er dürfte aus dem Jahr 1938 sein, IfZ: ED 474, Bd. 70

[11]*Damit wir uns nicht verlieren*, a. a. O., S. 68

[12]ebenda, S. 72

[13]ebenda, S. 74

[14]ebenda, S. 75

[15]ebenda

[16]Inge Scholl, zitiert nach Hermann Vinke, a. a. O., S. 60

[17]interessante neue Einblicke zum Thema gibt es bei Dagmar Herzog, *Die Politisierung der Lust. Sexualität in der deutschen Geschichte des 20. Jahrhunderts.* München: Siedler Verlag 2005

[18]Chantal Louis, *Die Zeit der Maskierung*, in: EMMA Januar/Februar 2007, zitiert nach: www.emma.de/index.php?id=lesben_ns_zeit_1_2007

[19]zitiert nach: Eberhard Röhm, Jörg Thierfelder: *Juden – Christen – Deutsche.* Band 3/2, Stuttgart: Calwer Taschenbibliothek 1995, S. 25

[20]Sophie Scholl, Brief an Lisa Remppis vom 10.11.1938, IfZ: ED 474, Bd. 70

[21]Sophie Scholl, Brief an Lisa Remppis vom 16.2.1939, IfZ: ED 474, Bd. 70

[22]Sophie Scholl, Brief an Elisabeth Scholl Ende Mai 1939, IfZ: ED 474, Bd. 69

[23]*Damit wir uns nicht verlieren,* a. a. O., S. 85

[24]ebenda

[25]Elisabeth Hartnagel im Film von Katrin Seybold, *Die Widerständigen. Zeugen der Weißen Rose.* 2008

Ich kann mich nicht aufgeben für Dich

[1]Hans Scholl und Sophie Scholl, *Briefe und Aufzeichnungen*, a. a. O., S. 34

[2]zitiert nach Johannes Hohlfeld (Hrsg.), Dokumente der Deutschen Politik und Geschichte von 1848 bis zur Gegenwart Band 5: *Die Zeit der nationalsozialistischen Diktatur*, Berlin: Dokumenten Verlag Dr. Herbert Wendler 1953, S. 74–81

[3]*Damit wir uns nicht verlieren*, a. a. O., S. 102

[4]Sophie Scholl, Brief an Lisa Remppis vom 10.2.1940, IfZ: ED 474, Bd. 70

[5]Elisabeth Hartnagel in einem Interview mit der Autorin am 3.2.2011

[6]Inge Scholl, zitiert nach Hermann Vinke, a. a. O., S. 64

[7]*Damit wir uns nicht verlieren*, a. a. O., S. 115

[8]Konrad Hirzel in einem Telefonat mit der Autorin am 25.5.2011

[9]*Damit wir uns nicht verlieren*, a. a. O., S. 114

[10]Susanne Hirzel, a. a. O., S. 129

[11]ebenda

[12]*Damit wir uns nicht verlieren*, a. a. O., S. 139

[13]ebenda, S. 142

[14]ebenda, S. 153

[15]Sophie Scholl, Brief an Lisa Remppis vom 7.3.1940. Zitiert nach Barbara Beuys, a. a. O., S. 214

[16]Susanne Hirzel, a. a. O., S. 131

[17]ebenda, S. 128

[18]ebenda, S. 131

[19]ebenda, S. 132

[20]*Damit wir uns nicht verlieren*, a. a. O., S. 176

[21]ebenda, S. 189

[22]ebenda, S. 183

[23]ebenda, S. 181

[24]ebenda, S. 185

[25]ebenda, S. 186

[26]Sophie Scholl, Brief an Lisa Remppis, wahrscheinlich vom Juni 1940, IfZ: ED 474, Bd. 70

[27]*Damit wir uns nicht verlieren*, a. a. O., S. 190

Harter Geist und zärtliches Herz

[1]*Damit wir uns nicht verlieren*, a. a. O., S. 199

[2]ebenda

[3]ebenda, S. 205

[4]ebenda, S. 220

[5]ebenda, S. 210

[6]ebenda, S. 215

[7]ebenda, S. 215

[8]ebenda, S. 217

[9]ebenda, S. 223

[10]Sophie Scholl, Brief an Lisa Remppis vom 1.10.1940, IfZ: ED 474 Band 70

[11]Sophie Scholl, Brief an Lisa Remppis vom 8.10.1940, IfZ: ED 474 Band 70

[12]Sophie Scholl, Brief an Lisa Remppis vom 30.10.1940, IfZ: ED 474 Band 70

[13]*Damit wir uns nicht verlieren*, a. a. O., S. 227

[14]ebenda, S. 228

[15]ebenda, S. 238

[16]ebenda, S. 246

[17]ebenda, S. 251

[18]zitiert nach Barbara Beuys, a. a. O., S. 263

[19]*Damit wir uns nicht verlieren*, a. a. O., S. 265

[20]ebenda

[21]ebenda, S. 274

[22]Hans Scholl, zitiert nach Inge Scholl, Chronologischer Bericht, IfZ: ED 474, 286

[23]Sophie Scholl in einem Briefentwurf vom 25.2.1941, IfZ: ED 474, Bd. 82

[24]Lisa Remppis, Brief an Sophie Scholl vom 21.3.1941, IfZ: ED 474, Bd. 78

[25]Sophie Scholl, Brief an Lisa Remppis vom 27.3.1941, IfZ: ED 474, Bd. 70

[26]*Damit wir uns nicht verlieren*, a. a. O., S. S. 299

[27]Sophie Scholl, Brief an Lisa Remppis vom 1.4.1941, IfZ: ED 474, Bd. 70

[28]ebenda

[29]zitiert nach Barbara Beuys, a. a. O., S. 269

Dass mich nichts zwingen wird …

[1] zitiert nach Hermann Vinke, a. a. O., S. 87

[2] Sophie Scholl, Brief an Lisa Remppis vom 27.4.1941, IfZ: ED 474, Bd. 70

[3] Sophie Scholl, Brief an Hans Scholl vom 20.4.1941, IfZ: ED 474, Band 69

[4] diese und die folgenden Zitate aus: Sophie Scholl, Tagebuch aus Krauchenwies vom 10.4.1941, IfZ: ED 474, Bd. 82

[5] Sophie Scholl, Brief an Inge und die Eltern vom 10.4.1991, IfZ: ED 474 Bd. 68

[6] Sophie Scholl, Tagebuch aus Krauchenwies vom 11.4.1941, IfZ: ED 474, Bd. 68

[7] zitiert nach Bundeszentrale für politische Bildung: www.bpb.de/themen/ PTYTHH,7,0,Der_zweite_Weltkrieg.html

[8] Sophie Scholl, Brief an Hans Scholl vom 23.6.1941, IfZ: ED 474, Band 69

[9] *Damit wir uns nicht verlieren*, a. a. O., S. 315

[10] ebenda, S. 325

[11] Sophie Scholl, Brief an Lisa Remppis vom 11.8.1941, IfZ: ED 474, Bd. 70

[12] Sophie Scholl, Brief an Hans Scholl vom 7.9.1941, IfZ: ED 474, Bd. 69

[13] zitiert nach Barbara Beuys, a. a. O., S. 296

[14] Inge Scholl, Brief an Sophie Scholl vom 2.10.1941 IfZ: ED 474, Bd. 75

[15] zitiert nach Barbara Beuys, a. a. O., S. 312

[16] zitiert nach: Christiane Moll (Hrsg.), Alexander Schmorell / Christoph Probst, *Gesammelte Briefe*, Berlin: Lukas Verlag 2011, S. 148

[17] Inge Scholl, Chronologischer Bericht, IfZ: ED 474, 286, S. 3-4

[18] Sophie Scholl, Tagebuch aus Blumberg vom 1.11.1941 IfZ: ED 474, Bd. 82

[19] *Damit wir uns nicht verlieren*, a. a. O., S. 330

[20] ebenda, S. 331

[21] Sophie Scholl, Tagebuch aus Blumberg vom 4.11.1941 IfZ: ED 474, Bd. 82

[22] *Damit wir uns nicht verlieren*, a. a. O., S. 332

[23] Sophie Scholl, Tagebuch aus Blumberg vom 6.11.1941 IfZ: ED 474, Bd. 82

[24] Sophie Scholl, Tagebuch aus Blumberg vom 10.11.1941 IfZ: ED 474, Bd. 82

[25] *Damit wir uns nicht verlieren*, a. a. O., S. 334

[26] ebenda, S. 336

[27] Sophie Scholl, Brief an Lisa Remppis vom 17.11.1941, IfZ: ED 474, Bd. 70

[28] Sophie Scholl, Tagebuch aus Blumberg vom 12.12.1941 IfZ: ED 474, Bd. 82

[29] Sophie Scholl an Otl Aicher, zitiert nach Hans Scholl und Sophie Scholl, *Briefe und Aufzeichnungen*, a. a. O., S. 245

[30] Sophie Scholl, Tagebuch aus Blumberg, IfZ: ED 474, Bd. 82

[31] *Damit wir uns nicht verlieren*, a. a. O., S. 341 f.

[32] Sophie Scholl, Brief an Lisa Remppis vom 22.12.1941, IfZ: ED 474, Bd. 70

[33] zitiert nach Barbara Beuys, a. a. O., S. 331

[34] Inge Scholl, Chronologischer Bericht, IfZ: ED 474, 286

[35] *Damit wir uns nicht verlieren*, a. a. O., S. 344

[36] zitiert nach Barbara Beuys, a. a. O., S. 340

[37] zitiert nach Barbara Beuys, a. a. O., S. 340 f.

[38] zitiert nach Inge Scholl, Chronologischer Bericht, IfZ: ED 474, 286
[39] Sophie Scholl, Brief an Lisa Remppis vom 14.1.1942, IfZ: ED 474, Bd. 70
[40] Otl Aicher, *innenseiten des kriegs*, a. a. O., S. 83
[41] zitiert nach Barbara Beuys, a. a. O., S. 344
[42] *Damit wir uns nicht verlieren*, S. 350
[43] Sophie Scholl, Brief an die Eltern vom 10.3.1942, IfZ: ED 474, Bd. 68

Lieber brennenden Durst

[1] Sophie Scholl, Brief an Lisa Remppis vom 30.5.1942, IfZ: ED 474, Bd. 70
[2] zitiert nach Moll, *Gesammelte Briefe*, a. a. O., S. 127
[3] Sophie Scholl, Brief an Erika Reiff vom Sommer 1942, IfZ: ED 474, Bd. 72
[4] *Damit wir uns nicht verlieren*, a. a. O., S. 368
[5] zitiert nach Moll, *Gesammelte Briefe*, a. a. O., S. 173
[6] Anneliese Knoop-Graf, *Das wird Wellen schlagen – Erinnerungen an Sophie Scholl*, Berlin: Gedenkstätte Deutscher Widerstand 2002, S. 5
[7] ebenda
[8] ebenda, S. 6
[9] ebenda
[10] Sophie Scholl, Tagebuch vom 29.6.1942, IfZ: ED 474, Bd. 82
[11] Sophie Scholl, Tagebuch vom 29.6.1942, IfZ: ED 474, Bd. 82
[12] *Damit wir uns nicht verlieren*, a. a. O., S. 372
[13] Sophie Scholl, Tagebuch vom 9.8.1942, IfZ: ED 474, Bd. 82
[14] Inge Scholl, Chronologischer Bericht, IfZ: ED 474, 286
[15] ebenda
[16] Alle Flugblätter der Weißen Rose sind abgedruckt u. a. bei: Fred Breinersdorfer (Hrsg.) *Sophie Scholl, Die letzten Tage*. Frankfurt: Fischer Taschenbuch Verlag 2006 S. 11 ff. oder als Faksimiles unter: www.bpb.de/themen/ ZGSY8R,0,0,Flugblatt_I.html
[17] Traute Lafrenz im Film von Katrin Seybold, *Die Widerständigen. Zeugen der Weißen Rose*, 2008
[18] Traute Lafrenz zitiert nach Hermann Vinke, a. a. O., S. 121
[19] Jürgen Wittenstein im Film von Katrin Seybold, *Die Widerständigen*.
[20] www.bpb.de/themen/ZGSY8R,0,0,Flugblatt_I.html
[21] ebenda
[22] www.bpb.de/themen/DTJ9Q1,0,0,Flugblatt_II.html
[23] Hans Scholl, Brief an Inge Scholl vom 27.6.1938; IfZ: ED 474, Bd. 45
[24] http://www.bpb.de/themen/KQWNOS,0,0,Flugblatt_IV.html

Ich will nicht schuldig werden

[1] Hans Hirzel im Film von Katrin Seybold, *Die Widerständigen*.
[2] Inge Scholl, *Die Weiße Rose*, a. a. O., S. 46
[3] Sophie Scholl, Tagebuch vom 6.8.1942 IfZ: ED 474, Bd. 82

[4]Sophie Scholl, Tagebuch vom 9.8.1942 IfZ: ED 474, Bd. 82

[5]Inge Scholl, Chronologischer Bericht, IfZ: ED 474, 286, S. 6

[6]*Damit wir uns nicht verlieren*, a. a. O., S. 392

[7]Sophie Scholl, Brief an Robert Scholl zitiert nach: Hans Scholl und Sophie Scholl, *Briefe und Aufzeichnungen*, a. a. O., S. 270

[8]Franz Müller im Film von Katrin Seybold, *Die Widerständigen.*

[9]Sophie Scholl, Tagebuch vom 10.10.1942 IfZ: ED 474, Bd. 82

[10]Sophie Scholl, Brief an Lisa Remppis vom 10.10.1942, IfZ: ED 474, Bd. 70

[11]*Damit wir uns nicht verlieren*, a. a. O., S. 424

[12]ebenda, S. 432

[13]Anneliese Knoop-Graf, Inge Jens (Hrsg.) Willi Graf, *Briefe und Aufzeichnungen*, Frankfurt: Fischer Taschenbuch Verlag 2004, S. 84

[14]ebenda

[15]ebenda, S. 87

[16]Susanne Hirzel, S. 181

[17]Hans Hirzel im Film von Katrin Seybold, *Die Widerständigen.*

[18]Birgit Weiß-Huber im Film von Katrin Seybold, *Die Widerständigen.*

[19]Susanne Hirzel, *Vom Ja zum Nein*, a. a. O., S. 181

[20]*Damit wir uns nicht verlieren*, a. a. O., S. 436

[21]Sophie Scholl, Brief an Waldemar Gabriel, 15.11.1942, ED 474 Band 72

[22]Otl Aicher, a. a. O., S. 178

[23]zitiert nach Barbara Beuys, a. a. O., S. 398

[24]*Damit wir uns nicht verlieren*, a. a. O., S. 444

In der Wand tickt eine unsichtbare Uhr

[1]Willi Graf, *Briefe und Aufzeichnungen*, a. a. O., S. 96

[2]ebenda

[3]www.bpb.de/themen/EGK24S,0,0,Flugblatt_V.html

[4]Sophie Scholl, Tagebuch vom 12.1.1943, IfZ: ED 474, Bd. 82

[5]ebenda

[6]Willi Graf, *Briefe und Aufzeichnungen*, a. a. O., S. 99

[7]zitiert nach Ulrich Chaussy, *Freiheit! Eine kurze Geschichte der Weißen Rose, erzählt von ihrem Ende her*, in: Fred Breinersdorfer, Sophie Scholl, a. a. O., S. 41

[8]*Damit wir uns nicht verlieren*, a. a. O., S. 445

[9]Susanne Hirzel, a. a. O., S. 189

[10]Sophie Scholl, Brief an Werner Scholl vom 20.1.1943, IfZ: ED 474, Bd. 69

[11]Sophie Scholl, Brief an Lisa Remppis vom 2.2.1943, IfZ: ED 474, Bd. 70

[12]zitiert nach Fred Breinersdorfer, *Sophie Scholl*, a. a. O., S. 32 f.

[13]zitiert nach Ulrich Chaussy, a. a. O., S. 51

[14]ebenda

[15]*Damit wir uns nicht verlieren*, a. a. O., S. 448

[16]www.bpb.de/themen/JOELCK,0,0,Flugblatt_VI.html

[17] zitiert nach Ulrich Chaussy, a. a. O., S. 55

[18] Die These stammt von Sönke Zankel, zuerst in: *Die Weiße Rose war nur der Anfang. Geschichte eines Widerstandskreises*, Köln: Böhlau Verlag 2006. Erweitert und überarbeitet in: Sönke Zankel: *Mit Flugblättern gegen Hitler*, a. a. O.

[19] Hans Scholl, Brief vom 16.2.1943 an Rose Nägele, zitiert nach Hans Scholl und Sophie Scholl, *Briefe und Aufzeichnungen*, a. a. O., S. 143

[20] *Damit wir uns nicht verlieren*, a. a. O., S. 454

[21] ebenda, S. 455

[22] Wilhelm Geyer, zitiert nach Inge Scholl, *Die Weiße Rose*, a. a. O., S. 168

Freiheit

[1] zitiert nach Ulrich Chaussy, a. a. O., S. 48 f.

[2] Sophie Scholl, Brief an Lisa Remppis vom 17.2.1943, IfZ: ED 474, Bd. 70

[3] zitiert nach Barbara Beuys, a. a. O., S. 442

[4] zitiert nach Ulrich Chaussy, a. a. O., S. 60

[5] vgl. im Folgenden: Else Gebel, *Dem Andenken an Sophie Scholl*, IfZ: Fa 215, Bd. 2: *Weiße Rose, Korrespondenz und Berichte*

[6] Die Protokolle sind erst seit Auflösung der DDR zugänglich, sie lagen zuletzt im Archiv des Ministeriums für Staatssicherheit und heute im Bundesarchiv. Auszüge finden sich hier: www.bpb.de/themen/5H3ZT3,0,0,Ausz%FCge_aus_den_Verh%F6rprotokollen_von_Sophie_Scholl.html

[7] Vernehmungsprotokoll von Sophie Scholl IfZ: ED 474, Bd. 182

[8] ebenda

[9] Vernehmungsprotokoll von Sophie Scholl IfZ: ED 474, Bd. 182

[10] ebenda

[11] ebenda

[12] ebenda

[13] ebenda

[14] zitiert nach Ulrich Chaussy, a. a. O., S. 71

[15] Leo Samberger zitiert nach Inge Scholl, *Die Weiße Rose*, a. a. O., S. 184

[16] ebenda, S. 185

[17] Ulrich Chaussy, a. a. O., S. 73

[18] Lina Scholl, Brief an Fritz Hartnagel vom 23.2.1943 zitiert nach: *Damit wir uns nicht verlieren*, a. a. O., S. 463

[19] zitiert nach Barbara Beuys, a. a. O., S. 466

[20] ebenda

[21] Elisabeth Hartnagel in einem Telefonat mit der Autorin am 10.11.2011; vgl. dazu auch IfZ, ED 474 Bd. 93/II, Robert Scholl gibt Anweisungen bezüglich des Briefes von WMF und der Wohnungskündigung

Dank

Für Gespräche, Hinweise und die Hilfe bei mancher Detail-
recherche danke ich Elisabeth Hartnagel, Thomas Hartnagel,
Susanne Zeller-Hirzel, Konrad Hirzel, Ulrich Chaussy,
Renate Deck, Barbara Beuys, Petra Mörtl, Lorenz Hahn und
Nicola Wenge.

Meinem Lektor Frank Griesheimer danke ich für seine
umsichtige, ermutigende Kritik, Barbara Gelberg für den
steten Ansporn.

Meinen Eltern danke ich dafür, dass sie sich auf meine
Fragen eingelassen haben und mich in jeder Phase des Schrei-
bens unterstützten.

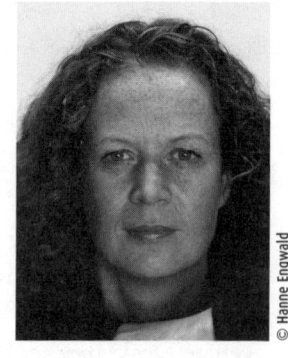

Maren Gottschalk

Maren Gottschalk wurde 1962 geboren, studierte
Geschichte und Politik und lebt als Journalistin und
freie Autorin in Leverkusen. Bei Beltz & Gelberg
veröffentlichte sie unter anderem die vielfach
gerühmten Biografien *Jenseits von Bullerbü. Die
Lebensgeschichte der Astrid Lindgren, Die Morgenröte
unserer Freiheit. Die Lebensgeschichte des Nelson
Mandela, Die Farben meiner Seele. Die Lebensgeschichte
der Frida Kahlo* und *Factory Man. Die Lebensgeschichte
des Andy Warhol.*